죽산 박형룡의
삼위일체론

죽산 박형룡의

삼위일체론

Copyright ⓒ 목양출판사 2015

초판 1쇄 인쇄 2015년 2월 25일
초판 1쇄 발행 2015년 2월 28일

지은이 : 최홍석
펴낸이 : 정성준
펴낸곳 : 도서출판 목양

등록 : 2008년 3월 27일 제 2008호-04호
주소 : 경기도 용인시 처인구 양지면 양지리 38-2
TEL : 070-7561-5247 FAX : 0505-009-9585
E-mail : mokyang-book@hanmail.net

ISBN 979-11-86018-05-7 (03230)

- 책 값은 뒤표지에 있습니다.
- 파본은 교환해 드립니다.
- 이 출판물은 저작권법에 의해 보호를 받는 저작물이므로 무단 복제할 수 없습니다.
- 독자의 의견을 기다립니다.

HOLY TRINITY

죽산 · 박형룡의

삼위일체론

최홍석 지음

"삼위일체 교리에 대한 성경적 해명(解明)"

삼위일체 교리와 관련하여 많은 이단(異端)들이 있었고, 또한 있으 며, 있을 것이다.
이는 고대와 현대를 막론하고, 동서양을 불문한다. 이러한 영적, 교회적 상황에서 죽산(竹山)의 삼위일체론을 유념하며
궁구(窮究)하는 일은 성경적 진리에 굳건히 서기 위해 긴요(緊要)하고 도 화급(火急)하다.

목양

머리말

　삼위일체론은 성경의 중심 되는 진리로서 역사상 기독교회와 존립(存立)을 같이 해왔다. 이 진리는 일반계시에 의해서는 결코 피조물에게 알려질 수 없다. 오직 특별계시(特別啓示)를 통해서만 알려진다. 이 신비한 진리는 유한한 인간이 지닌 이해력의 한계를 넘어선다. 오직 성령으로 말미암는 특별계시 의존신앙(依存信仰)에 의해서만 피조물들에게 인식된다. 삼위일체 하나님은 자존(自存)하시며, 영원(永遠)하시고, 불변(不變)하시다. 성부(聖父)께서 영원하시며, 성자(聖子)께서 영원하시고, 성령(聖靈)께서 영원하시다. 그러나 세 영원들이 아니고, 한 영원이시다. 성부께서 무한하시고, 성자께서 무한하시며, 성령께서 무한하시다. 그러나 세 무한들이 아니고, 한 무한이시다. 성부께서 신적 본질을 가지셨고, 성자께서 신적 본질을 가지셨으며, 성령께서 신적 본질을 가지셨다. 그러나 세 신적 본질들이 아니고 한 신적 본질이시다. 성부의 본질이 성자의 본질과 동일(同一)하시며, 성자의 본질이 성령의 본질과 동일하시고, 성령의 본질이 성부의 본질과 동일하시다. 그러나 세 본질들의 신(神)들이 아니고, 한 본질의 하나님이시다. 성부께서 성자와 성령 안에 계시듯이 성자께서 성부와 성령 안에 거하시며, 성자께서 성부와 성자 안에 계시듯이 성령께서 성부와 성자 안에 거하신다. 한 하나님께서 성부로 나타나시고, 그 하나님께서 성자로 나타나시며, 그 동일한 하나님께서 성령으로 나타나시는 것이 아니다. 성부와 성자와 성령께서는 영원부터 영원까지 일체(一體)이신 삼위(三位), 삼위(三位)이신 일체(一體)이시다. 성자께서는 성부께로부터 영원히 나시고, 성령께서는 성부와 성자께로부터 영원히 나오신다. 그러나 성자께서 성부께 종속(從屬)되지 않으시고, 성령께서 성부와 성자께 종속되지 않으신다. 성부의 본질과 성자의 본질이 동일하듯이 성부의 권능과 성자의 권능이 동등하시며, 성자의 본질과 성령의 본질이 동일하듯이 성자의 권능과 성령의 권능도 동등하시고, 삼위의 본질이 동일하듯이 삼위의 영광 또한 등등하시다.

삼위일체 교리와 관련하여 많은 이단(異端)들이 있었고, 또한 있으며, 있을 것이다. 이는 고대와 현대를 막론하고, 동서양을 불문한다. 이러한 영적, 교회적 상황에서 죽산(竹山)의 삼위일체론을 유념하며 궁구(窮究)하는 일은 성경적 진리에 굳건히 서기 위해 긴요(緊要)하고도 화급(火急)하다. 이 책의 내용들은 그동안 필자가 『신학지남』(神學指南)에 게재하였던 논문들을 모은 것이다. 2006년 여름호에 싣기 시작하여 2009년 봄호에까지 간헐적으로 게재하였던 여덟 편의 논문들을 수정이나 가필(加筆) 없이 그대로 담았다. 단지 이 글들을 유기적(有機的)으로 연결시키기 위해 제목 및 형식적인 면에 있어서만 약간의 조정이 있었다.

필자는 지난날 교회역사 가운데 심각했던 삼위일체 논쟁들이 우리 시대에도 여전히 이슈(issue)가 되는 문제임을 바라보면서 바른 신학의 중요성을 절감하게 되었고, 바로 그 점은 필자로 하여금 지로적(指路的) 신학을 하였던 죽산의 작품들에 관심을 가지고, 그 내용들을 읽고, 자세히 분석하며 평가하는 작업을 하게 한 중요한 원인이 되었다. 필자는 삼위일체 교리에 대한 성경적 해명(解明)이 우리 시대 이 땅의 교회들에서도 절실하게 요청된다는 확신 가운데 비록 일천한 글들이지만, 주님의 은총 가운데 몇 편의 논문들을 작성할 기회가 있었고, 이제 그 내용들을 모아 작은 책을 내어 놓는다. 부디 주님께서 당신의 경륜을 이루가시는 일에 이 작은 책이 사용되기를 기도드린다. 또한 간곡히 바라기는 이 땅의 모든 말씀의 사역자들이 주님의 은혜와 능력을 힘입어 성경의 진리를 온전히 선포하고 가르침으로써 조국의 교회와 민족의 삶의 자리가 복음의 빛 가운데 새로워지는 귀한 은총이 있기를 소망한다.

주후 2015년 새 해
저 자

목차

머리말 • 4

I. 삼위일체론의 특별한 성격

1. 들어가는 글 • 12
2. 난해성 • 13
3. 중요성 • 18
4. 맺는 글 • 34

II. 삼위일체 교리의 성경적 근거 : 구약

1. 들어가는 글 • 40
2. 본 론 • 42
   - 2.1. 계시 점진성의 원리 • 42
   - 2.2. 구약성경에서의 증거 • 48
3. 맺는 글 • 63

III. 삼위일체 교리의 성경적 근거 : 신약

1. 들어가는 글 • 68
2. 본 론 • 69
   - 2.1. 여일(如一)한 원리와 방법인가? • 70
   - 2.2. 신약성경에서의 증거 • 75
3. 맺는 글: 종합적 평가 • 98

IV. '우시아'(οὐσία)의 의미

1. 들어가는 글 • 106
2. 죽산에게 있어서의 '본체'(本體)의 용례 • 109
3. 맺는 글 • 119

V. '삼위'(三位)의 의미

1. 들어가는 글 • 126
2. 본 론 • 128
   2.1. 삼위(三位)에 대한 의미론적 요점과 그 유래(由來) • 128
   2.2. 용어 채택(採擇)의 배경과 용어개념의 성격 • 134
   2.3. 위적(位的) 구별과 신적 유일성(唯一性) 사이의 관계 • 141
3. 맺는 글 • 149

VI. 일체(一體)와 삼위(三位)의 동시성과 진술의 순환성

1. 들어가는 글 • 154
2. 본 론 • 157
   2.1. 성 부(聖父) • 157
   2.2. 성 자(聖子) • 162
   2.3. 성 령(聖靈) • 169
3. 맺는 글: 종합적 평가 • 177
   3.1. 실제적 동시성(同時性)과 진술의 순환성(循環性) • 177
   3.2. 제한적 의미에서 신인(神人) 사이의 유비(喩比) 불가능성 • 179
   3.3. 해석학적 관심과 철학적(哲學的) 표현방식 • 184

VII. 성자의 영원한 '나심'(*generatio*)

1. 내향적 사역(*opera ad intra*) • 188
2. 성자의 영원한 '나심'(*generatio*) • 196
   2.1. 접근방법 • 196
   2.2. 신학적 함축(含蓄) • 200
3. 맺는 글 • 220

VIII. 성령의 영원한 '나오심'(*processio /spiratio*)

1. 들어가는 글 • 228
2. 진술구조가 지닌 신학적 함축 • 229
   2.1. 샌드위치 구조 • 229
   2.2. 구조의 필연성과 검증기능 • 231
   2.3. 현실적 혼란 • 232
   2.4. 혼란의 원인과 극복 • 234
3. 성령의 '나오심'(*proccessio/ spiratio*) • 236
   3.1. 용어 및 전개방식 • 236
   3.2. 역사적 배경 • 238
   3.3. *Filioque*의 논거 • 241
   3.4. 연속성과 불연속성 • 244
4. 위격들 사이의 밀접성 • 246
5. 맺는 글 • 252

후 기(後記) • 257

I.
삼위일체론의 특별한 성격

삼위일체론의 특별한 성격

1. 들어가는 글

　죽산 박형룡 박사는 그의 교의신학 전집 제 2권 『신론』에서 삼위일체론에 대한 본격적인 해설에 들어가기 전, 먼저 이 교리와 관련된 몇몇 성격들을 다룬다. 그 서언(序言)에서 그가 다룬 중심 되는 요지는 두 가지다. 먼저는 이 교리가 난해한 계시진리라는 점[1]이며, 다음으로는 중요한 계시진리[2]라는 사실이다. 난해성과 중요성이 그 핵심적 주제다. 이는 전적으로 계시 의존적 사고를 통해 이 교리를 접근하겠다는 그의 신학의 원리가 그 근저에 깔려있음을 시사한다. 그것은 계시 의존적 사고를 논의의 근본입장으로 취하지 않고서는 결코 나올 수 없는 관심사들이기 때문이다.
　난해성과 관련하여서는 삼위일체교리가 전적으로 계시로 말미암은 진리라는 점을 강조함과 더불어 그렇기 때문에 이교세계(異敎世界)에서는 그 유비(喩比, *analogia*)를 결코 발견할 수 없다는 사실을

---

[1] 박형룡, 『신론』 (서울: 은성, 1974), p.185f.
[2] 전게서, p.186f.

지적하고 있으며,3) 그 중요성과 관련하여서는 그 교리가 기독교 신앙의 전체 체계에 영향을 미칠 전제(前提) 역할을 한다는 점, 하나님을 더욱 풍성히 알 수 있게 하는 관건이 된다는 점, 영원한 현재에 계신 하나님을 우리로 사고할 수 있게 한다는 점, 하나님 중심의 신학을 구성하게 한다는 점, 그리고 구원 진리의 열쇠가 된다는 점 등4)을 지적하고 있다.

이와 같은 박형룡 박사의 지적들은 성경에 대한 개혁신학적인 관점에서 볼 때에나 혹은 그것과 등치개념이지만 더 직접적으로 표현해 성경적인 관점이란 차원에서 볼 때에, 실로 정당한 견해가 아닐 수 없다. 이는 앞으로의 논의 과정을 통해 자연스럽게 밝혀지게 될 것이다. 그럼 먼저 삼위일체 교리의 난해성에 대해 박형룡 박사 자신이 지적한 내용을 다룸으로써 본격적인 논의를 시작하려 한다.

2. 난해성

삼위일체 하나님에 대한 지식은 결코 피조세계에 속한 그 어떤 것, 어떤 존재에 의해서도 유비될 수 없는 진리임을 박형룡 박사는 지적한다. 그것은 말할 것도 없이 창조주와 피조물 사이에는 건널 수 없는 간격이 있기 때문에 나타나는 필연적인 현상이다(창1:1,

---

3) 그 구체적인 항목은 다음과 같다: 1. 난해한 계시진리(啓示眞理) (1) 성경계시에 독특, (2) 이교(異敎)에 유추(類推)없다.(전게서, p.185.).
4) 그 구체적인 항목은 다음과 같다: 2. 중요한 계시진리 (1) 신학 전체에 영향, (2) 하나님 사상의 풍부화(豊富化), (3) 하나님의 영원한 존재에 조명, (4) 하나님중심의 신학을 구성, (5) 구속적 진리의 열쇠.(전게서 pp.186-89.).

사55:8-9, 전5:2). 그러므로 삼위일체 교리는 오직 하나님의 자기 계시에 의해서만 인간에게 전달될 수 있는 진리이다. 이와 같은 관점의 박형룡 박사의 주장을 보다 구체적으로 살피기 위해 다음과 같은 그의 지적에 귀 기울이는 일은 필요하다:

> 삼위일체 교리는 성경에 기초한 기독종교(基督宗敎)에 독특하여 독점적으로 계시의 진리이다. 이 교리는 성경전서에서 가장 난해한 교리이어서 충분한 설명을 기대할 수 없다. 사실상 우리는 하나님의 내면적 성질에 관한 것을 성경에 계시된 만치 알 수 있을 뿐이니 하나님의 삼인격성(三人格性)을 우리의 지력(知力)으로 해득하는 것은 만무한 일이다. 이것은 … 자연이성(自然理性) 영역 밖에 있으니 이것의 장광고심(長,廣,高,深)을 사람의 지혜로는 측량하기 어렵다. 우리의 유한미약(有限微弱)한 마음 그릇을 가지고 이 하나님의 성질의 충분한 성명을 시도하는 것은 마치 찻잔(茶杯)으로 큰 바닷물을 되어보려는 것과 같은 일일 것이다. … 5)

박형룡 박사의 진술 속에 나타나는 비유에서 번뜩이는 그의 영적 통찰을 만나게 된다. 그 어느 누가 작은 찻잔으로 그 거대한 바닷물의 분량을 측량하려할 사람이 있겠는가. 상식적인 사람이라면 그 누구도 시도조차 하지 않을 것이 분명하다. 그럼에도 교회사의 기나긴 지평 속에는 그런 우매한 시도를 했던 일이 어디 한 두 사람뿐이었으랴. 실로 어리석은 자들이 적지 않았으리라.

---

5) 전게서, p.185.

"이교(異敎)에 유추가 없다."는 박형룡 박사의 단호한 지적에 대해 조금만 더 깊이 우리의 사고를 열어간다면, 그 단언 속엔 엄청난 내용이 담겨있음을 알게 된다. 기독교 진리의 유일독특성(唯一獨特性)이 바로 그것이다. 이는 앞서 지적된 바와 같이 오직 성경계시에 의해서만 알려질 수 있는 진리이기 때문에 그와 같은 결론은 당연한 것이 아닐 수 없다. 이로써 모든 종교 다원주의적(多元主義的) 접근은 박형룡 박사에게 있어 그 원천부터 불가능하게 된다. 그의 진술에 주목해 보자:

삼위일체 교리는 기독교를 세계의 모든 종교들로부터 구별하는 판이한 표지(標識)이다. 이방종교들과 철학적 사색(哲學的 思索)들은 자연 종교에 기초하여 최고로 하나님의 유일성을 믿기에도 달하였다. … 그러나 아무 이교(異敎)나 철학적 사색도 삼위일체 하나님의 개념에 이른 자는 없다.

신에 관한 삼합일(三合一)의 관념들이 여러 다신종교들에 발견됨은 사실이다. 그러나 그것들도 기독교의 삼위일체신관(三位一體神觀)과는 거리가 멀다.[6]

---

[6] 전게서, p.185f. ; 박형룡 박사는 이에 대한 구체적인 증거들을 들고 있다. 예컨대 애굽이나 힌두교에서나 플라토주의에서 신에 관한 삼합일(三合一)의 관념을 발견할 수 있다는 것이다. 그 중 애굽에서 발견되는 Osiris, Isis, Horus의 삼신조(三神組)는 부(父), 모(母), 자(子)와 같은 인간 삶에 있어서 가족에 유비되는 것으로 여러 지역들이 통일되는 가운데 그 지역들의 여러 지방의 신들이 뒤섞인 결과 생겨난 사상으로 보이며, 힌두사상에 등장하는 삼합신은 사실에 있어서 세 신들이다. Brahma, Vishnu, Schiva는 범신론적인 윤회사상을 배경으로 한 자연의 세력들을 인격화한 경우에 해당된다. 자연의 창조하는 힘을 Brahma로 부르는데, 그것은 무의식적인 존재이며 아무런 속성들도 가지고 있지 않은 원시적 단계의 존재이며, 보존하는 힘을 Vishnu로 부르는데, 이는 앞서 말한 원시적 단계의 존재인 Brahma가 자연계에 자신을 전개해 가는 것을 일컫는 것이며, 자연의 격변(激變)을 담당하는 것으로서의 Schiva는 파괴하는 힘을 인격화한 것에 불과하다. 그리고 단순한 실유(實有)와 그것의 로고스, 또한 그것의 관념들(Ideas)은 서로 얽혀있으며, 현상적으로 변(變)하는 모든 것 속에 내재한다고 여기는 플라토주의에 나오는 개념적인 삼합일 사상도

박형룡 박사의 이와 같은 지적은 상대주의를 특징으로 하는 포스터모던(post-modern) 상황에 처한 이 땅의 교회들이 과연 어떠한 입장과 어떤 방향을 취해야 할지, 그 명백한 지침을 제시하고 있음이 분명하다. 이 삼위일체 교리만 두고서라도 다른 어떤 종교들과 같이 할 수 없다. 심지어 어떤 경우, 비록 기독교를 표방하는 어떤 이들이라 할지라도, 만일 삼위일체 하나님에 대한 그들의 신앙고백이 성경적으로 올바르지 않은 한, 함께 하거나 동역하기는 어렵다. 우리가 이와 같은 입장을 취할 수밖에 없는 근본적인 이유는 예수님께서 친히 말씀하신 대로, "영생은 곧 유일하신 참 하나님과 그의 보내신 자 예수 그리스도를 <u>아는 일</u>[7](χινώσκωσιν)"(요17:3)이기 때문이다. 이런 점에서 박형룡 박사의 입장은 단호하고, 그의 신학입장을 따르는 우리의 결의 역시 단호할 수밖에 없다.

이와 같이 다른 어떤 종교에서나 그 어떤 철학적 사상 체계 가운데서도 그 유비(喻比)를 발견할 수 없다는 하나님 지식의 이 독특함은 성경에 계시된 하나님은 피조세계의 모든 것을 초월하시는 창조주이시기 때문이다. 실로 우리가 신앙하는 삼위일체 하나님에 대해서는 이교에서 그 어떠한 유추도 발견할 수 없다. 그래서 그 하나님은 오직 성경계시에 의존함으로써만 알려 질 수 있다. 이와 같은 박형룡

기도에 응답하며 예배를 받을 수 있는 인격적 존재들이 아님을 박형룡 박사는 밝히고 있다(전게서, p.186의 주(註) 참조).

7) 여기서의 앎(χινώσκωσιν)이란 비록 헬라어로 기록되어 있지만, 히브리적 관점에서 해석되어야 한다. 이 "앎"의 의미는 칼빈의 해석 속에 잘 드러나 있다. '하나님을 안다'는 것은 하나님을 경외하는 것이며, 사변만이 아니고 예배를 동반한다(*Inst.*, I.2.1-2.). 여기서의 '지식'이란 단순한 지성적 차원의 인식이나 지적 동의 차원의 문제가 아니라, 하나님에 대한 실존적이며 고백적인 이해이다. 칼빈의 해석 속에 "사변만이 아니다"라고 한 것은 지적 동의의 측면을 전적으로 배제한다는 의미는 아닐 것이다.

박사의 진술은 전적으로 성경의 가르침에 부합하는 것으로 판단된다. 그럼에도 필자에겐 한 가지 아쉬움이 남는다. 그것은 삼위일체 진리의 난해성에 관해 설명하는 박형룡 박사의 진술 내용을 살피는 가운데 생겨난 아쉬움이다. 곧 그가 설명한 한 측면 외에 또 다른 하나의 측면이 덧붙여졌더라면 하는 아쉬움이다. 좀 더 구체적으로 언급한다면, 삼위일체론의 난해함의 이유를 박형룡 박사는 유한성의 한계로써만 진술하고 있다는 점8) 때문이다. 성경의 가르침과 역사적인 개혁신학자들의 성경이해들을 더불어 상고(詳考)해 볼 때, 유한성의 한계와 함께 '죄의 심각성'이란 또 다른 차원의 한계 또한 덧붙여져 진술되었더라면, 더 할 나위 없이 좋았을 것을 … , 그랬었다면 보다 더 원만하게 진리의 통전성을 드러내었을 것으로 사료된다. 그런데 실은 그 점, 곧 죄 문제 혹은 죄인 됨의 문제에 대해 박형룡 박사만큼 예민하고 절절하게 다룬 인물도 드물 것이다. 그와 같은 내용은 그 자신의 『인죄론』과 『구원론』에 명백히 나타나있다. 그는 타락한 인간을 "죄인"9)으로 규정하면서 '오직 하나님의 은총에 의해서만 구원을 얻을 수 있는 전적으로 부패하고, 전적으로 무능력한 존재'10)

---

8) 박형룡, 『신론』, p.185f.
9) 박형룡, 『인죄론』 (서울: 은성, 1975), pp.143-325.
10) 박형룡 박사는 '전적부패'(Total depravity)를 '전적 패괴'란 용어로 사용한다(전게서, p.265.). 그는 이 개념이 성경에 근거한 것임을 확신하면서 다음과 같이 자신의 견해를 피력하고 있다. "전적 패괴를 아담으로부터 물려받은 성질의 타고난 부패에 추적(追跡)하는 것은 칼빈주의의 특징이다. 어거스틴 이전의 교부들 가운데서는 원죄의 이 관념이 비교적 발전되지 못하였던 것이다. 이 교리는 펠라키우스파, 소씨너스파, 17세기 알미니안파가 부정하였고 반(半) 펠라기우스파도 이것에 반동하였으며 그것의 후계자인 금일의 일반적 알미니안 주의도 전적패괴, 원죄의 죄책, 자유의지의 상실을 부정하고 아담의 죄는 인류에게 죄에의 경향을 주나 죄악한 성질을 주지는 않는다고 주장한다. 그러나 성경은 타락한 인생 성질의 전적 패괴를 분명히 가르친다."(전게서, p.266.). 이처럼 전적 패괴에 대한 확신을 주장한 박형룡

로 파악하고 있기 때문에, 그와 같은 인간이 하나님을 아는 일, 곧 신 인식의 문제와 연관되는 일이 일어난다면, 당연히 그 일에 있어서도 그러한 인간 실존과 연관된 죄와 은총의 관계성이 동일하게 반영되어야만 할 것이다. 그래야만 전체적인 신학체계에 보다 유연성 있는 유기적(有機的) 통일성이 드러날 수 있을 것이다. 이와 같은 아쉬움을 끝으로 지금까지 삼위일체 교리의 특별한 성격들 중 난해성에 관한 박형룡 박사의 견해를 살펴보았다. 이제부터는 삼위일체론의 중요성에 관한 그의 견해를 살펴보기로 하자.

3. 중요성

박형룡 박사는 삼대 칼빈주의 신학자들 가운데 한 사람인 헤르만 바빙크(Hermann Bavinck)를 인용하면서까지 삼위일체 교리의 중요성에 대해 강조한다. 이제 그가 언급한 바를 주목하여 살펴보자:

박사는 이어서 '전적 무능' 역시 전적으로 성경적인 교리임을 확신하면서 "영적선에 무능"한 것임을 밝혔다(전게서, p.267.). 그리고 그는 이렇게 설명한다: "… 자연인은 오히려 능히 자연적 선, 세속적 선 혹 의(義), 외면적으로 종교적선을 행할 수 있다. … 그러나 중생되지 못한 영혼들은 영혼의 주요 의무인 하나님사랑과 하나님 순종에 무능하다."(전게서, p.267.). 이와 같은 인간의 전적 패괴와 전적 무능의 교리는 박형룡 박사의 구원론에 있어서 그 배후에 놓여 있는 전제의 역할을 하고 있다. 그 점은 '구원서정'(ordo salutis)에 대한 박형룡 박사의 입장에서 분명히 반영된다. 그는 구원서정에 관한 개혁파의 입장이 정당하다는 확신을 가지면서 다른 파의 견해들, 예컨대 루터 교회의 견해, 로마 카톨릭 교회의 견해, 알미니안파의 견해 등 그 모두를 비판하였다. 이것은 '전적 패괴'와 '전적 무능'을 부정하는 낙관적 인간관에 근거한 구원서정에 대한 평가인 것이다[박형룡, 『구원론』 (서울: 은성, 1977), pp.26-44.)].

삼위일체의 교리는 교리적으로나, 실제적으로나 가장 고귀한 가치를 지닌 진리요, 결코 무용한 추상적 사색이 아니다. 이 교리는 유일 생존 진정한 하나님의 성질과 인류를 구원하는 그의 사역에 관한 가장 중요한 계시다. 빠빙크는 말하되 삼위일체 교리는 기독교의 심장이다.11)

심장이 멈추면 육신의 죽음이 온다. 삼위일체 교리를 "기독교의 심장"으로 표현한 것은 이 교리에 기독교의 사활(死活)이 걸려 있을 만큼 중요하다는 것을 의미하는 것이리라. 삼위일체 교리의 이해 여하에 따라 기독교의 사활이 결정된다는 이 같은 박형룡 박사의 주장은 전적으로 옳다. 왜냐하면 우리 주 예수 그리스도께서 그의 수난의 마지막에 드린 대제사장의 기도에서 "영생은 곧 유일하신 하나님과 그의 보내신 예수 그리스도를 아는 것"(요17:3)이라고 하셨기 때문이다. '영원한 생명을 얻는 일'과 '유일하신 참 하나님을 아는 일'은 결코 분리시켜 생각할 수 없는 문제다. 이처럼 중요한 삼위일체 교리는 기독교의 핵심 영역에 속한다. 이 핵심 교리가 기독교 전 체계의 사활과 직결된다면, 삼위일체 교리는 존재와 의식을 포함한 기독교적인 전인적 삶의 문제와도 결코 나누어질 수 없다. 이러한 맥락에서 박형룡 박사는 "교리적"으로만 아니라, "실제적"으로도 이 교리가 얼마나 중요한지를 그렇게 강조한 것이다.

여기서 우리는 박형룡 박사가 지닌 내적 관심으로부터 중요한

---

11) 박형룡, 『신론』, p.186. ; 박형룡 박사는 여기서 H. Bavinck의 *Gereformeerde Dogmatiek* II, p.289에서 그 내용을 인용한다고 밝히고 있으나 바빙크의 『개혁교의학』 제 3판(1918)과 4판(1928)의 내용을 아무리 살펴보아도 위에 언급된 내용은 발견되지 않는다. 그렇다면 아마도 페이지 인용에 오류가 있는 듯하다.

교훈을 얻는다. 그것은 단도직입적으로 표현하여 이론과 삶을 분리시키는 것은 옳지 않다는 것이다. 신학과 교리가 "무용한 추상적 사색"이 되어서는 절대 안 된다는 점이다. 신학은 신학 자체를 위한 것이어서는 안 된다. 삶을 위한 것이어야 하고, 교회를 섬기기 위한 것이어야 한다. 이와 같은 중요한 진리를 삼위일체 교리의 중요성에 대한 박형룡 박사의 진술 속에서 확인할 수 있다.[12]

이처럼 전 기독교 체계의 사활과 직결되어 있는 삼위일체 교리의 중요성에 대해 박형룡 박사는 다중적인 관점으로 분석하며 설명해 간다. 가히 전 기독교 체계의 장광고심(長廣高深), 곧 그 길이와 넓이와 높이와 깊이를 다 포괄할 만큼 중요성과 관련된 영역은 전 포괄적이라 할 수 있다. 박형룡 박사는 이 삼위일체 교리가 신학 전체에 영향을 미친다는 점을 들어 그 중요성을 갈파(喝破)하였는데,[13] 이는 앞서 논의한 내용과 무관하지 않다. 필자가 이해하기로 박형룡 박사의 관점, 곧 "신학 전체에 영향"을 미친다는 주장에 대해 물론 좁게 본다면, 당연히 신학의 영역에만 국한될 수 있을 것이지만, 만일 넓게 본다면 신학을 포함한 그리스도인들의 삶의 전 영역에 해당되는 일이 아닐 수 없다. 실제에 있어서 이 부분을 다루고 있는 박형룡 박사 자신도 학(學)을 학의 영역으로만 남아있게 할 수 없음을 잘 알고 있는 것이 분명하다. 실천의 영역과는 나눌 수 없는

---

12) 필자도 신학과 교리가 "무용한 추상적 사색"이 되어서는 절대 안 된다는 박형룡 박사의 입장에 전적으로 찬동한대졸저, 『교회와 신학』(서울: 총신대출판부, 1991), p.12.].
13) 박형룡, 『신론』, p.186f.

관계에 있다는 사실을 그가 인식하고 있음이 명백하다. 그것은 다음의 짧은 한 단락을 통해 확인 된다:

> 복음의 목적은 사람으로 하여금 하나님과 그 자신을 바로 알고 구원의 길을 바로 찾게 함이다. … 하나님과 자아(自我)를 바로 알고 구원의 길을 바로 찾는 신령(神靈)한 과업(課業)은 하나님에 관한 바른 지식을 얻는 것으로 출발하지 않을 수 없다.14)

이런 점에서 앞서 지적해 온 바대로 박형룡 박사는 실천 지향적(實踐 指向的)인 신학자임이 분명하다. 곧 그에게서 학문적 경건을 발견하게 된다. "구원의 길"을 위해 "바른 지식"이 필요하며, 그 바른 지식은 하나님에 관한 지식으로부터 출발되어야 한다는 요지의 글에서 이 실천지향성은 그 배후에 깔려 있는 전제임이 드러나고, 삼위일체 하나님에 대한 지식이 그 출발점이 되어야 한다는 주장에서 그 지식이 필연적으로 신학 전체에 영향을 미칠 수밖에 없다는 함축을 지니는 것으로 판단하게 된다. 출발점은 항상 그 이후의 과정에 영향을 미친다는 통념이 이를 뒷받침해준다. 박형룡 박사는 자신의 주장에 대한 논거를 칼빈에게서 차용(借用)한다. 칼빈의 『기독교강요』(*Institutio Christianae Religionis*) 제1권, 제1장에 나오는 내용, 곧 '하나님을 바로 알지 못하고서는 나 자신을 바로 알 수 없으며, 나 자신을 바로 알지 못하고서는 하나님을 바로 알 수 없다'는 내용이 그것이다. 칼빈에 관한 박형룡 박사의 인용부분과 그것에 대한 박

---
14) 전게서, 같은 면.

박사 자신의 해석을 자세히 주목해 보자:

칼빈이 그의 『기독교강요』 서언에서 말한 바와 같이 '진정하고 실질적인 지혜는 주로 두 부분으로 구성되나니 즉 하나님에 관한 지식과 우리 자신에 관한 지식이다.', '아무 사람도 능히 자신을 감정(鑑定)할 수 없고 오직 그가 의지하여 살며 움직이고 있는 하나님의 묵상에 즉시 전향(轉向)할 수밖에 없으니 그것은 우리의 존재자체(存在自體)는 하나님 안에만 실존하는 것인 밖에 아무것도 아니기 때문이다.' 그러므로 자아(自我)를 바로 알고 구원의 길을 바로 찾는 신령(神靈)한 과업(課業)은 하나님에 관한 바른 지식을 얻는 것으로 출발하지 않을 수 없다.15)

박형룡 박사의 칼빈 이해는 칼빈 자신의 의도대로 하나님 중심적임이 드러난다. 신지식과 인간에 대한 지식의 순환성을 말하는 칼빈 자신도 심지어 어느 것이 먼저 인지 알 수 없을 정도로 양자 간의 긴밀성을 강조하면서도 결국 인간이 하나님의 계시의 빛에 의존하지 않고서는 자기 자신을 바로 인식할 수 없음을 주장함으로써 인식의 출발점을 하나님 편에 두었다.16) 박형룡 박사 역시 하나님 편에

---

15) 전게서, 같은 면.
16) 졸저, 『인간론』(서울: 개혁주의신행협회, 2005), p.17f. ; 칼빈은 그의 『基督敎綱要』에서 다음과 같이 말한다: "우리가 갖고 있는 거의 모든 지혜(智慧), 곧 참되며 건전한 지혜는 두 부분으로 되어 있다. 그 하나는 하나님에 관한 지식이요, 다른 하나는 우리 자신에 관한 지식이다. 그러나 이 두 지식은 여러 줄로 연결되어 있기 때문에 어느 쪽이 먼저이며, 어느 쪽의 지식이 다른 쪽의 지식을 산출해 내는가를 알아내는 것은 그리 쉬운 일이 아니다. 사람은 먼저, 자기 생각을 돌려, 자기가 '힘입어 살며 기동'(행17:28)하고 있는 바 하나님을 응시하지 않고는 아무도 자신을 살펴볼 수가 없는 것이다. … "(Inst., 1.1.1.), "한편 인간은 분명히 먼저 하나님의 얼굴을 응시하고 나서, 다음으로 자신을 세밀히 검토하지 않는 한, 결단코 자신에 대한 참된 지식에 도달하지 못한다."(Inst., 1.1.2.), " … 하나님에 관한

그 출발점을 둔 것이 분명하다. "하나님에 관한 바른 지식을 얻는 것으로 출발하지 않을 수 없다"는 그의 마지막 결론이 이를 명백히 뒷받침해준다. "않을 수 없다"는 표현은 다른 가능성을 남겨두고 하는 말이 아니다. 하나의 가능성, 곧 유일한 가능성밖에 없다는 뜻이다. 자아를 바로 알아야 구원의 길을 바로 찾을 수 있는데, 자아를 바로 아는 길은 하나님에 대한 바른 지식을 가지는 길 외에 다른 방도가 없다는 의미이다. 칼빈의 논리가 성경적임을 간파하고 그의 입장을 자신의 입장으로 삼은 박형룡 박사의 '신지식 우선론(神知識優先論)'은 '우선'이란 개념 속에 함축되어 있는 요소, 곧 전제역할이란 것 때문에 포괄적 영향력 행사 개념이 나오게 된 것이다. 그것은 논리적 귀결로서 필연적이다. 이렇게 볼 때 삼위일체 교리가 신학 전체에 영향을 미친다는 박형룡 박사의 관점은 전적으로 합당하다 아니할 수 없다.

삼위일체 교리와 관련하여 박형룡 박사가 지적하는 두 번째 특성은 "하나님 사상의 풍부화"[17]이다. 여기 "하나님 사상"이란 표현에 애매함이 있긴 하다. 하나님 자신 안에 있는 어떤 내용을 의미하는지, 혹은 하나님에 관한 인생의 내면 안에 있는 지식을 의미하는지, 이 표현만 보아서는 언뜻 판별하기 어렵다. 그러나 박형룡 박사의 설명을 들어보면 양편 모두에 다 관련되는 듯하다. 사실 이 둘의 관계는

지식과 우리 자신에 관한 지식이 서로 밀접한 관계를 지니고 있다 하더라도, 먼저는 전자에 대해 논의하고 다음으로 후자를 논의하는 것이 정당한 순서일 것이다."(*Inst*, 1.2.3.) - 이 인용문은 '생명의 말씀사'에서 간행한 번역본에 의존하였다.
17) 박형룡, 『신론』, p.187.

후자가 전자에 인식론적으로 종속되는 성격으로 규정될 것이기에 자연히 그러해야 할 것으로 판단된다. 박형룡 박사의 의도하는 바는 워필드(Benjamin Breckinridge Warfield)를 인용하는 문맥에서 드러난다:

> 워필드가 말한 바와 같이 '삼위일체의 관념은 우리의 하나님 사상을 조명하며 풍부케 하며 고상케 한다. 기독교유신론(基督敎有神論)은 유일견고(唯一堅固)한 유신론이라고 말하는 것은 한 상용어로 되었다. 그것은 유신론이 인생의 마음을 영구히 점령하기 위하여는 삼위일체의 풍부화하는 개념을 수요(需要)한다는 것, 사람의 마음은 신을 위한 추상적 단일성(抽象的 單一性)의 관념에 안정되기 어렵다는 것, 그것은 삼위일체의 개념만이 제공하는 생(生)의 충만을 가지신 살아계신 하나님을 염원하여 부르짖는다는 것을 말함과 일반이다.18)

여기서 박형룡 박사는 워필드의 관점에 전적으로 동의하는 듯하다. 주장의 요지는 다음과 같다. 기독교 유신론의 입장에 선다는 것은 삼위일체 하나님을 받아들이는 것과 등치개념(等値槪念)이라는 것, 삼위일체 하나님 관념이야말로 우리의 하나님 사상을 일깨우

---

18) 전게서, p.187. ; 여기서 박형룡 박사는 Benjamin Breckinridge Warfield, *Biblical Doctrine* (London: Oxford University Press, 1932), p.139에서 인용하고 있다. : " ··· the idea of the Trinity in itself is, it ······ illuminates, enriches and elevates all our thought of God. It has accordingly become a commonplace to say that Christian theism is the only stable theism. That is as much as to say that theism requires the enriching conception of the Trinity to give it a permanent hold upon the human mind - the mind finds it difficult to rest in the idea of an abstract unity for its God; and that the human heart cries out for the living God in whose Being there is that fullness of life for which the conception of the Trinity alone provides."

고, 부요하게 하며, 고상하게 한다는 것, 삼위일체 하나님 사상만이 생명의 충만함을 드러내기에 합당하는 점 등이다. 실로 삼위일체 하나님은 스스로 깊은 고독 속에 계신 분이 아니시다. 그렇다면 그분에 대한 우리의 인식 혹은 사상 역시 생동감 없는 그 어떤 것일 수 없다. 마땅히 생명력 넘치는 그 어떤 것이 되어야 한다는 것은 자명한 일이다. 그런 점에서 박형룡 박사가 지적한 삼위일체 교리의 두 번째 특성, 곧 '하나님 사상을 풍성하게 한다'는 것은 정당하다.

이처럼 삼위일체 교리만이 하나님 사상을 부요하게 할 수 있다는 점을 밝히기 위해 박형룡 박사는 여러 잘못된 신관들과 삼위일체론을 비교하면서 우리 입장의 정당성을 밝힌다. 예컨대 일위신주의(一位神主義, Uniterianism), 다신교(多神敎, Polytheism), 범신론(汎神論, Pantheism), 초연신교(超然神敎, Deism) 등과 비교하고 있는데, 이제 그의 분석내용을 살펴보자. 그에 의하면 **일위신주의자들**은 주체와 객체를 보전하기 위해 물질의 영원성 혹은 물질의 영원 전, 필연적 창조를 가정하는 경향을 가지게 되며, 이 같은 영원 전, 불실 창조 없이는 일위신주의 체계에서 상정하는 신(神)은 가장 고독하고 적막한 존재가 될 것이라는 것이다. 그래서 가장 고독하고 적막한 존재로 남겨 놓지 않기 위해 물질의 영원성 혹은 물질의 영원 전, 필연적 창조를 가정하는 경향을 가질 수밖에 없다는 것이다. 만일 그러한 방향으로 기울어질 수밖에 없다면, 자연스럽게 일위신주의의 신개념은 범신론적 성향을 가질 수밖에 없다는 것이 박형룡 박사의 분석이다.[19] 그렇다면 만일 삼위일체 교리를 부인하고 일신론적 관

---

19) 박형룡, 『신론』, p.187.

점으로 나아가게 된다면, 결국은 하나님의 독립성(獨立性)과 자충족성(自充足性) 교리를 보전하는 일이 불가능하게 될 것이다.[20]

이제 일위신주의 이외의 다른 신관들과 연관된 박형룡 박사의 분석과 그의 평가를 직접 들어보자:

> 이 교리(=삼위일체 교리)는 **다신교**가 표현하는 하나님의 위(位)와 권능(權能)의 복수성(複數性)의 요구를 포옹하는 동시에 하나님의 유일성(唯一性)을 파괴하고 그의 권능을 다수 인격화하여 숭배하는 오류를 배척한다. 또 이것은 **범신론**이 말하는 하나님의 모든 곳에 임재(臨在)와 활동(活動), 모든 운동과 모든 생활에 유통(流通)하는 불가항적 세력을 정해하여 인정하고 하나님의 인격성의 부정과 하나님을 우주와 동일시하는 오류를 기각(棄却)한다. 또 이것은 **초연신교**(超然神敎)에 있는 하나님은 우주의 창조주요, 그의 권능은 제 이원인들을 통하여 나타난다는 진리적 요소를 포함하고 흠석신(欠席神), 그의 백성으로 더불어 생적 애적 접촉(生的 愛的 接觸)이 없는 하나님의 관념을 거절한다.[21]

---

20) 전게서, 같은 면. ; 성경의 가르침을 따라 신앙적 사고를 하게 될 때, 우리는 다음과 같은 이해를 할 수 있을 것이다. 삼위 사이의 본질적인 교통은 영원하시다. 성부는 세상의 기초가 놓이기 전부터 영원히 아들을 아시고, 사랑하시고(마11:27, 요17:24), 성령은 하나님의 깊은 모든 것을 통달하신다(고전2:10). 이 모든 신적 사역은 내재적(immanent)이다. 이와 같이 삼위 사이에 존재하는 관계는 무엇이 부족한 것처럼 사람의 손으로 섬김을 받으시는 것이 아니고, 만민에게 생명과 호흡과 만물을 친히 주시는(행17:25) 독립적이고, 자충족적(自充足的)인 관계다. 그런데 삼위일체 교리를 부인하고 일신론적인 방향으로 나아가 그들이 말하는 대로 물질의 영원성 혹은 물질의 영원 전, 필연적 창조를 가정하게 되면, 삼위 사이의 영원한 내재적 사역으로부터 말미암는 스스로 충족하시며 그래서 하나님 자신 외의 그 어떠한 피조물에 대해서 독립적이신 그와 같은 관계를 말한다는 것은 자연히 불가능하게 되고 말 것이다.
21) 전게서, 같은 면. ; 진한 필체로 인쇄된 것은 본 논자에 의한 것이다.

박형룡 박사는 이와 같은 비교, 분석을 통해 다음과 같이 자신의 입장을 정리한다: "삼위일체의 교리는 다신교, 범신론, 초연신교 같은 다른 종교와 철학의 진리적 요소들을 포용 결합하고 오류들을 배제함에서 매우 기발하다."[22] 여기서 "매우 기발하다"는 박형룡 박사의 평가를 보면서 본 논자에겐 두 가지 방면으로 생각이 정리된다. 먼저는 성경계시에 근거한 삼위일체 교리만이 참된 하나님 사상이라는 사실, 그리고 그와 같은 관점 혹은 견해야말로 우리의 신관을 가장 부요하고 생명 넘치게 만든다는 박형룡 박사의 견해에 대해 전적으로 마음을 같이 한다. 그럼에도 그의 평가를 보면서 다른 한편으로 애석함을 금치 못한다. 그것은 다른 신관들과 삼위일체 교리를 비교하려 할 때, 보다 신중함이 요구된다는 점 때문이다. 평가하는 그의 관점 속에 "포용 결합" / "배제함" 이란 도식을 보게 되는데, 잘못된 신관들과 성경계시에 근거를 둔 신관을 과연 <u>연속성과 불연속</u>이란 평면적 차원에서 비교하는 일이 가능할 수 있을까 하는 생각이 든다. 초월성을 부인하고 내재성만을 주장하는 범신론자들의 신관은 그 자체가 성경에 계시된 하나님과 질적으로 다른 존재이며, 동시에 내재성을 부인하고 초월성만을 주장하는 초연신론자들의 신관 역시 성경에 계시된 하나님과 질적으로 다른 존재일진대, 어찌 범신론자들의 신관에 있어서의 어떤 점들과 자연신론자들의 신관에 있어서의 어떤 점들이 성경에 계시된 하나님의 어떤 점들과 질적으로 동일하다고 할 수 있겠는가. 아무리 생각해도 그것이 부당한 일이라면, 잘못된 신관들과 성경계시에 근거를 둔 신관을 연속성과 불연

---

22) 전게서, 같은 면.

속이란 평면적 차원에서 비교하는 일은 어려운 일이라는 결론에 이를 수밖에 없다. 범신론과 성경에 근거한 신관 사이에, 혹은 초연신론과 성경에 근거를 둔 신관 사이에 만일 쌍방 간, 유사성이 있다면 그것은 단지 형식 논리에 있어서 일 뿐이지, 그 실적적인 내용에 있어서는 질적인 차이를 지니는 것으로 보아야 할 것이기 때문이다. 그렇다면 이 문제와 관련하여 성경의 교훈에 보다 일관성 있는 평가가 후학들인 우리에게 또 하나의 과제로 남게 된다. 비록 이와 같이 좀 더 숙고되어야 할 점들이 있다할지라도, 그럼에도 불구하고 박형룡 박사가 지적한 삼위일체 교리의 두 번째 특성인 '하나님 사상을 풍성하게 한다'는 주장은 전적으로 타당하다.

삼위일체 교리의 특성에 대해 박형룡 박사가 세 번째 지적한 것은 "하나님의 영원한 존재에 조명"이란 제목을 붙여 하나님의 영원한 존재를 유한한 인간이 사고하는데 있어서 우리를 밝혀주는 유익이 있다는 내용이다. 이점을 말하면서 그는 '하나의 방안(方案)밖에 없다'는 점을 강조한다. 그 방안이란 하나님을 삼위일체 하나님으로 받아들이는 일인데, 그렇게 하는 것이 영원 속에 존재하시는 하나님을 시간 속에 사는 인생이 사고할 수 있는 유일한 방법이라는 것이다:

> 삼위일체 교리는 유한세계의 창조이전에 영원히 존재하신 하나님을 합리하게 사고할 유일양식(唯一樣式)을 공급한다. 객체(客體)없는 인격적 주체(人格的 主體)를 사고하는 것은 불가능하지 않으면 극히 곤란하다. 그런데 하나님 안에 세 인격이 계신다는 사상은 이 곤란을 해소한다.[23]

---

23) 전게서, p.187f.

위의 설명에 의하면 두 가지 가능성 외에 다른 여지는 없다. 아예 불가능하든지, 아니면 혹시 희미한 불빛처럼 실낱같은 가능성이 엿보인다 할지라도, 오히려 그것은 부정적으로 생각될 수밖에 없는, 직설적으로 표현해 "(지)극히 곤란"한 경우이다. 무엇이 그러하다는 것인가? 하나님을 사고하는 일이 그러하다는 것이다. 어떤 하나님을 상정할 때 그러하다는 것인가? 삼위일체 하나님이심을 부인하는 신관(神觀)을 상정할 때 그러하다는 것이다. 그러나 이와 달리 삼위일체 하나님을 상정할 때에는, 아니 더 정확하게 표현하여 삼위일체이신 하나님을 상정할 때만이 그와 같은 난관은 극복될 수 있다는 것이다. 이러한 맥락에서 그는 "하나님을 합리하게(=합리적으로) 사고할 (수 있는) 유일양식(=유일한 방법)"이란 표현을 사용하고 있다.

자, 그렇다면, 삼위일체 하나님 아닌 신(神)[24]을 상정할 때 무엇이 문제라고 그는 논증하는가? '교제 없는 인격적 존재의 현실성을 말할 수 있을까'란 지극히 정상적인 합리적 판단이란 잣대에 견주어 볼지라도 문제가 있다는 것이다. 박형룡 박사의 이와 같은 표현이나 논증 속에는 말할 것도 없이 '성경계시의 빛에 비추어 볼 때는 두말할 것도 없고 … '란 함축이 이미 전제되어있는 것으로 보아야 한다. 그것은 '난해성'을 다루는 부분에서 이미 토론된 바였다. 이미 그는 "초자연적 계시를 떠나 인생적 의식(人生的 意識)이나 경험(經驗)에는 삼위일체이신 하나님에 향한 단서(端緒)를 주는 것이 없음이 사실

---

24) 이 문맥에서 언급된 신(神)에 대해 필자가 받는 뉘앙스로는 아마도 유니테리안주의(Uniterianism)에서 말하는 하나님과 같은 존재가 아닐까 생각된다.

이다."25)라고 단언했기 때문이다.

교제 없는 인격적 존재의 현실성을 말하는 것이 가능한 일일까? 어려운 일이거나 거의 불가능하다고 말할 수밖에 없을 것이다. 더군다나 영원하시고, 무한하시고, 완전하신 인격자의 경우에 있어서는 '극히 곤란한' 정도가 아니라, '아예 불가능한' 일일 것이다. 박형룡 박사는 이와 같이 "객체(客體)없는 인격적 주체(人格的 主體)를 사고하는 것"26) 자체가 난관이요, 어려운 일이라는 점에 근거하여 문제를 제기했다. 그래서 문제의 해결 방법, 아니 보다 정확히 표현하여, <u>유일한 방안</u>은 하나님의 삼위일체이심을 성경의 교훈을 따라 수납하여 상정하는 길 외에는 없다는 것이다. "하나님 안에 세 인격이 계신다는 사상",27) 시간을 초월하여 영원히 삼위일체이심을 수납하는 길 외에 다른 방안은 없다는 것이다. 그것은 최초의 방안이며, 동시에 최후의 방안이다. 그렇다면 그것은 유일의 방안이다. 삼위일체 교리만이 창조 이전, 영원부터 존재하시는 하나님을 시간과 공간의 제약 속에 사는 인간으로 하여금 사고할 수 있게 하는 유일한 방법이 되는 셈이다.

박형룡 박사는 마지막으로 제임스 올리브 버스웰(James Oliver Buswell)의 글을 인용함으로써 유일한 방안에 대한 자신의 입장을 정리한다:

그러나 삼위일체의 교리는 이 난관을 완전히 제하여 버린다. 만일 '신격에

---

25) 전게서, p.185의 주(註)의 마지막 부분 참조.
26) 전게서, p.188.
27) 전게서, 같은 면.

삼위가 계시고 이 삼위는 실체에서 같고 권능과 영광에서 동등하시면' 과거 영원부터 하나님의 주체성, 사랑의 인격적 속성(人格的 屬性)들, 교제에 자기표현은 무한한 객관성을 가졌던 것이다. 다른 말로 하면 삼위일체의 교리는 철학적 난관이나 기독교적 사유에 무거운 짐이 아니라, 우리가 과거 영원에 하나님의 실유를 능히 생각할 수 있는 <u>유일합리한 양식</u>이다.[28]

박형룡 박사가 삼위일체 교리에 관해 지적하는 네 번째 특성은 <u>하나님 중심의 신학을 구성한다</u>는 것이다. 이 특성을 다루는 부분에서 박형룡 박사는 그리 길지 않은 분량을 안배했다. 그러나 분량의 다소와는 무관하게 그 질적인 내용에 있어서는 다른 어느 특성들보다 결코 가볍게 다루어질 수 없는 내용이다. 삼위일체 교리가 하나님 중심의 신학을 세우게 한다는 그 자체가 개혁신학 혹은 장로교 신학 전통과 매우 잘 어울린다. 박형룡 박사의 주장을 직접 인용해 보자:

삼위일체 교리는 하나님 각위(各位)에게 충분한 신성을 돌림으로 진정한 하나님 중심의 신학체계를 구성하는 기초로 역사한다. 이 교리는 천부와

---

[28] 박형룡 박사는 James Oliver Buswell, *Systematic Theology of Christian Religion* Vol. I, (Grand Rapids: Zondervan, 1962), pp.126-28에서 인용하였다. : The doctrine of the Trinity, however, completely erases this difficulty. If "there are three persons in the Godhead, the Father, and the Son, and the Holy Spirit, and these three persons are one God the same in substance equal in power and glory," then the subjectivity of God from all eternity past, the personal attributes of love, and self-expression in fellowship, had infinite objectivity. In other words, the doctrine of the Trinity, so far from being a philosophical difficulty or a burden to Christian thinking, is the only reasonable mode in which we can think of God's being in eternity past. (p.128.).

함께 그리스도와 성령을 다 신위(神位)로 신앙하기 때문에 창조, 섭리, 구속에 포함된 삼위의 모든 활동을 다 신적 사역(神的 事役)으로 보아 참된 <u>하나님 중심의 신학체계</u>를 구성한다. 그리하여 이것은 신학의 연구에 삼위의 어느 한 위나 사람을 중심함보다 삼위일체의 견지에서 전진할 것을 우리에게 지시한다.29)

삼위일체 교리가 우리에게 주는 영적 유익에 대해 박형룡 박사는 하나님 중심적 사고를 가능케 한다는, 어찌 보면 하나님의 영광이라는 인생의 지상목적(至上目的)과도 통하는 특별한 성격을 제시하고 있다. 아무리 논리적이고 체계적이며, 유구한 역사적 전통을 가진 신학체계라 하더라도 그 중심에 하나님이 계시지 않는다면 그 무슨 소용이 있겠는가. 이 땅의 교회들로 인간 중심이 되고자 하는 유혹에서 벗어나게 하는 길은 이 삼위일체 교리를 믿고, 고백하며, 실천적으로 삶의 영역에서 삼위일체 하나님의 뜻대로 결단하며 사는 일을 통해서만 가능케 되리라는 통찰을 이 일을 살피면서 얻게 된 것은 실로 큰 유익이 아닐 수 없다. 또한 이와 더불어 무슨 일에 대해서나 삼위신적 관점으로 파악하고 접근해야 한다는 깨달음을 얻게 된 것, 역시 또 다른 수확이 아닐 수 없다. 어떤 이들은 성부 중심적 사고에만 메이며, 때로 다른 이들은 성자 중심적 사고에만 함몰(陷沒)되고, 또 다른 경우에는 성령 일변도의 사고로 치닫는 일방성을 지닌 자들이 역사 속에 존재했었고, 여전히 존재하기도 한다. 예컨대, 2세기 후반의 몬타누스운동(Montanism)의 경우, 당시의 대표적인

---

29) 박형룡, 『신론』, p.189.

성령운동이었지만, 결국 실패로 끝난 것은 근본적으로 그들이 '그리스도 없는 성령'을 추구했기 때문30)이라고 할 때, 박형룡 박사의 지적은 크나 큰 현실적 가치를 지닌다. 오늘날도 동일한 우(愚)를 범하는 자들이 얼마든지 있을 수 있기 때문이다. 삼위일체신적인 접근과 통찰은 우리의 신학으로 하여금 <u>조화와 균형</u>을 이루게 할 것이다.

삼위일체 교리의 특별한 성격에 대한 박형룡 박사의 마지막 지적은 "<u>구속적 진리의 열쇠</u>"란 특성이다. "열쇠"라는 은유(metaphor)는 그것 없이는 더 이상 어떤 진전도 새로운 국면에로의 어떤 전환도 기대할 수 없는 하나의 벽과도 같다. 이 벽을 통과해야 새로운 세계가 전개된다. 박형룡 박사의 의도 역시 이와 멀지 않다:

> 삼위일체의 교리는 사람의 구속에 없을 수 없는 관계를 가진 다른 모든 교리들에 대하여 열쇠를 제공한다. 이 교리를 떠나서는 그리스도의 신성, 성육신, 성령의 인격성, 중생, 칭의, 십자가와 부활의 의미 같은 중요 교리들이 이해되기 불능하다.31)

이 같은 특성에 대해 박형룡 박사는 순서상 맨 나중에 배열하고 있지만, 그 중요성에 있어서는 마치 열쇠의 역할처럼 그 무엇보다 우선성을 가져야 할 것이다. 그런 점에서 "삼위일체의 진리가 없었더

---

30) 졸저, 『인간론』, pp.434ff.
31) 박형룡, 『신론』, p.189.

라면 성육신, 객관적인 구속, 영원한 구원이 없었을 것이다."32)라고 단언한 그의 평가는 지금까지 살펴 본 바대로 성경에 근거를 둔 개혁신학적 교훈의 통전성과 일관성을 지닌다. 뿐만 아니라 이 교리의 실천적인 유익에 대해 구원받은 자들의 의식 속에 하나님의 삼중적인 구속의 사랑을 생각나게 하며 경험하게 한다는 마지막 평가33) 또한 정당하며, 그와 같은 평가 속에 담겨진 그의 내면의 관심사를 보면서 역시 그는 실천 지향적 성향의 신학자임을 알 수 있다.

4. 맺는 글

지금까지 삼위일체론의 특별한 성격에 관한 박형룡 박사의 견해를 두 가지 요지(要旨)를 중심으로 살펴보았다. 난해성과 중요성이 그것이었다. 삼위일체론은 이해하기 어렵다는 것이 그 첫 번째의 요지였고, 그럼에도 불구하고 많은 유익을 제공하기에 삼위일체 교리야말로 그 중요성을 아무리 강조해도 지나침이 없다는 것이 그 두 번째 요지였다. 삼위일체론이 난해하다는 것은 창조주와 피조물 사이에 놓여 있는 무한한 질적인 차이 때문에 생겨나는 불가피한 현상이다. 이 점과 관련하여 박형룡 박사는 삼위일체 하나님과 피조세계에 속한 것들 사이에 유비(*analogia*) 없음을 논거로 하여 그 난해성을 강하게 논증했었다. 이는 실로 성경에 근거한 통찰이 아닐 수 없다.

---

32) 전게서, 같은 면.
33) 전게서, p.190.

그럼에도 한 가지 아쉬웠던 점은, 또 다른 한계로서, 타락한 인간이 지닌 죄의 심각성을 그 난해성의 신학적 근거로 제시했어야 했는데, 그 점에 있어 미진(未盡)한 감이 없지 않았음을 알 수 있었다. 그러나 사실에 있어서 그의 신학체계를 전체적이면서도 종합적으로 조망해 본다면, 그 문제는 이미 그 자신의 신학체계 속에서 충분히 논의된 것이었음을 알 수 있다. 다만 삼위일체론과 관련하여 그 난해성을 다루는 부분에서 그 점이 명시적으로 표현되지 않았을 뿐이었다. 따라서 실질적인 내용에 있어서는 아무런 어려움이나 그 어떤 문제도 없다. 단지 적절한 곳에 적절한 표현으로 성경적인 사상이 보다 명료히 진술되었더라면 금상첨화(錦上添花) 격이 되었을 텐데, 그 점은 여전히 아쉬움으로 남는다. 그러나 다른 차원에서 고무적인 일이 있다. 그것은 기독교와 다른 종교들, 계시종교와 자연종교들 사이에 건널 수 없는 간격 혹은 경계선이 있다는 사실이 삼위일체론과 관련해서도 분명하게 강조되었다는 점은 상대주의를 특징으로 하는 포스터모던(post-modern) 시대 속에서 복음을 따라 살며 그 복음을 전해야 하는 그리스도인들과 교회들에게 큰 도전과 용기를 주고 있다는 사실이다. 그리고 또한 세속화된 상황 속에서 능히 일어날 수 있는 배교(背敎)의 혼란을 예견(豫見)이라도 하듯, 삼위일체 하나님을 고백하는 길이야 말로 유일한 생명의 복음을 좇는 길임을 제시함으로써 지로적(指路的) 역할을 했다는 점도 높이 평가되어야 할 것이다.

다음으로 삼위일체 교리의 중요성에 관해 박형룡 박사는 몇 가지 주제들로 나누어 그 유익함을 밝혔다. 그 첫째는 삼위일체 교리가 신학 전체에 영향을 미치는 중요한 위치에 있다는 사실을 밝혔고, 둘째로는 그 교리가 하나님 사상을 풍성하게 하는 유익이 있다는 점을 밝혔으며, 셋째로는 영원하신 하나님의 존재를 유한한 인간이 사고하는데 있어서 삼위일체 교리가 우리를 조명해 주는 역할을 한다는 사실을 밝혔고, 넷째로는 삼위일체 교리가 하나님 중심의 신학을 구성하고 세우게 한다는 점을 밝혔으며, 마지막으로 이 교리가 구속적 진리의 열쇠와도 같은 중요함을 지닌다는 사실을 밝혔다. 그리고 이들 중 어느 하나라도 중요하지 않은 것이 없음도 알았다. 그런데 이러한 신학 작업을 통해 성경계시 의존적인 그의 신학적 원리가 명백히 드러나는 것을 확인할 수도 있었지만, 역시 '이미'(already)와 '아직 아니'(not yet)란 구원사적 긴장 속에 살며 존재했던 자로서 그의 신학 작업 속에 미진한 부분이나 부족한 점들 역시 남아 있음을 발견할 수 있었다. 사실 그 모든 일들은 그분의 신앙과 신학사상을 계승하고 발전시키고자 부름을 받은 우리에게 또 하나의 과제로 남게 되었다.

　마지막으로, 삼위일체론의 중요성을 다루는 부분에서 박형룡 박사가 가졌던 관심의 영역들을 살펴보는 일은 매우 뜻 깊게 여겨진다. 삼위일체론을 다루면서 교리적인 면과 실제적인 면, 양편 모두에 균형 잡힌 관심과 이해를 가지고 있었다는 점은 후학들인 우리에게 귀중한 교훈이 된다. 이 두 영역에 대한 박형룡 박사의 관심은 이분적인 것으로 이해되지 않았고, 유기적인 관계로서 불가분(不可分)의 것으로 여겨졌다. 이로써 그는 경건과 실천을 지향하는 경건한 신학자임이 드러났다. 이렇게 볼 때, 그의 사상을 계승 발전시켜야 할 후학들인 우리는 그의 미진했던 점들을 보완하면서, 삶을 위한 신학, 교회를 섬기기 위한 신학이 되도록 주님의 은총을 의지하며 최선을 다해야 할 것이다.(*)

(『神學指南』 2006년 여름호)

II.
삼위일체 교리의 성경적 근거 : 구약

삼위일체 교리의 성경적 근거 : 구약

1. 들어가는 글

죽산 박형룡 박사는 "일체(一體)에 삼위의 증명"이란 제목으로 그의 신론 중 성(聖) 삼위일체를 다루는 제 6장의 제 2절을 시작한다. 본 절은 크게 두 부분으로 나뉘어져 있다. 그 먼저는 인격성(人格性)과 복수성(複數性)에 관한 논의이며, 그 다음으로는 성경의 증거를 다루는 부분이다.

독자들 가운데 혹이 구조만 보고 형식적인 틀로부터 유추하여 혹시 박형룡 박사의 접근 속에 합리주의적 성향이 있는 것이 아닌지 생각할지 모르겠다. 외관만 보면 마치 중세 스콜라주의자들이 그러했듯이 먼저 이성적인 논증을 거친 후, 그 다음 인식 주체가 지닌 유한성의 한계 때문에 계시에로 비약(飛躍)하는 방법을 사용한 것과 유사한 구조라고 여길지 모르겠다. 그러나 그와 같은 시각은 전혀 오해다. 그와 같은 사실은 그의 진술 속에 분명히 드러난다. " … 삼위일체의 교리는 … 오직 하나님의 특별계시(特別啓示)에 의하여 우리에게 주어진 교리이다."[1] 여기 사용된 "오직"이란 표현은 다른 가능성이나 다른 어떤 방법도 없다는 것을 의미한다. 심지어 이 점에 대해 독일의 유명한 주경학자인 델리취(F. Delitzsch)의 주장[2]을 그 방증(傍證)으로 삼기도 하였다. 델리취 역시 동일하게 "오직"이란 단어를 사용하였다. 그에 의하면 삼위일체 교리는 철학적인 사색의 결과가 아니라는 것이다. 그것은 "오직" 구약과 신약, 곧 성경으로부터 나온 것이란 사실을 강조하였다. 그렇다면 박형룡 박사의 진술에 좀 불명료한 감이 있음을 알 수 있다. 즉 그가 "오직" 특별계시에 의해 주어진 교리임을 말하는 앞부분에 "이 삼위일체 교리는 이성이나 경험만의 근거위에서 알려진 교리가 아니라"[3]라고 한 부분에서 필자가 밑줄 친 부분, 곧 "만"자(字)를 빼는 것이 의미의 일관성을 위해 더 분명할 것으로 여겨진다.

그런 의미에서 "일체에 삼위의 증명"을 다루는 제 2절에서 "인격성과 복수성"에 관해 논하고 있는 부분[4]은 본 교리에 연관된 문제의식을 명백히 하기 위한 목적에서 취해진 진술방법으로 보아야 할 것이다. 마치 스콜라신학에서 하듯 자연적 이성의 사유에 의한 결론도 참되며 특별한 계시에 의존하여 획득된 지식도 참되나, 두 과정 사이에 이성적 사유에서 특별계시에로의 비약을 두는 이유를, 사유하는 이성이 지닌 유한성의 한계 때문으로 여기는 입장과는 전혀 다르다

---

1) 박형룡, 『신론』(서울: 은성, 1974), p.193.
2) 박형룡은 F. Delitzsch의 *Old Testament History of Redemption*, p.178에서 인용한 것으로 밝히고 있다(전게서, p.193.).
3) 전게서, p.193.
4) 이 부분의 논의 내용을 제목으로만 소개하면 다음과 같다. 一. 人格性과 複數性 (一) 인격의 필연성. (二) 복수의 타당. 1. 자의식의 세 요소 2. 인격은 다른 인격과의 접촉을 요한다. 3. 영원한 적막에 대한 인격적 우교(人格的 友交)의 필요. 4. 사랑의 복수성. 5. 다신론의 응원. (전게서, pp.190-193.).

는 것을 분명히 인식해야 할 것이다. 그러한 점에서 진술의 두 수순을 서로 바꾸어서 하였었다면, 보다 개혁신학의 원리에 조화로운 일이 되었을 것으로 사료된다.

바로 이와 같은 이유에서 본 논자는 앞으로의 논의에서 둘 사이의 수순을 바꾸어 논하겠다. 그리고 지면(紙面)의 제약으로 인해 본 글에서는 단지 박형룡 박사의 삼위일체 교리에 대한 구약성경의 근거 제시에만 한정하여 논의의 범위를 축소하려 한다.

2. 본론

성경에서 삼위일체의 근거를 찾으려는 박형룡 박사는 구체적인 작업에 들어가기에 앞서 옛 경륜과 새 경륜을 관통하여 적용되는 한 원리를 제시한다.

2.1. 계시 점진성의 원리

구약과 신약, 옛 경륜과 새 경륜을 관통하여 적용되는 한 원리, 그것은 계시 점진성의 원리이다. 박형룡 박사는 "성경의 모든 대교리(大敎理)들이 다 점진적으로 계시되어 구약에서 몽롱한 암시가 신약에서 십분 명료한 진리로 나타났다."는 점을 전제한다. 이는 전적으로 타당한 관점이다. 성경의 계시성을 인정하며, 옛 경륜과 새 경륜, 곧 구약과 신약의 유기적 통일성을 인정하는 신학적 입장에서만 계시 점진성의 관점은 가능하다. 그런데 이 계시 점진성의 원리는 비단 삼위일체 교리를 위해서 뿐만 아니라, 기독교 사상체계 전체를 이해하는데 있어서 필수불가결한 진리라고 할 수 있다. 박형룡 박사의 설명은 매우 흥미로울 뿐 아니라 탁월한 영적 통찰을 제시한다:

> 하나님은 태양을 돌연 동승(東昇)시켜 그 휘황한 광선으로 사람의 육체적 안력(肉體的 眼力)을 손상케 하지 않으심과 같이 공연히 자신을 의(義)의 태양이신 메시야의 놀라운 인격과 모든 지능, 질서, 생명의 근원이신 성령의 기이한 인격으로 나타내지 않으시고 오직 점진적으로 계시하여 사람의 이해력(理解力)이 진리 전체를 수용할 만치 준비되도록 기다리셨다. 그리고 이 점진적 계시(漸進的 啓示)는 추상적 형식(抽象的 形式)을 취하지 않고 오직 삼위일체적 생활을 그 다양관계에서, 어떤 정도로 창조와 섭리의 사역과 관련하여 특별히 구속의 사역을 통하여 생적 실재(生的 實在)로 계시한다. 즉 이 계시는 언사(言辭)로보다 사실(事實)을 통하여 주어지며 성자(聖子)의 성육신(成肉身)과 성령(聖靈)의 강림(降臨)에서와 같이 하나님의 구속의 사역이 보다 더 명백히 나타나는 분량에 따라 보다 더 명백하여 진다. 그러므로 구약에서 나타난 삼위일체의 진리가 신약에서와 같은 명료성(明瞭性)을 흠결(欠缺)할 것은 예기(豫期)되는 일이다.[5]

동녘 하늘에서 막 솟아오른 태양은 한낮의 작열하는 태양과 동일한 존재이지만, 여명의 어스름함에서부터 점점 밝아져 마침내 눈이 부시도록 빛나는 태양으로 인식되는 이치로써 계시 점진성의 원리를

---

[5] 전게서, p.193f.

설명하고 있는 박형룡 박사의 진술은 그의 독자들로 하여금 명쾌함을 느끼게 한다. 그렇다. 자연의 이치도 영적인 진리를 이해하는데 도움을 줄 수 있다, 자연을 다스리시는 하나님은 곧 영적 세계의 주관자이시기 때문이다.

여기서 우린 칼빈이 이미 강조했던 적응(*accomodatio*)의 사상[6]을 동일하게 발견한다. "오직 점진적으로 계시하여 사람의 이해력(理解力)이 진리 전체를 수용할 만치 준비되도록 기다리셨다."는 표현에서 질그릇 같은 연약한 인생을 배려하시는 하나님의 자비와 사랑, 긍휼과 지혜를 발견하게 된다. 하나님께서는 자기 비하의 고통을 자취하시면서 까지 우리 인생을 배려하신다. 그것은 우리의 죄를 속하기 위해 그의 외아들을 이 땅에 보내신 성육신의 사건에서 뿐만

---

[6] 칼빈에게 나타나는 적응(*accomodatio*)의 사상은 하나님과 인간 사이에 무한한 질적인 차이에서부터 유래한다. 하나님의 계시를 인간이 그들의 자연 이성으로 이해하지 못한다. 그것은 유한성의 한계와 죄의 심각성 때문에 나타나는 논리적 귀결이다. 칼빈은 그의 『기독교강요』(*Institutio Christianae Religionis*) III권 21-22장에서 영원한 선택에 관해 말할 때, 인간의 호기심으로 예정교리를 접근하는 것(*Inst.*, III.21.1.)과 그 교리에 대해 침묵으로 일관하는 것(*Inst.*, III.21.3.)을 경계하면서, 예정교리는 오직 성경에서만 발견될 수 있음(*Inst.*, III.21.2.)을 갈파하였다(*Inst.*, III.21.2.). 그리고 이 교리, 즉 예정교리에 위험이 있다고 하는 자들의 주장을 부인하면서 칼빈은 다음과 같이 진술한다: "우리는 주께서 비밀로 그대로 두신 것을 탐색해서는 안 되는 동시에 공개하신 것을 버리지 말아야 한다는 것이다. 그래야 한편으로 과도한 호기심을 가졌다는 비난을 피하면서 또 다른 한편으로는 너무도 은혜를 모른다는 비난을 피할 수 있다. 어거스틴이 이 생각을 잘 표현하였다. 곧 어머니가 어린아이를 굽어보면서 천천히 걷듯이 성경도 약한 우리가 뒤떨어지지 않도록 하면서 전진하므로, 우리는 안심하고 성경을 따라 갈 수 있다고 하였다."(*Inst.*, III.21.4.). 이와 같은 칼빈의 관점이 이른 바 그의 '적응'(*accomodatio*) 사상이다. 사실 칼빈 자신이 밝힌 것처럼 이 사상은 이미 아우구스티누스에게서도 발견된다. 부르스 밀른(Bruce Milne)은 *Know The Truth*에서 살전2:7에 대한 칼빈의 견해를 참조하라는 설명을 붙이면서 다음과 같이 진술한다: "하나님에 관한 우리의 지식은 우리와 대화해 주시는 그의 겸손으로부터 나온다. 어른이 어린 아이와 말하듯이 그는 우리의 수준에 맞게 그의 언어와 표현을 맞춰주신다. '유모가 어린 아이에게 말하듯이 하나님은 우리에게 말씀하실 때 늘 불완전하게 발음하신다' … "[Bruce Milne, *Know The Truth* (London: IVP, 1983), p.27.].

아니라(빌2:6-8), 당신 자신을 무지몽매(無知蒙昧)한 우리에게 알리기 위해 자기 자신을 계시하신 일에 있어서도 그러하셨다(요1:14, 18, 히1:1-2). 그분 자신이 사랑과 지혜에 충만하신 완전한 인격적인 존재가 아니고서는 전혀 그러하실 수 없는 일이다. 그리고 또한 그의 아들이 이 땅에 오셔서 자기 백성을 가르치실 때에 "공중의 나는 새를 보라", "들의 백합화를 보라" 하시면서 실물교훈을 하셨던 것처럼 우리의 하나님 역시 "추상적 형식"을 취해 관념적으로 자기 자신을 계시하지 아니하시고, 구속사의 경륜과 다양한 사건과 관계 속에서 자신을 살아계신 삼위일체 하나님으로 드러내신 것이다. 즉 "언사(言辭)로보다 사실(事實)을 통하여" 자신을 계시하신 것이다. 이로써 계시의 수평적 차원에서의 양적인 측면에 있어서나 계시의 수직적 차원에서의 질적인 문제에 있어서 우리를 배려하시는 하나님의 자비하심을 발견하게 되는 것이다.

　박형룡 박사는 성경의 구체적인 자료들을 살피기에 앞서 전체를 볼 수 있는 통찰력을 먼저 제시하였다. 나무만 보고 숲을 보지 못하는 오류에 빠지지 않도록 독자들로 하여금 신령한 안목(眼目)을 얻게 한 것이다. 뿐만 아니라 신학은 단지 지식의 문제가 아니라, 자신을 계시하심에 있어서도 이처럼 세심한 배려와 무궁한 지혜를 동원하시는 그 깊으신 자비를 깨달아 그 분을 경외하며 사랑하고 존숭을 표하며 예배하는 일임을 우리로 알게 한다. 그는 추상적 관념만을 가지고 신학을 한 어떤 한 신학자가 아니었다. 경건한 마음으로 삼위일체 하나님을 경외하며 그분에게만 영광을 돌리려는 심원한 동기를 잃지 않는 신학자임을 재차 인식하게 된다.

그러면 이제 박형룡 박사가 삼위일체의 성경적 근거로 제시하는 여러 구절들과 그 문맥들을 구체적으로 살펴보자. 이 일을 하기에 앞서 이 일과 관련해 한 가지 짚고 넘어가야 할 사실이 있다. 그것은 역사적 기독교의 전통 안에서 확인될 수 있는 바로서, 그 누구도 이 사안과 관련하여 독창적[7]일 수 없다는 사실이다. 유구(悠久)한 기독교 역사 속에 동일한 성경을, 동일한 목적으로, 동일한 관심사에서 해석해 온 일, 곧 성경을 통해 계시된 삼위일체 하나님을 알기 위한 이 작업에 셀 수 없는 수많은 믿음의 선조들이 시대를 다투어 동참(同參)해 왔기 때문에, 후대의 인물들은 그 누구를 막론하고, 예외 없이 전 시대의 선조들의 어깨를 딛고 그 위에 설 수밖에 없는 처지에 있는 것이다. 그렇다면 그 같은 사실은 어찌 보면 후대인들이 누리는 영적 혜택이 아닐 수 없다. 그러한 점에서 20세기란 격랑(激浪)의 시대에 사셨던 박형룡 박사 역시 동일한 혜택을 누린 것이다.[8]

그런 점에서 그가 제시하는 성경의 근거들은 거의가 다 이전의 건전한 개혁 신학자들에 의해 제시되고 해석되었던 것들[9]의 반복일 수밖에 없다. 해 아래엔 새것이 없기 때문이며, 진리는 이전에도 이후에도 영원히 진리이기 때문이다. 이는 죽산이 그 자신을 진리의 사신(使臣), 곧 진리의 종일뿐임을 스스로 천명한 일과 전적으로

---

7) 정당성 여부를 판단하는 개혁 신학적 가치기준은 독창성에 있는 것이 아니라, 성경이 말씀하시는 바대로인가의 문제에 있다.
8) 그 점은 당연히 그의 후학들인 우리에게도 적용되는 은택이다.
9) 단적인 예로 헤르만 바빙크(H. Bavinck)의 『개혁교의학』(Gereformeerde Dogmatiek)에 많이 의존하고 있는 화란계 미국 신학자인 루이스 벌코프(L. Berkhof)의 『조직신학』(Systematic Theology), 신론 가운데 동일한 주제를 다루는 부분과 비교해 보면, 박형룡 박사가 다루고 있는 세목들, 곧 작은 주제들이 이미 다 논의되어 있음을 알 수 있다[L. Berkhof, Systematic Theology (Grand Rapids: Eerdmans, 1981), p.85f.]. 그럼에도 죽산의 작업은 주체적이라 할 수 있다.

일치하는 일이다. 그는 자신의 교의학 각 권의 머리말을 쓸 때마다 잊지 않고 밝힌 사실이 있다: " … 필자의 본의는 칼빈주의 개혁파 정통신학을 그대로 받아서 전달하는데 있고 감히 무엇을 창작(創作)하려는 것이 아니다. 이것은 동양 옛 사람이 말한 바 술이부작(術而不作)의 태도라 할 것이다. 팔십여년 전 이 땅에 선교사들이 와서 전하여 준 그대로의 바른 신학을 새 세대에게 전달하는 것이 필자의 염원이기 때문이다."10) 이는 진리의 종으로서 일편단심(一片丹心)의 신앙을 나타낸 것이다.

 이와 같은 사실을 보면서 우리가 분명히 말할 수 있는 것은, 그렇다고 할지라도 박형룡 박사 자신의 신학 작업이 그 전대(前代) 신학자들의 관점이나 주장들을 맹종(盲從)하거나 기계적으로 따라간 것은 결코 아니라는 점이다. 그 이유는 교회 역사 속에 존재했던 동일한 성경에 대한 다양한 견해들 - 물론 그 중에는 옳은 것들도 혹은 그른 것들도 함께 있었을 것이지만 - 가운데 박형룡 박사는 그 자신의 석의적(釋義的) 확신 속에서 정당한 해석들을 선택적으로 선별하지 않으면 안 되었고, 또한 그런 과정을 거쳐 아래에 다룰 성경 구절들을 삼위일체의 정당한 근거들로 채택해 제시했기 때문이다. 이처럼 근거 제시를 위한 박 박사의 노력 속에는 결코 그 자신의 해석학적 관심사가 배제될 수 없었고, 따라서 그의 근거 제시는 당연히 주체적(主體的)인 것이다.

---

10) 박형룡의 교의학(敎義學) 각 권의 모든 머리말들을 살펴보라. 머리말 첫 면에 한결같이 자신의 동일한 소신을 피력하고 있음을 발견할 수 있다.

2.2. 구약성경에서의 증거

계시 점진성의 원리를 피력했던 박형룡 박사는 구체적으로 삼위일체의 성격적 근거들을 제시하는 일에 있어 그 접근방법을 자신이 앞서 제시했던 원리와 일관되게 외적으로는 구약에서 신약에로 시선과 방향을 맞춘다. 그러나 내면적으로는 신약의 밝은 빛에 구약을 투영시키는 방법이 병행되는 특징으로 나타난다. 외적으론 점진성의 방향과 내적으론 유기적 통일성, 이 둘 모두를 붙든 것이다.

2.2.1. 복수명사와 대명사[11]

구약에서 근거를 제시하는 박형룡 박사는 "복수명사와 대명사"[12]란 제하의 논의에서 그의 근거 제시가 주체적이며, 또한 근거의 정당성 확보를 위한 내면적 원리가 앞서 지적한 두 방향, 즉 점진성과 유기적 통일성을 겸비하고 있음을 드러낸다. 그의 근거 제시가 주체적인 이유는 그가 로텐베르그(Rottenberg)의 견해를 비판하여 배격하는 문맥에서 발견될 수 있다. 로텐베르그는 그 이름을 볼 때, 게르만계 신학자로서 그의 저서 *De Triniteit in Israels Godsbegrip*(이스라엘의 신개념 속에 있는 삼위일체)에서 하나님의 이름인 '엘로힘'(אלהים)이 복수인데, 그 점이 삼위일체를 반영하는

---
11) 본 논문 2.2.1에서 2.2.5까지의 작은 제목들은 박형룡 박사 자신이 사용한 표현들을 그대로 옮긴 것이다: (1) 복수명사와 대명사, (2) 하나 이상 수(數)의 하나님의 위(位), (3) 여호와의 천사, (4) 하나님의 지혜와 하나님의 말씀의 묘사, (5) 성령의 인격성의 표시.
12) 전게서, p.194.

것이라는 주장을 하였는데, 그 입장에 대해 박 박사는 동의하지 않았다.13) 그것은 박 박사 자신의 석의적(釋義的) 확신과는 일치하지 않기 때문으로 풀이된다. 같은 경우에 해당되는 또 다른 예는 하나님의 이름이 '여호와'(יהוה)와 '엘로힘'(אלהים)으로 구별된다는 사실이 삼위일체를 함의하는 것이라고 어떤 이들이 생각했는데, 그 점에 대해서 역시 비판의 화살을 던지고 있다는 사실에서 발견된다.14) 이 또한 그 자신의 석의적 확신과는 동떨어진 주장이기 때문일 것이다. 오히려 그는 내적으로 유기적 통일성을 지닌 구약과 신약의 교차선상에서 구약에 나타나는 대명사, 곧 하나님 자신이 자신을 일컬어 "우리"라고 한 구절들을 주목하여 관찰한 후 다음과 같은 결론을 내린다:

> … 그러나 여러 구절에서 하나님이 자기를 가리켜 복수 대명사로 말씀하신 것은 하나님 안에 있는 인격(위)적 구별의 지시를 포함한다(창1:26, 27; 3:22; 11:17; 사6:8). 앞에 기록한 구절들에서 하나님은 자기 삼위(三位) 사이에 공동협의적(共同協議的)으로 말씀하신 것이다.15)

박형룡 박사의 석의적 확신은 '성경의 유비'(*analogia Scriptura*)란 성경해석의 원리를 따라 로텐베르그를 비롯한 어떤 이들의 것과는 달리 '복수명사'에서가 아니라, '복수 대명사'에서 삼위일체의 흔적을 찾을 수 있다는 것이다. 사실 창세기 앞부분에서의 '우리'란

---

13) 전게서, p.194.
14) 전게서, p.194.
15) 전게서, p.194f.

표현 그 자체만 두고 본다면, 물론 하나님 자신이 자기 자신에 대해 말씀하신 것이긴 해도, 인간의 차원에서 그 문맥을 원자론적으로만 관찰한다면, 결코 삼위란 개념은 도출될 수 없을 것이다. 왜냐하면 박형룡 박사가 앞서 지적한 바와 같이 구약의 그 문맥에서는 아직도 "사람의 이해력(理解力)이 진리 전체를 수용할 만치 준비"16) 되지 못했기 때문이다. 그래서 역사를 보면 사람들은 "우리"란 표현 속에 하나님 스스로 권고하시는 "자기 권고의 복수"(a plural of self-exhortation)17)로 해석하기도 했고, 혹은 천사들을 포함시켜 "교제의 복수"(a plural of communion)18)라고 주장하기도 했던 것이다. 결코 신약의 빛에 비추어 말하지 않고서는 박형룡 박사가 위 인용문에서 지적하였듯이 "하나님은 자기 삼위(三位) 사이에 공동협의적(共同協議的)으로 말씀하신 것이다."라고 단언할 수는 없을 것이다. 이렇게 볼 때 박 박사는 삼위일체에 관한 근거 제시에 있어 내면적으로 신약의 밝은 빛에 구약을 투영시키는 방법을 채용하고 있음이 분명하다.

주로 창세기에서 하나님 자신이 스스로를 자칭(自稱)하면서 사용하신 대명사인 "우리"를 삼위일체의 흔적으로 해석19)한 박형룡 박사

---

16) 전게서, P.194.
17) L. Berkhof, *Systematic Theology*, p.182.; 졸저, 『인간론』 (서울: 개혁주의신행협회, 2005), pp.60-62.; p.71의 각주 (97)을 참조.
18) 전게서, 위와 같음.
19) 영(E. J. Young)이나 알더스(G. Ch. Alders) 등도 창1:26, 27, 3:22, 11:7, 사6:8 등에 나오는 "우리"를 삼위일체의 의미로 해석한다. 영은 그의 창세기 3장 주석에서 창3:22에 관해 " … 말씀하시는 분의 인격의 복수성을 지적하는 창1:26과 유사한 복수다."[Genesis III (韓譯), p.137.]라고 해석하였고, 화란의 주경학자인 알더스도 그의 창세기 주석에서 창1:26을 주석하면서 "하나님은 그의 단일성 가운데 복수성

는 구약성경 전체의 지평을 주목해 살피면서 하나님의 삼위일체이심을 증거한다. "하나 이상 수(數)의 하나님의 위(位)"가 구약 속에 나타난다는 사실, "여호와의 천사" 그리고 "하나님의 지혜와 하나님의 말씀의 묘사"에서 제 2위이신 그리스도께서 암시된다는 점, 또한 "성령의 인격성의 표시"는 제 3위이신 성령의 완전한 위격을 보증한다는 사실 등등을 종합적으로 고려해 볼 때, 비록 신약성경 속에 제시된 것보다는 희미할지라도 구약성경 가운데서도 여전히 삼위일체에 대한 근거들이 적지 않게 제시되고 있다는 것이다. 이 같은 박 박사의 확신은 그의 주장의 논점들을 보다 구체적으로 살펴 볼 때, 성경적으로나 신학적으로 타당성을 지닌 것이 분명하다.

2.2.2. 하나 이상 수(數)의 하나님의 위(位)

구약성경의 자료들을 귀납적으로 관찰할 때 박 박사가 제시한 것과 같이 하나님의 위(位)를 하나 이상의 수로 묘사하는 구절들이 있다. 그가 제시한 자료들을 인용해 보자:

하나님과 함께 그의 왕을 말한 것(시46:6,7과 히1:8,9 비교)이나, 여호와와 함께 주를 말한 것이나(시110:1과 막12:35-37 비교), 메시야가 발언자(發言者)가 되시어 자기의 하나님의 아들이심을 말씀하신 것(시2:7과 행13:33), 하나님과 그의 성령을 말한 것(사48:16, 61:1)은 하나님 안에 하나 이상 수의 인격이

을 가지신다."[God (heeft) in zijne eenheid een meerheid.]라고 함으로써 삼위일체 하나님을 지칭하는 것으로 해석하였다[*Genesis I - Korte verklaring der Heilige Schrift* (Kampen: Kok, 1933), p.95.].

있음을 인정하는 표현이 아닐 수 없다. 사63:7-11에 「여호와」, 「자기 앞의 사자」, 「주의 성신」이라는 세 명칭이 순서로 나타남도 기관(奇觀)이다. 그 자체에 윤리적 가치를 비교적 적게 가졌으되 오히려 다른 증언들과 연락하여 증명력(證明力)을 가진 것은 사6:3의 「거룩하다」고 세 번 부른 노래와 민 6:24-26의 여호와를 세 번 부른 축도문(祝禱文)이다.[20]

앞서 논증했던 "우리"란 대명사(창1:26, 27; 3:22; 11:17; 사6:8)에 대한 해석과 여기 하나님 위(位)의 복수성에 대한 자료 제시는 합목적(合目的的)으로 하나님의 삼위일체이심을 증거한다. 그런데 여기서도 박형룡 박사는 삼위일체의 근거들을 제시함에 있어 그 접근 방법을 앞서 제시했던 계시 점진성 원리와 일관되게 외적으로는 구약에서 신약으로 시선과 방향을 맞추며, 내면적으로는 신약의 밝은 빛에 구약을 투영시키는 방법을 병용(竝用)하고 있다. 그 구체적인 증거는 동일한 내용의 논증을 위해 구약과 신약을 동시에 인용하는 방법을 사용하고 있다는 점이다. 즉 시46:6-7//히1:8-9, 시110:1//막12:35-37, 시2:7//행13:33과 같은 인용법이 그것이다. 이는 구약과 신약의 유기적 통일성을 인정하며, 그 통일성은 동일하신 하나님께서 다양한 저자들을 당신의 목적을 위해 기용(起用)하셔서 성령의 영감으로 기록케 하심으로써만 가능하게 된다는 성경관을 가지지 않고서는 결코 취할 수 없는 방법이다. 여기서 박형룡 박사의 성경관이 드러난다. 박 박사의 성경관[21]은 역사적인 개혁 신학적 전통과

---

20) 박형룡, 『신론』, p.195.
21) 박형룡, 『서론』 (서울: 백합출판사, 1973), pp.235-367.

성경 자체의 증거 위에 굳게 정초(定礎)하고 있으며, 그의 사상은 곧 우리의 입장으로 자리 잡게 되었다. 올바른 성경관 위에서만 올바른 성경해석이 가능한 것이다.

여하튼 분명한 것은 박 박사의 지적처럼, 구약성경은 위격(位格)의 복수성을 말하고 있다는 점이다. 필자는 그의 글을 읽는 중 "기관(奇觀)"[22])이란 표현을 접하는 순간, 죽산이 성경을 읽으면서 기이한 진리가 보인다고 경이롭게 표정 짓는 모습이 눈에 선하게 그려졌다. 실로 기(奇)이한 관(觀)점이 아닐 수 없다.

백성의 죄를 고하는 이사야(사63:7-19)를 통해 놀라운 사실이 계시된 것이다. "여호와께서 말씀하시되 그들은 실로 나의 백성이요, 거짓을 행치 아니하는 자녀라 하시고, 그들의 구원자가 되사 그들의 모든 환난에 동참하사 <u>자기 앞의 사자</u>[23])로 그들을 구원하시며, 그 사랑과 그 긍휼로 그들을 구속하시고, 옛적 모든 날에 그들을 드시며 안으셨으나 그들이 반역하여 <u>주의 성신</u>을 근심케 하였으므로 그가 돌이켜 그들의 대적이 되사 친히 그들을 치셨더니 … 그들 중에 <u>성신</u>을 두신 자가 이제 어디 계시뇨"(사63:7-11). 이 문맥에서는 단지 위격의 복수성만이 아니라, 완벽하게 삼위 하나님에 대한 진술이 나타나있다. 실로 기관(奇觀)이 아닐 수 없다.

박형룡 박사가 제시한 또 다른 유력한 근거는 구약의 축도와 관련된다(민6:24-26). 계시 점진성의 원리를 따라 구약적 방식의 축도와

---

22) 박형룡, 『신론』, p.195.
23) 리더보스(J. Ridderbos)는 그의 이사야서 주석에서 사63:9의 "자기 앞의 사자"에 대해 "거룩한 삼위일체의 제 2위"(den tweeden Persoon der Heilige Drieëenheid)에 해당되는 것으로 해석하였다[J. Ridderbos, *De Profeet Jesaja - Korte Verklaring der Heilige Schrift* (Kampen: Kok, 1934), p.217.].

신약적 방식의 축도(고후13:13)를 비교해 보면, 연속적인 면과 더불어 발전적인 측면이 드러난다. 신약에서는 성부, 성자, 성령이 분명히 언급되어 있으나 구약에서는 여호와란 명칭이 세 번 반복되고 있을 뿐이다. "<u>주 예수 그리스도의</u>(τοῦ κυρίου Ἰησοῦ) 은혜와 <u>하나님의</u>(τοῦ θεοῦ) 사랑과 <u>성령의</u>(τοῦ ἁγίου πνεύματος) 교통하심이 너희 무리와 함께 있을지어다"(고후13:13). // "<u>여호와(יהוה)</u>는 네게 복을 주시고 너를 지키시기를 원하며, <u>여호와(יהוה)</u>는 그 얼굴로 네게 비취사 은혜 베푸시기를 원하며, <u>여호와(יהוה)</u>는 그 얼굴을 네게로 향하여 드사 평강 주시기를 원하노라"(민6:24-26). 두 경륜 사이에 연속적인 면이 있다. 두 경륜 모두에서 인간은 하나님께 전적으로 의존적인 존재임을 말하고 있다는 사실은 동일한 영적 원리이다. 그리고 "아론과 그 아들들"(민6:23)이 여호와의 이름으로 이스라엘 자손에게 축복(祝福)했고(=복을 빌었고), 하나님께서 그들에게 복을 주신다(=降福)는 사실은 옛 경륜에서나 새 경륜에서도 동일한 원리이다. 이와 같은 원리로 사도 바울은 고린도 교회의 회중을 위해 복을 빌었다(=祝福했다). 또한 두 경륜 사이에 발전적인 측면도 있다. 두 다른 문맥을 비교하면서 발견하게 되는 발전적 차이는 호칭에 관한 것이다. "여호와(יהוה) … 여호와(יהוה) … 여호와(יהוה)"//"주 예수 그리스도의(τοῦ κυρίου Ἰησοῦ) … 하나님의(τοῦ θεοῦ) … 성령(τοῦ ἁγίου πνεύματος)의"란 표현이 바로 그것이다. 그런데 민수기 6장의 "복 … 은혜 … 평강"은 비록 순서대로는 아니라 할지라도 고린도후서 13장의 "은혜 … 사랑 … 교통하심"과는 영적인 질서에 있어서 상응(相應)된다. 즉 복(민6:24)-사랑(고후13:13)은 성부와, 은혜(민

6:25)-은혜(고후13:13)는 성자와, 평강(민6:26)-교통(고후13:13)은 성령과 연관된다. 그렇다면 계시 점진성의 원리를 따라 "여호와 … 여호와 … 여호와"는 성부, 성자, 성령, 곧 삼위 하나님에 대응되는 것으로 해석될 수 있다.24) 모든 계시가 구약에서는 희미하다. 그리스도에게로 향하여 갈수록, 곧 신약으로 전진해 갈수록 더욱 명료해진다. 박 박사는 이와 같은 계시 점진성의 원리가 삼위 하나님의 명칭에도 동일하게 적용되는 것임을 말하기 위해 커츠(Kurtz)의 글을 인용하였다. "이 축도식사(祝禱式辭)는 신적 삼위일체와 그에 의하여 수행될 구속의 신비 전부를 발달되지 않은 형식으로 즉 맹아(萌芽)와 같은 것으로 이미 포함한다. 이것은 사람들의 종교적 지식(宗敎的知識)에 장차 더 명료해질 바 삼위로 전개되어 인류구원(人類救援)의 사업에 삼중양식(三重樣式)으로 공작하시는 한 하나님의 인격의 일정한 견해를 연락하기로 의장(意匠)되었다."25) 여기서 박 박사는 커츠의 *Sacred History*(거룩한 역사)에서 인용하였음을 밝혔는데, 그 내용은 계시 점진성의 원리와 신적 명칭의 상관성을 말하고 있는 것이다. 그렇다면 위와 같은 박형룡 박사의 삼위일체에 대한 증거 제시는 정당한 것이며 설득력 있는 것이다.

지금까지 구약성경에서 하나님의 삼위일체이심을 증거하는 근거

---

24) 헤르만 바빙크도 그의 『개혁교의학』 II권에서 민6:24-26과 고후13:13이 병행되는 것임을 지적하면서 삼위일체의 진리를 제시하고 있음을 다음과 같이 밝혔다: " … Num. 6:24-26 wijst in het drievoudig karakter van haar zegening op een drieërlei openbaring Gods terug en is zoo het O.T. voorbeeld van den apostolischen zegen, 2 Cor. 13:13."[H. Bavinck, *Gereformeerde Dogmatiek* II³ (Kampen: Kok, 1918), p.264.].
25) 박형룡, 『신론』, p.195의 두 번째 주(註).

들을 박형룡 박사는 "우리"라는 하나님의 자칭 대명사에서 찾았으며, 그와 더불어 하나님의 위격의 복수성을 말하는 문맥들에서 찾았다. 이제 여기서 박형룡 박사의 설명을 더 계속하여 따라 나아가면, 계시는 보다 구체적인 국면에 이르기까지 우리를 인도한다.

2.2.3. 여호와의 천사

박형룡 박사는 창세기를 필두로 구약 전체를 통해 간헐적으로 나타나는 현상, 즉 여호와의 사자(혹은 천사)가 한편으로 여호와와 동일시되기도 하고, 다른 한편 그와는 달리 구별되기도 한다는 성경의 자료들에 주목한다. 그 점에 대한 박 박사의 해석을 다음과 같다:

> … 하나님 안에 있는 인격(位)적 구별의 명백한 표시이다. 하나님이 천사나 사람의 형상으로 나타나서 사람에게 유형(有形)하게 또는 음성으로 교제하시는 신현(神現) 중에 「여호와의 천사」는 여호와와 일체되시되 오히려 그와 구별되시는 자로 나타났다. 그는 여호와 자신으로서 말씀하셨고 여호와의 권능을 행사하셨고 신적 예배를 받으셨고 죄를 용사(容赦)하는 권위를 가지셨다(창16:7-13; 18:1-19:29; 22:1-19; 32:22-32; 출3:1-22과 행7:38과 그전 10:40[26]) 비교, 출32:20-23[27]); 수5:13-6:3).[28]

여기 언급된 여호와의 천사(혹은 사자)는 결코 피조물일 수 없다.

---

26) 이 구절의 기록은 오자(誤字)로 사료됨.
27) 이 구절 역시 잘못 기재된 것으로 판단됨.
28) 전게서, p.195.

왜냐하면 하나님께만 돌려질 성격의 것들, 즉 "그는 여호와 자신으로서 말씀하셨고 여호와의 권능을 행사하셨고 신적 예배를 받으셨고 죄를 용사(容赦)하는 권위"를 행사하셨기 때문이다. 여기서 박 박사는 이른바 신현적인 천사(Theophany-engel)에 관해 언급하고 있다. "여호와와 일체되시되 오히려 그와 구별되시는 자"란 표현은 앞서 논의했던 하나님의 복수적인 위격 사상과 일맥상통(一脈相通)한다. "일체"와 "구별"은 동등한 위격들 사이에 나타날 수 있는 현상이다. 그렇다면 이 역시 하나님의 삼위일체이신 증거로 사용될 수 있다.

그리고 박형룡 박사가 제시하고 있는 "여호와의 천사"를 "여호와와 일체되시되 오히려 그와 구별되시는 자"로 이해하게 하는 성경의 자료들을 눈 여겨 보면, 여기서도 앞서 지적해왔던 동일한 성경해석의 원리와 그것에 상응하는 방법이 연관되어 있음을 여전히 확인하게 된다. 외적으로는 구약에서 신약에로 시선과 방향을 맞추며, 내면적으로는 신약의 밝은 빛에 구약을 투영시키는 방법을 병용(竝用)하고 있다는 점이다. 그 증거는 여호와의 사자와 여호와 사이에 "일체"와 "구별됨"을 증빙하기 위해 이전과 같이 구약과 신약을 동시에 고려하는 방법을 사용하고 있다는 사실이다. 여하튼 성경을 자의적(恣意的)으로 사사로이 풀지 아니하고, 건전한 해석의 원리에 입각하여 그 방법론을 결정하는 일은 참으로 지혜로운 일이며 신중히 고려해야 할 중요한 일이 아닐 수 없다.

박형룡 박사의 신중함은 연속되는 논의 속에 계속하여 나타난다. 신중하게도 그는 여기서 언급된 그 여호와의 사자가 과연 삼위 중에 누구일지에 대해서는 섣불리 단정하여 진술하지 아니하고, 신중하게 함구(緘口)한다. 여기서 우리는 성경이 가는데 까지 가고 성경이 멈추는 곳에서 멈추는 개혁 신학의 전통29)을 박 박사의 신학 작업 속에서도 발견하게 된다. 이는 구약의 정황에서 무리하게 자의적으로 해석하는 일을 삼간 처사다. 이는 매우 지혜로운 일이며, 인간의 인간됨을 인식하고 행동하는 겸손한 자세다. 그 문제는 신약의 경역으로 넘어가게 될 때, 보다 밝은 빛에 의해 자연스럽게 해명될 문제30)이다.

2.2.4. 하나님의 지혜와 하나님의 말씀의 묘사

여기서도 '하나님 자신'과 '지혜'의 관계를 혹은 '하나님 자신'과 '말씀'의 관계를, "서로 다름"(=判異)과 "함께 함"(=永遠한 共存)으로

---

29) '성경이 가는 데까지 가고, 성경이 멈추는 곳에서 멈추라'는 원칙은 일반적으로 개혁 신학자들의 전통이다. 이와 같은 관점과 태도는 특별히 칼빈(J. Calvin)에게서 발견되는데, 그가 영원한 선택에 관해 논의하는 문맥에서 다음과 같이 진술하고 있다: " … 성경은 성령의 학교이며 여기서는 필요하고 유익한 지식은 하나도 빠뜨리지 않는 동시에, 유익한 지식이 아니면 아무것도 가르치지 않는다. 그러므로 성경에서 예정에 대해서 밝힌 것을 신자들에게서 빼앗지 않도록 주의해야 한다. … 하나님께서는 신자들에게 하시는 모든 말씀에 대하여 그리스도인이 마음과 귀를 열고 듣는 것을 우리는 허락해야 한다. 다만 제한 조건은 주께서 입을 여시지 않을 때에는 신자도 즉시 모든 탐구하는 길을 닫으라는 것이다. … "(Inst., III.21.3.).

30) 박윤선은 그의 창세기 주석에서 창16:7 이하의 "여호와의 사자"에 대해 "구약시대에 찾아오신 그리스도를 가리킨다."[박윤선, 『성경주석 창세기 출애굽기』 (서울: 영음사, 1974), p.230.]고 단도직입적으로 밝힌다. 그리고 여호와와 동일시되기도 하고, 구별되기도 한 일에 대해 다음과 같이 설명한다: " … 그는 일반 천사가 아니었다. 그는, 자기가 친히 하나님의 입장을 취하기도 하시고 하나님의 사자(使者)의 입장을 취하기도 하신다. 그러면, 그는 하나님과 동일하신 분이면서도 하나님과 다른 이시다. 그가 형상을 취하신 점에서는 하나님과 다른 이요, 그가 친히 하나님의 처지를 취하여 말한 점에서는 하나님과 동일하신 이시다."(전게서, p.230.).

그 성격을 규명하는 구약성경의 문맥들을 통해 박형룡 박사는 하나님의 삼위일체이심의 근거를 찾는다. 그의 견해를 주목해 보자:

> 지혜는 하나님과 판이하되 하나님으로 더불어 영원히 함께 있는 자로 인격화하여 제시되었으며(잠8:1, 12-31; 3:19) 하나님의「말씀」은 하나님과 판이하되 하나님의 의지를 영원부터 집행하는 자로 인격화하여 설술(設述)되었다(시 33:4, 6; 107:20; 119:89; 147:15-18).[31]

박형룡 박사의 설명 속에 나오는 관계의 성격, 곧 "판이"(判異)와 "공존"(共存)이란 개념 역시 신적인 위격의 복수성과 밀접하게 연관된 사상이다. 그가 인용하는 구절들을 문맥과 함께 살펴보자. "지혜가 부르지 아니하느냐 명철이 소리를 높이지 아니하느냐"(잠8:1). 지혜가 소리 높여 부른다. 지혜가 의인화 혹은 인격화되었다. 그런데 이 지혜가 하나님과 판이하되 하나님과 함께 영원히 존재하는 자임을 잠언서의 다음 자료들이 제시한다: "<u>나 지혜는</u> 명철로 주소를 삼으며 지식과 근신을 찾아 얻나니, 여호와를 경외하는 것은 악을 미워하는 것이라. 나는 교만과 거만과 악한 행실과 패역한 입을 미워하느니라. 내게는 도략과 참 지식이 있으며 나는 명철이라. 내게 능력이 있으므로 나로 말미암아 왕들이 치리하며 방백들이 공의를 세우며, 나로 말미암아 재상과 존귀한 자 곧 세상의 모든 재판관들이 다스리느니라. 나를 사랑하는 자들이 나의 사랑을 입으며 나를 간절히 찾는 자가 나를 만날 것이니라. 부귀가 내게 있고 장구한 재물과

---

31) 박형룡,『신론』, p.195f.

의도 그러하니라. 내 열매는 금이나 정금보다 나으며 내 소득은 천은보다 나으니라. 나는 의로운 길로 행하며 공평한 길 가운데로 다니나니, 이는 나를 사랑하는 자로 재물을 얻어서 그 곳간에 채우게 하려 함이니라. 여호와께서 그 조화의 시작 곧 태초에 일하시기 전에 나를 가지셨으며, 만세 전부터, 상고부터, 땅이 생기기 전부터 내가 세움을 입었나니, 아직 바다가 생기지 아니하였고, 큰 샘들이 있기 전에 내가 이미 났으며, 산이 세우심을 입기 전에, 언덕이 생기기 전에 내가 이미 났으니, 하나님이 아직 땅도, 들도, 세상 진토의 근원도 짓지 아니하셨을 때에라. 그가 하늘을 지으시며 궁창으로 해면에 두르실 때에 내가 거기 있었고, 그가 위로 구름 하늘을 견고하게 하시며 바다의 샘들을 힘 있게 하시며, 바다의 한계를 정하여 물로 명령을 거스리지 못하게 하시며, 또 땅의 기초를 정하실 때에 내가 그 곁에 있어서 창조자가 되어 날마다 그 기뻐하신 바가 되었으며, 항상 그 앞에서 즐거워하였으며, 사람이 거처할 땅에서 즐거워하며 인자들을 기뻐하였었느니라."(잠8:12-31). 이 지혜가 하나님과 판이하되, 하나님과 함께 영원히 존재하는 자임을 말한다는 것은 지금까지 하나님의 격위의 복수성을 말해 온 것과 전적으로 괘를 같이 한다.

하나님의 말씀 역시 하나님과 판이하되, 하나님의 의지를 영원부터 집행하는 자로 인격화되어 묘사되고 있다: "여호와의 말씀은 정직하며 그 행사는 다 진실하시도다. 여호와의 말씀으로 하늘이 지음이 되었으며, 그 만상이 그 입기운으로 이루었도다."(시33:4, 6). "저가 그 말씀을 보내어 저희를 고치사 위경에서 건지시는도다."(시

107:20). "여호와여 <u>주의 말씀</u>이 영원히 하늘에 굳게 섰사오며"(시 119:89). "그 명을 땅에 보내시니, <u>그 말씀</u>이 속히 달리는도다. 눈을 양털 같이 내리시며, 서리를 재 같이 흩으시며, 우박을 떡 부스러기 같이 뿌리시나니, 누가 능히 그 추위를 감당하리요. <u>그 말씀</u>을 보내사 그것들을 녹이시고 바람을 불게 하신즉 물이 흐르는도다."(시 147:15-18).

하나님의 지혜와 여호와의 말씀과 관련하여 진술된 잠언과 시편의 자료들은 그것들이 여호와와 '판이'하나 '영원히 공존'한다는 사상을 말하고 있는데, 그 점은 모두 하나님의 격위의 복수성을 말해 온 일들과 전적으로 상통(相通)한다. 이렇게 볼 때 "판이"(判異)와 "공존"(共存)의 개념으로 잠언서와 시편을 통해 삼위에 대한 증거를 제시한 박형룡 박사의 작업은 모두 온당한 것이다.

2.2.5. 성령의 인격성의 표시

지금까지 박형룡 박사는 성경의 자료를 살핀 후, 그 결과를 기초로 하여 신학적 이론을 세우고, 체계화하는 방법을 취해왔다. 그는 하나님의 삼위일체이심을 증명하기 위해 그동안 하나님 자신이 스스로를 칭하실 때 사용한 "우리"란 대명사를 삼위신적인 증거로 보았고, 계속하여 그것의 연속선상에서 신적 위격의 복수성을 제시하는 근거들을 살펴왔다. 그동안 복수성을 타나내는 구절들 가운데 박 박사 자신이 "기관"(奇觀=기이한 관점)이란 단어를 사용하면서까지 경이로움을 표했던 이사야 63장 7-11절 속에 나오는 세 명칭, 곧 "여호와",

"자기 앞의 사자", 그리고 "주의 성신"이란 삼위에 해당되는 표현들을 하나님의 삼위성을 드러내기 위해 인용한 바 있는데, 이제 그는 세 번째 위에 해당되는 성령에 관해 보다 명백하게 묘사하는 근거들을 제시한다:

> 구약에서의 성령에 대한 관설(關說)은 통상으로 명확하지 아니하여 그를 하나님으로부터 나오는 정력(精力) 혹 감화(感化)뿐으로 묘사하고 판연한 인격적 존재(人格的 存在)로 지시하지 않는다고 알려진다. 그러나 상고하여 보면 성령에 대한 관설들이 인격에 대하여 사용되는 언사(言辭)들로 구성되었고 그를 판연한 인격의 존재로 나타낸 곳도 약간 있다(사40:13; 느9:20; 창6:3; 시51:11; 139:7).32)

진술의 요지는 구약성경이 세 번째 위(位)인 성령을 인격적 존재로 묘사한다는 것이다. 이는 성령을 비인격적인 감화력이나 혹은 하나님으로부터 나오는 힘에 불과한 것으로 여기는 모든 오해들33)을 불식시키기에 유효한 근거이다. 그렇다면 박 박사가 제시하는 구약의 근거들을 주목해 보자: "누가 <u>여호와의 신</u>을 지도하였으며 그의 모사가 되어 그를 가르쳤으랴."(사40:13). "또 <u>주의 선한 신</u>을 주사 저희를 가르치시며, 주의 만나로 저희 입에 끊어지지 않게 하시고, 저희의 목마름을 인하여 물을 주시사"(느9:20). "여호와께서 가라사대 <u>나의 신</u>이 영원히 사람과 함께 하지 아니하리니, 이는 그들이

---

32) 전게서, p.196.
33) 이런 오해를 하는 자들 중에 대표적으로 16세기에 나타났던 쏘시니안파(Socinians)를 그 예로 들 수 있다.

육체가 됨이라. 그러나 그들의 날은 일백이십 년이 되리라 하시니라."(창6:3). "나를 주 앞에서 쫓아내지 마시며, 주의 성신을 내게서 거두지 마소서."(시51:11). "내가 주의 신을 떠나 어디로 가며 주의 앞에서 어디로 피하리이까"(시139:7). 인용된 구절들이 함축하는 바를 요약해 본다면 다음과 같이 정리될 수 있다. 지도를 받을 수 있으며, 가르침을 받을 수 있는 존재는 인격적 존재가 아니고서는 불가능한 일이다. 가르침과 연관되는 주체와 객체는 모두 인격적인 존재일 수밖에 없다. 인격적 존재와 함께 할 수 있는 존재는 역시 인격적 존재일 수밖에 없다. 대상과 주체의 관계에서 배제되는 한 편은 단순한 비인격적 힘이거나 단순한 비인격적 능력일 수 없다. 어디서나 현존하실 수 있는 존재는 신적인 완전한 인격자가 아니고서는 불가능하다.

이렇게 볼 때 구약에 나타나는 표현들 가운데 "여호와의 신", "주의 선한 신", "나의 신", "주의 성신", "주의 신" 등으로 묘사되어 있는 세 번째 위격에 해당되는 성령은 단순한 힘이거나 감화력일 수 없다. 그는 완전하신 인격적 존재이시다.

3. 맺는 글

지금까지 박형룡 박사에 의해 제시된 삼위일체이신 하나님의 삼위성에 대한 구약성경의 증거들이 올바른 성경해석의 원리를 따라 정당하게 인용되고 있는지, 그리고 정당하게 인용되고 있다면, 그 구체적인 내용이 무엇인지 등등의 문제들을 살펴보았다. 이 논의의 과정 속에 한 가지 아쉬운 점이 있다면, 지면(紙面)의 제약상, 구약성경과 신약성경 전체를 한 번에 다루지 못하고, 구약성경에 관한 증거제시로만 우선 논의를 제한 한 점이다. 따라서 더욱 풍성한 결론은 신약성경에서의 근거제시 문제가 모두 다루어진 후에야 내려질 수 있을 것이다.

논의의 과정을 통해 확인하였으며, 그래서 내릴 수 있는 지금까지의 결론은 하나님의 삼위성에 대한 죽산의 구약성경으로부터의 증거제시는 성경 해석학적으로나 신학적으로 정당하다는 것이다. 그의 성경관이 정당하며, 거기에 근거한 해석의 원리와 방법이 정당하였고, 그리하여 그의 주장 역시 정당성을 확보할 수 있었다. 실로 이 모든 일들은 인과 관계 속에서의 논리적 귀결들이라 할 것이다. 물론 여기서의 정당성 문제는 우리가 옳다고 확신하는 개혁 신학적 전망으로부터 내려진 평가이다.

만전적(萬全的)이고 축자적(逐字的)이며 유기적(有機的)인 영감을 믿는 성경관으로부터 출발하여, 계시 점진성의 원리를 피력했던 박형룡 박사는 구체적으로 삼위일체의 성격적 근거들을 제시하는 일에 있어 그 접근방법을 자신이 앞서 제시했던 원리와 일관되게 외적으로는 구약에서 신약으로 그 시선과 방향을 맞추었으며, 내면적으로는 신약의 밝은 빛에 구약을 투영시키는 방법을 병용하는 특징을 드러냈다. 즉 외적으론 점진성의 방향과 내적으론 유기적 통일성, 이 둘 모두를 견지한 것이다.

이런 원리와 방법에 의해 진행된 죽산의 신학 작업에 대한 우리의 중간 결론은 구약성경 가운데 이미 하나님의 위격의 복수성에 관한 계시가 존재한다는 것과 한 걸음 더 나아가 구약성경에서는 삼위의 명칭에 관한 희미한 계시가 나타나는 정도라는 결론을 죽산이 내리고 있다고 우리가 평가를 할 수 있다는 사실일 것이다. 이로써 삼위일체이신 하나님의 삼위성에 대한 계시는 이미 구약성경에서부터 발견되는 기독교의 본질적인 진리라는 사실이 입증된 셈이다.(*)

(『神學指南』 2006년 가을호)

III.
삼위일체 교리의 성경적 근거 : 신약

삼위일체 교리의 성경적 근거 : 신약

1. 들어가는 글

　필자는 이미 박형룡 박사의 삼위일체론에 관한 두 편의 글[1]을 썼다. 그 첫 번째 글에서는 서론 격으로 삼위일체론 전반과 관련된 죽산의 통전적 관심사와 관점이 무엇이었는지에 대해 다루었으며, 두 번째 글에서는 좀 더 세부적인 관심사, 즉 삼위일체론의 성경적 근거에 관한 죽산 자신의 이해와 입장이 어떠하였는지를 구약성경의 영역에 국한하여 고찰했었다. 이제 본 글에서는 두 번째 글에서 다루었던 동일한 문제를 구원사의 다른 지평, 곧 신약성경의 영역에서는 어떻게 이해하며 전개하고 있는지, 그래서 어떤 유효한 근거들을 제시했는지에 관해 살펴보려고 한다.
　앞서 밝힌 바와 같이, 지난 글에서의 필자의 주된 관심사는 죽산에 의해 제시된 삼위일체론에 대한 구약성경의 증거들이 과연 올바른 성경해석의 원리를 따라 정당하게 인용되었는지, 또한 정당하게 인

---

[1] '삼위일체론의 특별한 성격에 대한 박형룡 박사의 견해' in:『神學指南』, 제 73권 2집, 통권 제 287호 (서울: 신학지남사, 2006), pp.89-108. ; '삼위일체 교리의 성경적 근거(구약)에 관한 박형룡 박사의 이해' in:『神學指南』, 제 73권 3집, 통권 제 288호 (서울: 신학지남사, 2006), pp.69-88.

용되었다면, 그 구체적인 내용은 무엇인지 등등의 문제들을 주목하여 분석하고 평가하는 일이었다. 이미 내려진 바2)대로, 필자의 중간 결론은, 죽산이 삼위일체론에 관하여 구약성경으로부터 제시한 근거들은 성경 해석학적으로나 신학적으로 그 정당성3)이 인정된다는 것이었다. 다시 말해, 그의 성경관이 정당하였으며, 거기에 근거한 해석의 원리와 방법이 정당하였고, 그 결과, 그의 주장 역시 정당성을 확보할 수 있었다는 것이었다. 그런데 이와 같은 필자의 결론은 어디까지나 잠정적인 성격의 것이었다. 그 이유는 지면(紙面)의 제약상, 구약성경 안에서만 논의를 제한했었기 때문인데, 그래서 만일 보다 결정적인 결론이 내려져야 한다면, 그것은 죽산이 신약성경으로부터 제시한 삼위일체론의 근거들을 분석하고 검토한 후에야 가능해 질 수 있을 것이다.

2. 본론

신약성경으로부터 삼위일체론의 근거를 모색하여 여러 근거들을 제시한 죽산의 신학 작업을 살핌에 있어서 필자가 우선 주목하고자 하는 것은 죽산이 구약성경 속의 자료들을 다루던 그때 가졌던, 그 원리와 그 방법을 시종여일(始終如一)하게 여기서도 견지하고 있는

---

2) 『神學指南』, 제 73권 2집, 통권 제 288호, p.88.
3) 물론 여기서의 '정당성' 운운하는 문제는 우리가 옳다고 확신하는 개혁 신학적 통찰 속에서 내려진 평가임은 두말할 나위도 없다. 그리고 정당성 여부를 판단하는 개혁 신학적 가치기준은 독창성이나 합리성(合理性)에 있는 것이 아니라, 성경이 제시하는 바대로인가의 문제에 있다.

지, 그 여부를 살피는 일이다.

2.1. 여일(如一)한 원리와 방법인가?

동일한 원리와 방법이 죽산에게 지속적으로 견지되고 있는지에 대한 검토는 글의 논리 전개상 실로 불가피한 요청이다. 이런 불가피성이란 까닭 이외에도 이 문제를 다루려는 데에는 또 다른 이유가 있다. 그것은 성경에 대한 그의 일편단심(一片丹心)을 확인하기 위해서다. 즉 구약성경으로부터 근거들을 제시할 때 가지고 있었던 그 원리와 그 방법을, 신약성경이란 영역 안에서 작업할 때에는 그 사용을 중지했다거나 변개(變改)했다고는 상상조차 할 수 없을 만큼 철저했던 죽산의 입장을 구태여 살피고자 하는 데에는 특별한 의도가 있다. 그것은 그가 성경을 대함에 있어서 얼마나 큰 경외감과 함께 얼마나 일관성 있는 태도를 취했는지를 명백히 드러내기 위함이다.

죽산은 신약의 증거들을 구체적으로 제시하기에 앞서 다음과 같은 진술로써 글을 시작한다:

신약에서도 삼위일체교리는 조직적 설술에 접근하지 않고 우발적 관설의 형식을 취하였다. <u>그러나</u> 신약 <u>곳곳에서</u> 이 교리가 가정(假定)되고 자연스럽게 또는 단순히 표시된 것은 보다 더 인상적이며 빛나는 사실이다. 이 교리를 증명하는 본문이 <u>여기 저기</u>에 발견될 뿐 아니라, 이것을 함의하는 표현이 전서를 통하여 풍성하다.[4]

죽산의 진술 가운데 필자가 의도적으로 밑줄 친 부분들, 곧 "도", "우발적 관설의 형식", "곳곳에서", "여기 저기에"란 표현들을 주목해 본다면, 이는 어떤 점에서 구약과 신약의 연속성을 말할 수 있다는 사실을 함의(含意)한다. 즉 "우발적 관설의 형식"을 취한다는 점에서 구약과 신약이 연속적이란 사실을 드러낸다는 의미이다. 그런데 여기서 또 한 가지 주목해야 할 점이 있다. 그것은 역시 밑줄 친 부분인, "그러나"와 "보다 더"란 표현과 관련된다. 앞서 지적한 "우발적 관설의 형식"이 구약에서나 신약에서 공통점으로 발견된다는 사실로 인해 양자 사이의 연속성을 말할 수 있다면, 그 다음에 언급된 두 표현들 가운데, "그러나"란 반의적(反意的) 의미를 드러내는 접속사가 사용되었다는 사실로부터는 죽산이 구약과 신약 사이에 상이점(相異點)이 존재한다는 사실을 보여주려 했다고 해석할 수 있을 것이다. 이와 같은 주장은 "보다 더"란 의미의 비교급 표현이 사용된 것을 볼 때 더욱 명백해 진다.

---

4) 박형룡, 『신론』(서울: 은성, 1974), p.196. ; 인용된 내용 가운데 나타나는 밑줄은 본 논자에 의한 것임. ; 물론 여기서의 "전서"(全書)란 신약성경 전체를 의미할 것이다. 그런데 "전서를 통하여 풍성하다."는 죽산의 표현은 의미심장하다. 이는 "신약의 몇몇 본문들이 아니라, 신약 전체가 삼위일체적이다."(Niet enkele teksten, maar heel het N. Test. is … trinitarisch.)라고 한 헤르만 바빙크(Hermann Bavinck)의 혜안(慧眼)[H. Bavinck, *Gereformeerde Dogmatiek* vol.II³(Kampen: Kok, 1918), p.271.]과도 서로 통한다. 이와 같은 관점은 성경 자체의 증거를 주목해 볼 때 정당한 것이다. 성경계시의 핵심인 '창조-타락-구속'의 전망 자체가 삼위일체신적이기 때문이다. 이에 대해 죽산은 두 인물의 글을 인용하여 자신의 정당성을 위한 방증(傍證)으로 삼았다(『신론』, p.196.): 발트레트(Bartlett)로부터는, " … 공평한 독자(讀者)는 증거 구절들의 부족 때문에 고통을 보지 않고 풍부 때문에 방해를 받는다."(Bartlett, *The Triune God*, p.13.)는 내용의 글을, 또한 워필드(Warfield)로부터는, " … 실로 신약의 전체는 삼위일체를 위한 증거"(… the whole mass of the New Testament is evidence for the Trinity.)란 내용을 인용하였다(Benjamin Breckinridge Warfield, *Biblical Doctrine*(Grand Rapid: Baker Book House, 2000), p.146.

지금까지 논의된 내용들을 정리한다면, 죽산이 말하고자 하는 것은 다음과 같다. 즉 삼위일체 하나님에 관한 증거들이 구약에서나 신약에서 동일하게 우발적 관설의 형식으로 발견되지만(공통점), 신약의 경우에 있어서는 구약에서보다 더욱 분명히 드러난다는 것 (상이점)[5]이다.

이와 같은 의미의 '공통점'과 '상이점'의 양면성을 죽산이 시사한 것은, 지난 번 글에서도 밝혔듯이 삼위일체 교리와 관련해서도 역시 계시 점진성의 원리가 적용된다고 했던 그 자신의 주장과도 전적으로 일치된다. 기억을 되살리기 위해 지난 번 논의했던 내용을 다시 인용해 보자:

> 만전적(萬全的)이고 축자적(逐字的)이며 유기적(有機的)인 영감을 믿는 성경관으로부터 출발하여, <u>계시 점진성의 원리</u>를 피력했던 박형룡 박사는 구체적으로 삼위일체의 성격적 근거들을 제시하는 일에 있어 그 <u>접근방법</u>을 자신이 앞서 제시했던 원리와 일관되게 외적으로는 구약에서 신약에로 그 시선과 방향을 맞추었으며, 내면적으로는 신약의 밝은 빛에 구약을 투영시키는 방법을 병용하는 특징을 드러냈다. 즉 외적으론 점진성의 방향과 내적으론 유기적

---

[5] 여기서의 "상이점"(相異點)이란 양자가 질적으로 다르다는 의미에서 사용된 말이 아니다. 질적으로는 동일하나 그 정도에 있어서 보다 깊고, 풍성하고, 명료하다는 의미에서 사용된 말이다. 그 깊이와 풍성함과 명료함에 있어서 양자가 서로 다르다는 의미일 뿐이다. 그런 점에서 헤르만 바빙크의 진술을 참고하는 것은 도움이 된다[H. Bavinck, *Gereformeerde Dogmatiek* vol.II³, p.270, p.271. ; "신약은 구약적인 삼위일체 개념의 참된 발전을 포함하고 있다. 하지만 이제 이 신약의 계시는 더욱 더 명료하게 나타난다."(Het N. Test. bevat de zuivere ontwikkeling van de trinitarische gedachten des O. T. Maar nu treden deze in een veel helderder licht) ···· "그러나 신약이 비록 구약과 연관되기는 해도, 거기에 머물지 않고, 구약을 훨씬 넘어선다."(Maar het N. T., hoewel zich aansluitende bij het O. T., blijft daarbij niet staan; het gaat er ver boven uit.)].

통일성, 이 둘 모두를 견지한 것이다.6)

이로써 죽산은 신약성경에서 삼위일체론의 근거들을 찾는 일에 있어서 역시 구약성경에서 다룰 때와 동일하게 계시 점진성의 원리에 근거한 방법에 의해, 다시 말해, 외적으로는 구약에서 신약으로 향하는 점진적 발전의 방향을 주목하고, 내적으로는 구약과 신약 사이에 유기적 통일성(有機的 統一性)이 존재한다는 사실을 유념하는, 그래서 두 국면 모두를 통전적으로 추구하는 방법을 취함으로써, 구약을 다룰 때와 마찬가지로 신약에서도 동일하게 그 원리, 그 방법을 견지하고 있음을 우리로 알게 한다.

이와 같은 인식은 이제 곧 제시할 더 많은 증거들에 의해 그 진정성(眞正性)이 더해질 것이다. 구약의 증거들을 다루는 과정에서 죽산에 의해 언급되었던 내용들이 신약의 증거들을 논의하는 가운데 재차 확인된다는 사실은 그 자체로서 매우 중요한 증거가 된다.

예컨대, 구약의 증거들을 다루는 부문에서 죽산이 진술한 내용, 즉 "성경의 대교리(大敎理)들이 다 점진적으로 계시되어 구약에서 몽롱한 암시가 신약에서 십분 명료한 진리로 나타났다."7)는 것과 신약의 증거들을 다루는 과정에서 언급한, "하나님의 유일성은 구약의 기초적 원리(基礎的 原理)인 동시에 신약의 근본적 가정(根本的 假定)이다."8)란 내용은 서로가 전적으로 대응(對應) 관계에 있다.

---

6) 『神學指南』, 제 73권 2집, 통권 제 288호, p.88. ; 인용문 중 밑줄은 필자 자신에 의한 것임.
7) 박형룡, 『신론』, p.193.
8) 전게서, p.196.

또한 신약의 증거들을 다루는 부분에서, "신약은 위에서 말한 세 가지 사실을 가르침으로써 삼위일체의 교리를 명시한다. 즉 신약이 하나님은 유일하시다는 것, 성부, 성자, 성령이 각각 다 하나님이시라는 것, 그들은 판이한 인격들이시라는 것을 말하는 때에는 삼위일체 교리를 충분히 말하는 것이다."9)란 진술과 구약의 증거들을 다룰 때 언급되었던 진술, 곧 "구약에서 몽롱한 암시가 신약에서 십분 명료한 진리로 나타났다."10)란 표현과는 전적으로 상응(相應)된다.

이 외에도 상응되는 내용들은 더 있다. "신약은 유일 참 하나님을 말하는 동시에 성부, 성자, 성령을 각각 다 하나님으로 인정한다."11) "신약은 … 오직 한분 하나님 안에 삼위의 존재를 인정함이 분명하다."12) " … 명확히 표시하는 여러 구절이 있다."13) " … 의당한 사실로 인정되었으니"14), "삼위일체의 실재에 관한 명확한 교훈이 발견되나니"15) 등은 모두가 다 계시 점진성의 원리를 수용하고 있다는 데 대한 증거로서 제시될 수 있는 내용들이다. 왜냐하면 이 모든 진술들 속에 공통적으로 발견되는 점, 곧 삼위일체에 관한 교훈이 신약에서는 구약에 비해 보다 명료하고 확실하다는 지적 때문이다.

이로써 구약과 신약에서 삼위일체의 근거를 제시하는 일에 있어서 죽산은 시종여일하게 동일한 원리와 동일한 방법을 견지하고 있음을 확인할 수 있었다. 이 모두는 다, 성경에 대한 죽산 자신의 개혁

---

9) 전게서, p.197.
10) 전게서, p.193.
11) 전게서, p.196.
12) 전게서, p.197.
13) 전게서, 같은 면.
14) 전게서, p.198.
15) 전게서, 같은 면.

신학적 확신으로부터 나온 결과들이라 할 수 있다. 이처럼 성경을 해석하는 일에 있어서 동일한 원리와 방법을 시종여일하게 견지해 온, 죽산은 이제 삼위일체에 관한 보다 세부적인 근거들을 찾기 위해 구체적인 문맥들에 관심을 돌린다.

2.2. 신약성경에서의 증거

계시 점진성의 원리를 중시해 온 죽산은 신약성경으로부터 삼위일체론의 근거를 밝히는 일에 있어서도 구약에서 해온 것과 동일한 입장을 취하고 있다. 즉 그 접근방법을 외적으로는 구약에서 신약에로 나아가는 점진적 관점을 견지하면서, 내적으론 구약을 신약의 더 밝은 빛에 비추어 살피는 방법을 취하고 있다.

죽산이 구약성경으로부터 제시한 삼위일체론의 근거들로서는, 첫째로 하나님이 복수대명사로 지칭된 일, 둘째로 하나님의 위(位)가 복수로 언급된 일, 셋째로 여호와의 천사가 여호와 자신과 동일시된 일, 넷째로 하나님의 지혜와 하나님의 말씀이 인격화된 일, 다섯째로 성령이 인격성을 지닌 것으로 묘사된 일 등[16]이었지만, 그가 신약성경으로부터는 이 보다 더 명백한 근거들이 네 가지 범주로 제시될 수 있음을 밝혔다. 첫째는 하나님의 유일성이 제시된 경우들, 둘째는 성부, 성자, 성령이 각각 다 하나님으로 인정된 경우들, 셋째는 성부, 성자, 성령의 인격적 교제가 제시된 경우들, 마지막으로는 삼위가

---

16) 죽산 자신이 붙인 제목들은 다음과 같다: 1. 복수명사와 대명사, 2. 하나 이상 수(數)의 하나님의 위(位), 3. 여호와의 사자, 4. 하나님의 지혜와 하나님의 말씀 묘사, 5. 성령의 인격성의 표시 (박형룡, 『신론』, p.196f.).

동등하게 배열된 경우들 등17)이 그 근거들이다. 여기서 "이 보다 더 명백한"이란 표현으로 구약과 신약의 경우들이 비교되었는데, 이는 계시 점진성의 원리가 신약에서도 여전히 적용되고 있다는 의미의 다른 표현에 불과하다. 이처럼 동일한 원리가 죽산의 신학 작업에 있어서 그 기조(基調)를 이루고 있는 것이다. 그렇다면 이제 죽산의 설명 속에서 이 원리가 어떻게 반영되고 있으며, 그 결과 더욱 명백하게 드러난 삼위일체론의 근거들이 무엇인지를 구체적으로 살펴보자.

2.2.1. 하나님의 유일성(唯一性)

하나님의 유일성을 다루는 죽산은 여기서 구약과 신약을 연결시킨다. 그는 신6:4, 사44:6, 출20:3을 근거18)로 하여 구약은 유일하신

---

17) 죽산 자신이 붙인 제목들은 다음과 같다: 1. 하나님은 유일하시다. 2. 성부, 성자, 성령이 각각 다 하나님이시다. 3. 성부, 성자, 성령의 인격적 교제(人格的 交際). 4. 삼위동열(三位同列)의 여러 구절 (박형룡, 『신론』, p.196f.).
18) "이스라엘아 들으라 우리 하나님 여호와는 오직 하나인 여호와시니"(신6:4), "이스라엘의 왕인 여호와, 이스라엘의 구속자인 만군의 여호와가 말하노라 나는 처음이요 나는 마지막이라 나 외에 다른 신이 없느니라"(사44:6), "너는 나 외에는 다른 신들을 네게 있게 말지니라"(출20:3). ; Jamieson, Fausset 그리고 Brown이 집필한 주석에서는 신6:4을 주석하면서 이스라엘 종교의 근본에 대해 그것은 마음으로 하나님을 이해하고 사랑하면서 하나님의 단일성(the unity of God)을 인식하는 것이었음을 지적했다["The basis of their religion was an acknowledgment of the unity of God with the understanding and the love of God in the heart." in: Jamieson, Fausset and Brown, *Commentary on the Whole Bible*(Grand Rapids: Zondervan, 1976), p.146.]. '하나님의 단일성'이란 용어로써 문맥의 의미를 설명한 것은 삼위일체 하나님의 일체성을 묘사하는데 있어서 매우 적절한 표현으로 여겨진다. 실은 웨스트민스터 신앙고백서에서도 이 용어가 삼위일체 하나님의 일체성을 표현하기 위해 채택되고 있다("In the unity of the Godhead there be three persons, of one substance, power and eternity; God the Father, God the Son and God the Holy Ghost. … " in: *Westminster Confession of*

참 하나님을 가르치며, 요10:30, 약2:19, 고전8:4, 엡4:5-6, 계22:13 을 근거[19]로 하여 신약 역시 유일신 신앙을 절대적으로 교시(敎示) 한다는 주장을 함으로써, 구약과 신약의 연속성을 제시한다. 이로써 구약과 신약, 그 어느 영역에서도 삼위일체의 일체성을 말하고 있다는 사실을 보여주었다. 이에 근거하여 죽산은 "하나님의 유일성은 구약의 <u>기초적 원리</u>(基礎的 原理)인 동시에 신약의 <u>근본적 가정</u>(根本的 假定)이다."[20]란 명제로써 그의 설명을 종결한다. 죽산은 여기서 구약과 신약을 대비시키고 있는데, 이 대비는 불연속적 성격의 대립적 구도로서가 아니라, 연속적 성격을 띤 유비적 구도임이 분명하다. 이렇게 말할 수 있는 근거는 구약의 경우에 사용된 "원리"와 신약의 경우에 사용된 "가정"이라는 서로 다른 표현이 '전제(前提)란 개념'에 해당되는 동일한 의미를 공유하고 있으며, 전자의 경우에 사용된 "기초적"이란 표현과 후자의 경우에 나타나는 "근본적"이란 표현 역시 둘 모두 '출발이란 의미'의 동일한 함축을 지닌다는 사실에서 발견 될 수 있다. 이렇게 볼 때, 결국은 "전제"와 "출발" 역시도

Faith, Ch. II, 3.).
19) "나와 아버지는 하나이니라(εγω και ο πατηρ εν εσμεν) 하신대"(요10:30), "네가 하나님은 한 분이신 줄을 믿느냐 잘하는도다 귀신들도 믿고 떠느니라(ου πιστευεις οτι ο θεος εις εστιν καλως ποιεις και τα δαιμονια πιστευουσιν και φρισσουσιν)"(약2:19), "그러므로 우상의 제물 먹는 일에 대하여는 우리가 우상은 세상에 아무 것도 아니며 또한 하나님은 한 분밖에 없는 줄 아노라(περι της βρωσεως ουν των ειδωλοθυτων οιδαμεν οτι ουδεν ειδωλον εν κοσμω και οτι ουδεις θεος ετερος ει μη εις)"(고전8:4), "주도 하나요 믿음도 하나요 세례도 하나요 하나님도 하나이시니 곧 만유의 아버지시라 만유 위에 계시고 만유를 통일하시고 만유 가운데 계시도다(εν σωμα και εν πνευμα καθως και εκληθητε εν μια ελπιδι της κλησεως υμων εις θεος και πατηρ παντων ο επι παντων και δια παντων και εν πασιν υμιν)"(엡4:5-6), "나는 알파와 오메가요 처음과 나중이요 시작과 끝이라(εγω ειμι το α και το ω αρχη και τελος ο πρωτος και ο εσχατος)"(계22:13).
20) 박형룡, 『신론』, p.196.

동일한 의미군(意味群)에 속한다. 이는 다시 언급하지만, 구약과 신약이 모두 삼위일체 하나님의 일체성을 전제하고 있음을 보여주는 것이다.

2.2.2. 삼위 각각의 신성(神性)

구약에서 '오직 하나인 여호와이심', 곧 하나님의 유일성을 언급한 죽산은 신약에서도 동일한 사상이 제공되고 있다는 사실을 지적한 후, 즉시 신약에서 발견되며 확인될 수 있는 점진적 측면을, "동시(同時)"란 표현을 사용함으로써 제시하고 있다. 즉, "신약은 유일 참 하나님을 말하는 동시에 성부, 성자, 성령을 각각 다 하나님으로 인정한다."21)는 것이다. 여기서 죽산은 "유일 참 하나님"이란 사상을 구약과 신약의 공통분모로 삼아 양자 사이의 연속성을 말한 후, 신약으로부터 그 점진적 성격을 드러내 지적함으로써 신약의 구약에 대한 구별성(區別性)을 제시한다. 신약을 구약으로부터 구별시키는 역할을 하는 이 점진적 측면 속에 담겨있는 구체적인 내용은 무엇인가? 그것은 다름 아닌 성부, 성자, 성령이란 명백한 위적 명칭들이 신약에서는 구약에서보다 더욱 명료하고 풍성하게 등장한다는 사실22)이며, 또한 이 위적 명칭들로 일컬어지는 삼위가 각각 다 하나님

---

21) 전게서, 같은 면.
22) 이는 알더스[Cf., G. Ch. Alders, *Genesis I - Korte Verklaring der Heilige Schrift*(Kampen: Kok, 1933), p.95.]나 에드워드 영[Cf., E. J. Young, *Genesis III*, 정정숙 역, 『창세기 3장 연구』(서울: 엠마오, 1979), p.137.]처럼 죽산 역시 창세기에서 하나님 자신이 스스로를 자칭(自稱)하면서 사용하신 대명사, '우리'를 삼위일체의 흔적으로 해석했던 것(Cf., 『神學指南』, 제 73권 2집, 통권 제 288호, pp.76-78.)과는 달리 신약의 새로운 경륜에서는 정황이 완전히 달라졌다. 이미

으로 인정되고 있다는 사실이다. 죽산은 이와 같은 자기주장의 성경적 근거들을 삼위 각각의 명칭을 따라 세 가지 범주들로 나누어 제시한 후, "신약은 과연 오직 한 분 하나님 안에 삼위의 존재를 인정함이 분명하다."23)란 결론적 명제로써 자신의 설명을 종결한다. 여기 사용된 "과연"이란 표현은 신약의 본문들을 귀납적으로 고찰해 보니 앞서 제시한 내용과 전적으로 상응한다는 의미일 것이며, "분명하다"란 표현은 그 일이 부정될 수 없는 사실로 우리 앞에 놓여있다는 것을 강조하는 말일 것이다. 죽산의 이와 같은 결론적 단언이 과연 그러한지에 관해서는 죽산 자신이 근거로 삼았던 신약에서의 구체적인 자료들을 우리 역시 살펴봄으로써 넉넉히 검증될 수 있을 것이다.

죽산이 제시한 근거들은 다음과 같다. 첫째, 성부의 하나님이심, 둘째, 성자의 하나님이심, 셋째, 성령의 하나님이심이 그것이다. 죽산이 근거를 제시하면서 사용한 표현방식은 서술적 형식의 절(節)24)이다. 즉 "성부는 하나님이시다.", "성자(그리스도)는 하나님이시다.", "성령은 하나님이시다."란 표현방식이다. 여기서 "하나님이시다"를 필자는 "하나님이심"으로 바꾸어 표현하였는데, 다시금 이를 '성부의 신성', '성자의 신성', '성령의 신성'이란 표현으로 바꾼다할지라도 그 의미는 동등할 것25)이다.

그렇다면 이제 죽산이 성부의 신성을 제시하는 근거로서 인용하는

어스름한 여명(黎明)은 지나 동천에 밝은 해가 솟은 것이다.
23) 박형룡, 『신론』, p.197.
24) 전게서, p.196f.
25) 실은 죽산도 그 자신의 책에서 "성자의 신성"이란 제목을 사용하고 있으며, "성경은 성자의 신성을 솔직히 단언하여 '하나님'이라 칭한다."고 하였다(『신론』, p.225f.). 이는 성령에게도 그대로 적용된다. "이 어구(=하나님의 영)는 그(=성령)의 신성, 그 자신이 하나님이시라는 것 … (을) 표현한다."고 하였다(『신론』, p.229.).

신약성경의 자료들을 살펴보자: "그러나 우리에게는 한 하나님 곧 아버지(εις θεος ο πατηρ)가 계시니 만물이 그에게서 났고 우리도 그를 위하여 또한 한 주 예수 그리스도께서 계시니 만물이 그로 말미암고 우리도 그로 말미암았느니라."(고전8:6), "사람들에게서 난 것도 아니요 사람으로 말미암은 것도 아니요 오직 예수 그리스도와 및 죽은 자 가운데서 그리스도를 살리신 하나님 아버지 (θεου πατρος)로 말미암아 사도 된 바울은"(갈1:1), "하나님도 하나이시니 곧 만유의 아버지시라(εις θεος και πατηρ παντων) 만유 위에 계시고 만유를 통일하시고 만유 가운데 계시도다."(엡4:6), "그 때에 예수께서 대답하여 가라사대 천지의 주재이신 아버지여(πατερ κυριε του ουρανου και της γης) 이것을 지혜롭고 슬기 있는 자들에게는 숨기시고 어린 아이들에게는 나타내심을 감사하나이다."(마11:25), "썩는 양식을 위하여 일하지 말고 영생하도록 있는 양식을 위하여 하라 이 양식은 인자가 너희에게 주리니 인자는 아버지 하나님의 인치신 자니라(ο πατηρ εσφραγισεν ο θεος.)"(요6:27), "곧 하나님 아버지의(θεου πατρος) 미리 아심을 따라 성령의 거룩하게 하심으로 순종함과 예수 그리스도의 피 뿌림을 얻기 위하여 택하심을 입은 자들에게 편지하노니 은혜와 평강이 너희에게 더욱 많을지어다."(벧전1:2), "모든 입으로 예수 그리스도를 주라 시인하여 하나님 아버지께 영광을 돌리게 하셨느니라.(εις δοξαν θεου πατρος)"(빌2:11), "예수께서 이르시되 나를 만지지 말라 내가 아직 아버지께로(προς τον πατερα μου πορευου) 올라가지 못하였노라 너는 내 형제들에게 가서 이르되 내가 내 아버지 곧 너희 아버지, 내 하나님 곧 너희 하나님께로(προς τον πατερα μου και πατερα υμων και θεον μου και θεον υμων) 올라간다 하라 하신대"(요20:17), "가라사대 아바 아버지여(αββα ο πατηρ) 아버지께는 모든 것이 가능하오니 이 잔을 내게서 옮기시옵소서 그러나 나의 원대로 마옵시고 아버지의 원대로 하옵소서 하시고"(막 14:36)26), "돌을 옮겨 놓으니 예수께서 눈을 들어 우러러 보시고 가라사대 아버지여(πατερ) 내 말을 들으신 것을 감사하나이다."(요 11:41), "나는 세상에 더 있지 아니하오나 저희는 세상에 있사옵고 나는 아버지께로 가옵나니 거룩하신 아버지여(πατερ αγιε) 내게 주신 아버지의 이름으로 저희를 보전하사 우리와 같이 저희도 하나가 되게 하옵소서."(요17:11) 등이다. 이와 같은 신약의 근거들로부터 유추될 수밖에 없는 논리적 귀결은 성부의 하나님이심이 결코 의심될 수 없는 신약의 명백한 교훈이라는 점이다.

다음으로, 성자의 신성을 증거하는 구절들로 죽산에 의해 제시된 내용을 살펴보자: "조상들도 저희 것이요 육신으로 하면 그리스도가(ο χριστος) 저희에게서 나셨으니 저는 만물 위에 계셔 세세에 찬양을 받으실 하나님(θεος)이시니라. 아멘"(롬9:5), "그 안에는(εν αυτω) 신성의 모든 충만이 육체로 거하시고"(골2:9), "도마가 대답하여 가로되 나의 주시며 나의 하나님이시니이다(ο κυριος μου και ο θεος μου)."(요20:28), "복스러운 소망과 우리의 크신 하나님 구주 예수 그리스도의(του μεγαλου θεου και σωτηρος ημων ιησου χριστου) 영광

---

26) 한글 개역성경에는 "아버지"란 표현이 세 번 나타나지만, 실은 헬라어 본문에서는 ο πατηρ이란 단어가 한 번 사용되었을 뿐이다. 우리말 개역성경에서와 같이 된 것은 연관된 대명사들을 "아버지"로 번역했기 때문이다(και ελεγεν αββα ο πατηρ παντα δυνατα σοι παρενεγκε το ποτηριον απ εμου τουτο αλλ ου τι εχω θελω αλλα τι ου).

이 나타나심을 기다리게 하셨으니"(딛2:13), "태초에 말씀이(ο λογο ς) 계시니라 이 말씀이(ο λογος) 하나님과 함께 계셨으니 이 말씀은 곧 하나님이시니라(θεος ην ο λογος)."(요1:1) 등이다. 이처럼 제 2위이신 성자와 관련해서도 그가 하나님으로 일컬어진 명백한 근거 가 있을 뿐 아니라, 또한 여러 추론적 근거들이 존재한다.

  이는 구약의 자료들을 살필 때와는 완연히 달라진 상황이다. 죽산이 구약의 자료들로부터 이른바 신현적(神顯的) 천사(Theophany-engel)에 관해 언급했을 때, 이 사자를 가리켜 "여호와와 일체되시되 오히려 그와 구별되시는 자"27)란 표현을 사용하기까진 했지만, 그 여호와의 사자가 과연 삼위 가운데 누구일지에 대해서는 죽산 스스로도 섣불리 단정하지 아니하고 함구(緘口)했다는 점28)이라든지, 그리고 또한 하나님 자신과 '지혜'의 관계나 혹은 하나님 자신과 '말씀'의 관계를 '서로 다름'(=判異)과 '함께 함'(=永遠한 共存)으로 그 성격을 규정하는 잠언이나 시편의 문맥들로부터는 단지 신적인 위격의 복수성에 대해서만 어느 정도 인식할 수 있었을 뿐, 신약의 밝은 빛에 비추어보지 않고서는 결코 그 지혜와 그 말씀이 삼위 가운데 누구를 가리키는 것인지에 대해 도무지 알 수 없었던 상황29)에 비해보면, 신약이란 새로운 경륜에서의 성자에 관한 계시는 너무나 풍성하고 명료한 내용을 지니는 것이라 말하지 않을 수 없다. 그로써 성자의 하나님이심은 신약의 자료들로부터 명백히 제시된 바이다.

---

27) 박형룡, 『신론』, p.195.
28) Cf., 『神學指南』, 제 73권 2집, 통권 제 288호, p.82f.
29) Cf., 전게서, pp.84-86.

마지막으로, 죽산이 제시한 성령의 신성을 증거하는 구절들로는 다음과 같다: "베드로가 가로되 아나니아야 어찌하여 사단이 네 마음에 가득하여 네가 성령을(το πνευμα το αγιον) 속이고 땅 값 얼마를 감추었느냐 땅이 그대로 있을 때에는 네 땅이 아니며 판 후에도 네 임의로 할 수가 없더냐 어찌하여 이 일을 네 마음에 두었느냐 사람에게 거짓말한 것이 아니요 하나님께로다(τω θεω)."(행5:3-4), "사람의 사정을 사람의 속에 있는 영 외에는 누가 알리요 이와 같이 하나님의 사정도(τα του θεου) 하나님의 영(το πνευμα του θεου) 외에는 아무도 알지 못하느니라."(고전2:11), "내가 아버지께로서(παρα του πατρος) 너희에게 보낼 보혜사(ο παρακλητος) 곧 아버지께로서 나오시는 진리의 성령이(το πνευμα της αληθειας ο παρα του πατρος) 오실 때에 그가 나를 증거하실 것이요."(요15:26) 등이다. 이와 같이 제 3위이신 성령과 관련해서도 그의 하나님이심이 신약의 관련 문맥들 속에서는 명백하게 유추된다. 이 점 역시, 앞서 성부의 경우에 있어서나, 혹은 성자의 경우에 있어서와 마찬가지로 구약의 자료들을 통해서는 희미하던 것이었다. 다시 말해, 구약에 나타난 표현들 가운데 "여호와의 신"(사40:13), "주의 선한 신"(느9:20), "나의 신"(창6:3), "주의 성신"(시51:11), "주의 신"(시139:7) 등으로 묘사되어 있는 세 번째 위격에 해당되는 성령은 단순한 힘이거나 감화력일 수 없으며, 완전하신 인격적 존재이시라는 것을 인식할 수 있는 정도였지만[30], 신약의 자료들을 통해서는 그 성령께서 곧 하나님이심을 확신할 수 있는 것이다.

---

30) Cf., 전게서, p.86f.

지금까지 우리는 삼위일체론의 두 번째 근거로서 삼위 각각이 다 하나님이시라는 주장에 대해 죽산이 제시한 신약의 근거들을 살펴보았다. 물론 그의 인용구절들은 삼위일체론의 근거로서 정당한 것들이라 할 수 있다. 그러나 아쉬운 점이 있다면, 그것은 전통적으로 조직신학자들에 의해 자주 행해져온 소위 '증빙구절 인용법'(Proof-Text-Methode)을 사용하고 있을 뿐, 관련 본문들을 성경신학적으로 접근하여 문맥 가운데서 해석해 내는 과정이 매우 빈약하다는 점이다.

이런 아쉬움에도 불구하고 죽산에겐 다른 차원에서 주목해 볼 점이 있다. 그것은 그가 이와 같은 증거들을 제시하고 난 후, 프락시스(praxis) 지향적인 관심사를 강하게 드러내고 있다는 사실이다. 죽산은 삼위일체에 대한 신학적 논의를 단순히 이론을 위한 이론으로서 끝맺지 않고, 주님의 교회를 위해 교의학의 여러 기능들 가운데 기독교 변증에 큰 관심을 기울이고 있다. 그는 앞서 살펴본 내용, 즉 삼위 각각이 다 하나님이라는 성경의 교훈에 입각하여 삼위일체론을 부인한 자들을 강하게 비판하였다. 죽산의 지적을 들어보자:

성령을 하나님의 능력(能力) 혹 감화(感化)뿐으로 생각하는 자들이 있으나 신약은 그의 인격성(人格性)을 명시한다(행8:29, 10:19,20, 13:2, 눅3:12, 요16:13,14, 요일2:1, 엡4:30, 계2:17, 마12:31,32).[31]

비록 한 마디 짧은 비평이지만, 오류의 정곡을 찌르는 비판이 아닐

---

31) 박형룡, 『신론』, p.197.

수 없다. 사실 교회의 역사를 일괄해 보면, 성령의 인격성을 부인한 자들이 자주 있어왔다. 그들 중에는 초대교회 당시 존재했던 단일신론파(Monarchians)나 성령파(Pneumatomachians), 16세기 종교개혁 당시의 소시니안파(Socinians), 18세기의 슐라이에르막허(Schleiermacher), 리츨(Ritschl), 그리고 그 이후 등장했던 유니테리안파(Unitarians) 등을 그 예로 들 수 있다.32) 이들에 대해 죽산이 "신약은 그(=성령)의 인격성(人格性)을 명시한다"는 단언적 표현을 사용한 것을 보면, 성경의 교훈이 모든 판단의 궁극적 준거(準據)라는 그의 확신을 재삼 확인하게 되며, 그것은 또한 그의 일관된 태도였었다. 여기서 죽산은 성령의 신성을 신약성경이 증언하고 있다는 사실을 증명하기 위해 신약의 몇몇 근거 구절들(행8:29, 10:19,20, 13:2, 눅3:12, 요16:13,14, 요일2:1, 엡4:30, 계2:17, 마12:31,32)33)

---

32) 전게서, p.229.
33) 전게서, p.197. ; 죽산은 성령의 인격성을 보여주는 근거들을 다음과 같이 제시한다. ; "성령이(το πνευμα) 빌립더러 이르시되 이 병거로 가까이 나아가라 하시거늘"(행8:29), "베드로가 그 환상에 대하여 생각할 때에 성령께서(το πνευμα) 저더러 말씀하시되 두 사람이 너를 찾으니 일어나 내려가 의심치 말고 함께 가라 내가 저희를 보내었느니라 하시니"(행10:19-20), "주를 섬겨 금식할 때에 성령이(το πνευμα το αγιον) 가라사대 내가 불러 시키는 일을 위하여 바나바와 사울을 따로 세우라 하시니"(행13:2), 죽산은 여기서 계속하여 눅3:12과 그리고 요일2:1을 증거구절들로 기록하고 있지만, 직접 관련이 없는 내용들로서 아마 인용에 착오가 생겼거나 혹은 집필과 교정 과정에서 부주의로 생겨난 실수가 아닐까 생각된다. "하나님의 성령을(το πνευμα το αγιον του θεου) 근심하게 하지 말라 그 안에서 너희가 구속의 날까지 인치심을 받았느니라"(엡4:30), "귀 있는 자는 성령(το πνευμα)이 교회들에게 하시는 말씀을 들을찌어다 이기는 그에게는 내가 감추었던 만나를 주고 또 흰 돌을 줄 터인데 그 돌 위에 새 이름을 기록한 것이 있나니 받는 자 밖에는 그 이름을 알 사람이 없느니라"(계2:17), "그러므로 내가 너희에게 이르노니 사람의 모든 죄와 훼방은 사하심을 얻되 성령을(του πνευματος) 훼방하는 것은 사하심을 얻지 못하겠고 또 누구든지 말로 인자를 거역하면 사하심을 얻되 누구든지 말로 성령을(κατα του πνευματος του αγιου) 거역하면 이 세상과 오는 세상에도 사하심을 얻지 못하리라"(마12:31-32). 성령의 인격성을 증언하는 신약의 근거구절들은 한결같이 인격적 존재에게만 해당되는 지(知), 정(情), 의지(意志)와 연관된 행위들

을 인용하고 있지만, 보다 소상한 내용은 이곳에서보다 오히려 다른 문맥, 곧 삼위의 각론을 취급하면서 다루고 있다.34)

지금까지 삼위일체에 대한 신약의 증거를 제시해 온 죽산의 논법(論法)을 주목해 보면, 그가 행한 논리전개(論理展開)의 방향을 발견할 수 있다. '삼위에서 일체로' 나아가기보다는 '일체에서 삼위로' 나아가는 접근임을 확인할 수 있다.35) 이는 그의 『교의신학: 신론』, 제 6장 제 2절의 제목 자체가 "일체(一體)에 삼위의 증명"36)으로서 그 방향성을 이미 함축하고 있다. 그러나 실은 구약의 증거를 제시하는 부분에서는 이 점이 그리 구체적으로 드러날 수 없었다. 그러나 이곳, 즉 신약의 증거를 다루는 문맥에서는 매우 선명하게 그 궤적이 드러난다.37) 이 역시 계시점진성의 원리와 맞물려 나타나는 현상이라 할 수 있다.

을 성령께 돌린다.
34) 전게서, p.230f. ; 죽산은 성령의 인격성에 대한 성경적 증거를 네 가지 범주로 나누어 제시한다. 그 첫째는 인격에게 돌려지는 칭호들이 성령께 사용되었다는 사실, 둘째는 인격의 특징들이 성령께 돌려진다는 사실, 셋째는 성령께서 다른 인격들과 관계를 이루신다는 사실, 넷째는 성령께서는 자신을 자신의 능력과 구별한다는 사실이 그것이다. 이에 대한 보다 자세한 내용들은 해당 페이지를 살펴보실 것.
35) 이는 일반적으로 보아 동방교회의 전통이라기보다 서방교회의 전례이다.
36) 전게서, p.190.
37) 구약의 증거를 다루는 부분에서 일체(一體)에서 삼위(三位)로 나아가는 방향이 불명료하다고 필자가 평가하였는데, 그 점에 대해서는 죽산 자신이 제시하고 있는 자료들의 진술 순서를 일괄해 보면 금방 이해될 것이다. 진술된 순서는 다음과 같다: 1. 복수명사와 대명사, 2. 하나 이상 수(數)의 하나님의 위(位), 3. 여호와의 천사, 4. 하나님의 지혜와 하나님의 말씀의 묘사, 5. 성령의 인격성의 표시(『신론』, pp.194-196.). 그런데 신약의 증거를 제시하는 부분에서는 구약에서의 경우와 대비가 될 만큼, 그 방향성이 선명하게 드러난다. 그 점은 죽산이 제시한 신약 자료들의 진술 순서를 보면 알 수 있다: 1. 하나님은 유일하시다. 2. 성부, 성자, 성령이 각각 다 하나님이시다. 3. 성부, 성자, 성령의 인격적 교제(人格的 交際). 4. 삼위동열(三位同列)의 여러 구절(『신론』, pp.196-198.).

일체에서 삼위로 나아가는 방향을 따라 죽산은 '일체'와 관련하여 하나님의 유일성과 삼위 각각의 신성에 대한 신약성경의 근거를 제시한 다음, 이제 '삼위'와 관련해 성경의 근거를 모색한다.

2.2.3. 삼위의 인격적 교제(交際)

삼위일체에 대한 죽산의 증거 제시는 "일체에 삼위의 증명"이란 논조(論調)를 따라 이루어진다. 이미 제시된 그의 논거들은, 첫째 하나님은 유일하시다는 것이었고, 둘째 삼위, 즉 성부, 성자, 성령은 각각 다 하나님이시라는 것이었다. 이로써 '삼위일체'(Trinity)[38]란 표현 속에 담겨지는 '일체에 삼위' 혹은 '삼위인 일체'란 핵심적인 계시진리는 이미 반영된 셈이다. 이제 죽산의 증거 제시는 계시 점진성의 원리에 맞물려 핵심적인데서 부연적(附椽的)인 데로 그 양상을 바꾼다:

신약은 성부, 성자, 성령을 상호 인격적 교제의 대상 즉 판이한 인격들로 제시한다. (1) 그들은 1,2,3,인칭대명사(人稱代名詞)로 서로 말씀하신다(마 17:5, 요17:1, 16:28,13). (2) 그들은 서로 사랑하시며 영화롭게 하신다(요3:35,

---

38) 죽산의 견해에 의하면, 삼위일체의 영어표현인 Trinity는 Tri-unity의 단축형으로서 성경의 교훈을 담아내기엔 불충분한 명사라는 것이다. 그 이유는 그것이 "하나님의 삼위 되심을 표현할 뿐이요, 그의 일체 되심을 함의(含意)하지 않는 점"(『신론』, p.190.) 때문이란 것이다. 따라서 이 Trinity란 용어의 문자적 의미에만 집착하여 삼위일체 교리를 이해하려한다면, 자칫 오해나 오류(誤謬)에 빠질 수도 있을 것이다. 중요한 것은 용어의 문자적 의미가 아니다. 용어 속에 담으려는 성경의 가르침이다. 이런 의미에서 죽산의 지적과도 같이 Trinity란 용어는 "일체에 삼위, 삼위인 일체"(『신론』, p.190.)란 함축을 동시에 지니는 것으로 이해되어야 한다.

15:10, 16:14). (3) 성자는 성부께 기도하신다(요17:5, 14:16). (4) 성부는 성자를, 성부와 성자는 성령을 보내신다(마10:40, 요17:18,3, 14:26, 16:7).39)

세 번째 증거의 내용 가운데 나오는 핵심적인 단어는 아마도 "판이한 인격들"이란 표현일 것이다. 여기 "판이(判異)하다"는 말의 뜻은 판가름할 '판'(判), 다를 '이'(異)자를 써서 '구별되게 서로 다름'을 의미한다. 말하자면, 삼위, 곧 성부, 성자, 성령은 구별되게 서로 다른 인격들이란 의미이다. 그리고 죽산은 또한 "인격들"이란 표현, 즉 단수형이 아니라 복수형을 사용했다. 그렇다면 이 모든 것들은 무엇을 함의하는가? 이미 첫 번째와 두 번째 논거에서 제시된 바, 곧 하나님은 유일하신 분이시며, 삼위는 각각 다 동일한 신성을 지니시지만, 이제 여기에 한 측면을 덧붙여, 이 삼위는 구별되게 서로 다른 인격들이시란 의미를 지니는 것이다. '<u>분리될 수 없는 일체, 구별되는 삼위</u>', 벌써 여기서 인간 이성의 능력으로써는 도무지 감당할 수 없는 성경계시의 진리를 만나게 되는 것이다.40)

사실 죽산은 "판이"(判異)란 용어를 구약의 증거를 다루던 문맥에서도 사용했던 적이 있다. 즉 '하나님 자신'과 '지혜'의 관계, 혹은 '하나님 자신'과 '말씀'의 관계를, '서로 다름'(=判異)과 '함께 함'(=永遠한 共存)으로 그 성격을 규명하는 구약성경의 문맥들(잠8:1,

---

39) 박형룡, 『신론』, p.197.
40) 죽산은 이미 그의 삼위일체론 서두에서 삼위일체 교리의 초이성적(超理性的)인 성격을 "신비(神秘)란 말로 언급한 적이 있다. "이 삼위일체 교리는 사람의 유한한 마음의 이해 건너편에 있는 신비인 것이 확실하다. 인간세계의 종교적 신념들과 철학적 사상들 가운데 이것의 진정한 유추(類推)가 발견되지 않기 때문이다."(『신론』, p.186.).

12-31; 3:19)을 통해 삼위일체의 근거를 모색했던 적41)이 있다. 그런데 이제 신약에 와서는 구약에서 다루어진 것보다 훨씬 구체적으로 논의된다. 삼위가 판이한 인격들이심에 대해 죽산은 네 가지 범주42)

---

41) "지혜는 하나님과 판이하되 하나님으로 더불어 영원히 함께 있는 자로 인격화하여 제시되었으며(잠8:1, 12-31; 3:19) 하나님의 「말씀」은 하나님과 판이하되 하나님의 의지를 영원부터 집행하는 자로 인격화하여 설술(設述)되었다(시33:4, 6; 107:20; 119:89; 147:15-18)."(『신론』, p.195f.). ; Cf., 『神學指南』, 제 73권 2집, 통권 제 288호, p.84f.

42) *1. 삼위 사이에 인칭을 달리하여 서로 의사소통을 하신다는 사실에 대한 근거*: (마17:5) "말할 때에 홀연히 빛난 구름이 저희를 덮으며 구름 속에서 소리가 나서 가로되 이는 내 사랑하는 아들이요 내 기뻐하는 자니(ουτος εστιν ο υιος μου ο αγαπητος) 너희는 저의 말을 들으라(εν ω ευδοκησα αυτου ακουετε) 하는지라", (요17:1) "예수께서 이 말씀을 하시고 눈을 들어 하늘을 우러러 가라사대 아버지여 때가 이르렀사오니 아들을 영화롭게 하사 아들로 아버지를 영화롭게 하게 하옵소서 (πατερ εληλυθεν η ωρα δοξασον σου τον υιον ινα και ο υιος σου δοξαση σε)", (요16:28) "내가 아버지께로 나와서 세상에 왔고(εξηλθον παρα του πατρος και εληλυθα εις τον κοσμον) 다시 세상을 떠나 아버지께로(προς τον πατερα) 가노라 하시니", (요16:13) "그러하나 진리의 성령(το πνευμα της αληθειας)이 오시면 그가 너희를 모든 진리 가운데로 인도하시리니 <u>그가</u> 자의로 말하지 않고 오직 듣는 것을 말하시며 장래 일을 너희에게 알리시리라". *2. 삼위 사이에 서로 사랑하며 영화롭게 하신다는 사실에 대한 근거*: (요3:35) "아버지께서 아들을 사랑하사 만물을 다 그 손에 주셨으니"(ο πατηρ αγαπα τον υιον και παντα δεδωκεν εν τη χειρι αυτου), (요15:10) "내가 아버지의 계명을 지켜 그의 사랑 안에 거하는 것 같이(καθως εγω τας εντολας του πατρος μου τετηρηκα και μενω αυτου εν τη αγαπη) 너희도 내 계명을 지키면 내 사랑 안에 거하리라", (요16:14) "그가 내 영광을 나타내리니 내 것을 가지고 너희에게 알리겠음이니라"(εκεινος εμε δοξασει οτι εκ του εμου ληψεται και αναγγελει υμιν). *3. 성자가 성부께 기도하신다는 사실에 대한 근거*: (요17:5) "아버지여(πατερ) 창세 전에 내가 아버지와 함께 가졌던 영화로써 지금도 아버지와 함께 나를 영화롭게 하옵소서", (요14:16) "내가 아버지께 구하겠으니(εγω ερωτησω τον πατερα) 그가 또 다른 보혜사를 너희에게 주사 영원토록 너희와 함께 있게 하시리니". *4. 성부 혹은 성자께서 다른 위(位)를 파송하신다는 사실에 대한 근거*: (마10:40) "너희를 영접하는 자는 나를 영접하는 것이요 나를 영접하는 자는 나 보내신 이를(τον αποστειλαντα με) 영접하는 것이니라", (요17:18) "아버지께서[원문은 당신(thou)임] 나를 세상에 보내신 것 같이(καθως εμε απεστειλας εις τον κοσμον) 나도 저희를 세상에 보내었고", (요17:3) "영생은 곧 유일하신 참 하나님과 그의 보내신 자 예수 그리스도를(ον απεστειλας ιησουν χριστον) 아는 것이니이다", (요14:26) "보혜사 곧 아버지께서 내 이름으로 보내실 성령(ο δε παρακλητος το πνευμα το αγιον ο πεμψει ο πατηρ) 그가 너희에게 모든 것을 가르치시고 내가 너희에게 말한 모든 것을 생각나게 하시리라", (요16:7) "그러하나 내가 너희에게 실상을 말하노니 내가 떠나가는 것이 너희에게 유익이라 내가

로 논거를 제시하였다. 서로가 서로를 향해 말씀하신다는 사실은 구별되는 인격들 사이에서만 가능한 일이다. 서로가 서로를 사랑하며, 서로를 영화롭게 한다는 것 역시 구별되는 인격들 사이에서만 일어날 수 있는 일이다. 한편이 다른 편을 향해 기도한다는 것과 또한 누가 누구를 파송한다는 것은 구별되는 인격들 사이에서가 아니고는 결코 일어날 수 없는 일이다. 이 같은 의미론적 차원에서 삼위가 판이한 인격들이라는 데 대한 죽산의 근거 제시는 논리상 정당하다. 이 같은 확보된 정당성 위에서 내려진 죽산의 결론 역시 설득력을 지니기에 충분하다:

> 신약은 위에서 말한 세 가지 사실을 가르침으로써 삼위일체의 교리를 명시한다. 즉 <u>신약</u>이 하나님은 유일이시라는 것, 성부, 성자, 성령이 각각 다 하나님이시라는 것, 그들은 판이한 인격들이시라는 것을 말하는 때에는 삼위일체의 교리를 <u>충분히</u> 말하는 것이다.43)

죽산은 여기서 "충분히"란 용어를 사용하였다. 이는 '완전히'란 표현과는 전혀 다른 함축을 지닌다. 물론 이 교리는 그 누구에 의해서도, 그 누구를 향해서도 '완전히' 설명되어질 수는 없다. 이는 신지식(神知識)이 지니는 두 가지 속성들 가운데 신(神)의 불가해성(不可解性)44) 때문에 나타나는 현상일 것이다. 그렇다면 죽산이 여기서 "충

떠나가지 아니하면 보혜사가 너희에게로 오시지 아니할 것이요 가면 내가 그를 너희에게로 보내리니(εαν γαρ μη απελθω ο παρακλητος ουκ ελευσεται προς υμας εαν δε πορευθω πεμψω αυτον προς υμας)".
43) 박형룡, 『신론』, p.197. ; 인용문 중 밑줄은 필자 자신에 의한 것임.
44) H. Bavinck, *Gereformeerde Dogmatiek*, pp.1-29. ; 박형룡, 『신론』, pp.55-57.

분히"란 표현을 통해 말하려는 의도는 무엇일까? 그것은 아마도 성경 계시를 통해 삼위일체에 관한 본질적 골격이 제시되었다는 의미일 것이다. 이와 같은 차원[45])에서 죽산이 채용한 "충분히"란 표현을 이해해야 할 것이다.

2.2.4. 삼위(三位)의 동열구조(同列構造)

앞서 신약이 삼위일체교리를 <u>충분히</u> 말하는 것으로 결론을 내린 죽산은 이에 이어 하나의 증거를 더 제시한다. 그렇다면 이것 역시 핵심적 골격에 덧붙여지는 부연적(附椽的) 성격의 증거로 보아 무방할 것이다. 그런데 여기서 죽산은 삼위일체에 관한 그의 진술 속에 우리로 하여금 올바른 이해를 갖도록 하는 일에 도움이 될 만한 중요한 단서를 제공한다:

> 삼위일체의 교리를 법식적 신경적 진술(法式的 信經的 陳述)로 해설한 성경구절은 없으나 삼위를 동열에 기명(記名)하여 그들의 <u>통일성</u>(統一性)과 <u>판이성</u>(判異性)을 명확히 표시하는 여러 구절이 있다.[46])

여기서 본 논자는 밑줄이 그어진 "통일성"과 "판이성"이란 두 단어를 특별히 주목하게 된다. 그 이유는 다름이 아니라, 죽산이 줄곧

---

45) 헤르만 바빙크 역시 성경은 우리에게 정교하고 완벽하게 규정된 삼위일체 교리를 제공하지는 않지만, 성경은 그것으로부터 신학이 삼위일체 교리를 구성할 수 있는 모든 요소들을 포함하고 있다[En zij(=de Heilige Schrift) bevat daarmede al de gegevens, waaruit de theologie het dogma der triniteit opgebouwd heeft.]고 하였다(Cf., *Gereformeerde Dogmatiek* vol.II, p.218f.). 이는 죽산이 사용한 "충분히"란 표현이 담고 있는 의미와 전적으로 통한다.

46) 박형룡, 『신론』, p.197. ; 인용문 중 밑줄은 필자 자신에 의한 것임.

강조해 왔던 바, '삼위일체'(Trinity)란 표현 속에 담겨져야 할 성경적 의미는 "일체에 삼위, 삼위인 일체"⁴⁷⁾이어야 한다는 사실과 내용상 병행관계에 있기 때문이다. 두 단어군(單語群)이 서로 병행적 관계에 있다는 말은 양자가 서로 치환적(置換的) 혹은 교호적(交互的) 관계에 있다는 의미이다. 그렇다면 두 단어군 사이에서 일대일 대응관계에 놓이게 되는 두 어휘는 필연적으로 상호 보완적이거나 상호 설명적일 수밖에 없다. 이는 어휘 의미론의 일반적 원리이다.

이처럼 의미론의 일반원리에서 볼 때, "일체"란 단어는 "통일성"과, 그리고 또한 "삼위"란 용어는 "판이성"과 일대일(一對一) 대응관계에 있게 된다. 그렇다면 "일체에 삼위, 삼위인 일체"란 죽산의 표현은 "통일성을 지니면서 동시에 판이하며, 판이하면서 동시에 통일성을 지닌다."는 의미와 상통(相通)할 것이 분명하다. 다시 말해, "일체"는 "통일성"과 통하고, "삼위"는 "판이성"과 통하는 것이다. 죽산의 이와 같은 이해는 앞서 하나님의 유일성을 다루는 부분에서도 지적한 바와 같이 장로교 신앙의 표준문서인 『웨스트민스터 신앙고백서』(*Westminster Confession of Faith*)의 진술⁴⁸⁾과도 일치한다. 이

---

47) 전게서, p.190.
48) *Westminster Confession of Faith*, Ch. II, 3. ; "In the unity of the Godhead there be three persons, … ", 그런데 본 신앙고백서에 나오는 "unity"란 표현을 성경이 말씀하시는 바, 그 내용을 따라 이해해야 한다. 시공적(時空的) 범주에 속하는 존재들 사이에 이루어질 수 있는 "통일성"(unity)과는 차원을 달리한다는 사실을 결코 잊어서는 안 된다. 이 문제의 난해함을 알기 위해서는 하나님의 속성을 다루는 부분 가운데, 유일성(唯一性)과 관련하여 단수성(*unitas singularitatis*)과 단순성(*unitas simplicitatis*)에 관한 신학적 논의들을 살펴볼 필요가 있다(『신론』, pp.117-122.). 하나님의 유일성 교리를 설명하면서 단순성 문제와 관련해 죽산이 내린 결론은 다음과 같다: (1) 하나님의 삼위는 신적 본체(神的 本體)를 구성(構成)하는 여러 부분이 아니며, (2) 하나님의 본체와 속성은 판연(判然)히 분립(分立)되어 있는 것이 아니며, 속성은 그의 본체에 첨가(添加)된 무엇이 아니라 함이다. 본체와

점은 앞으로 죽산의 삼위일체론을 이해해 나아가는 일에 있어서 매우 중요한 역할을 하게 될 것이다.

삼위를 동열(同列)로 기명한 성경의 자료들이 삼위의 통일성과 판이성을 드러내되, "명확히" 드러내는 것으로 본 죽산은 그 구체적인 자료들을 신약성경으로부터 찾아 다섯 가지로 제시하였다. 마태복음 28장 19절에 기록된 대 사명(大 使命)의 말씀"그러므로 너희는 가서 모든 족속으로 제자를 삼아 아버지와 아들과 성령의 이름으로(ε ις το ονομα του πατρος και του υιου και του αγιου πνευματος) 세례를 주고"], 고린도후서 13장 13절에 나오는 사도(使徒)의 축도문 ["주 예수 그리스도의(του κυριου ιησου χριστου) 은혜와 하나님의(το υ θεου) 사랑과 성령의(του αγιου πνευματος) 교통하심이 너희 무리와 함께 있을지어다."], 마태복음 3장 16-17절에 보도된 그리스도의 수세(受洗)에 관한 기사["예수께서(ο ιησους) 세례를 받으시고 곧 물에서 올라오실새 하늘이 열리고 하나님의 성령이(το πνευμα του θεου) 비둘기 같이 내려 자기 위에 임하심을 보시더니 하늘로서 소리가 있어 말씀하시되 이는 내 사랑하는 아들이요 내 기뻐하는 자라(ουτος εστιν ο υιος μου ο αγαπητος εν ω ευδοκησα) 하시니라."], 누가복음 1장 35절의 성탄의 예고(豫告) 기사["천사가 대답하여 가로되 성령이(πνευμα αγιον) 네게 임하시고 지극히 높으신 이의 능력이 너를

속성은 하나이기 때문에 성경은 하나님을 빛과 생명으로, 의와 사랑으로 말하여 그를 그의 속성들과 동일시하였다[『신론』, p.120.). 이와 같은 신학적 이해를 가진 죽산은 자신의 입장을 정리하여 "삼위는 실체(substance)에서 하나이시요, 권능(權能)과 영광(榮光)에서 동등이시라"는 기독교 전래의 해석 외에 다른 해석을 용인할 수 없음을 밝혔다[『신론』, p.198.).

덮으시리니 이러므로 나실 바 거룩한 자는 하나님의 아들(υιος θεου)이라 일컬으리라."], 요한복음 14장-17장[49)]을 채우고 있는 그리스도의 최종강론(最終講論)과 기도(祈禱)가 그것이다.

사실 위의 구절들은 별다른 주해(註解)의 과정을 거칠 필요도 없이 문맥 속에서의 표현 자체만으로도 '삼위는 동열로 명기되었다'는 사실을 명백히 드러낸다. 그런데 죽산은 이 여러 구절들 가운데 특별히 대위임령의 말씀과 관련하여, "이것(=19절의 말씀)은 지금 기독교의 입교의식(入敎儀式)에 있어서 신도들의 마음눈(心眼) 앞에 삼위일체의 교리를 신앙의 근본적 원리(根本的 原理)로 제시하고 있는 성경교훈이다."[50)]란 요의(要意)로 간략히 자신의 입장을 밝힌 후, 워필드의 글을 인용하여 자기주장의 방증(傍證)으로 삼았다:

워필드(Warfield)는 말하되「우리가 여기서 보는 바는 기독교의 창립자가 그의 가장 엄장(嚴莊)한 성문선언(成文宣言) 중에 삼위일체를 기독교의 하나님으로 알리는 권위적 공포(權威的 公布)이다. 이스라엘은 유일 참 하나님을 여호와라는 이름 아래 예배하였었고 그리스도인들은 같은 유일 참 하나님을 「아버지, 아들, 성령」의 이름 아래 예배하게 된다. 이것은 그리스도인들의 판연(判然)한 특징이니 우리 주 자신의 이해에 의하면 삼위일체의 교리는 그가 창립하신 판연한 표지(標識)라고 말함과 같다.」[51)]

---

49) 특히 요15:26의 "내가(εχω) 아버지께로서(παρα του πατρος) 너희에게 보낼 보혜사 곧 아버지께로서 나오시는 진리의 성령이(το πνευμα της αληθειας ο παρα του πατρος εκπορευεται) 오실 때에 그가 나를(περι εμου) 증거하실 것이요."
50) 박형룡, 『신론』, p.197.
51) "What we are witnessing is the authoritative announcement of the Trinity as the God of Christianity by its Founder, in one of the most solemn of His recorded declaration. Israel had worshipped the one only true God under

워필드는 여기서 세 가지 중요한 사실들을 지적한다. 그 첫째는 마28:19의 내용, 곧 삼위일체에 관한 사상은 기독교의 근본이시며 창시자(Founder)이신 바로 그분의 엄위한 선포라는 것이요, 다음으로는 구약이나 신약, 그 어느 때를 막론하고 예배의 대상은 항상 동일하시다는 것이며, 마지막으로는 삼위일체 교리야 말로 그리스도인의 판연(判然)한 특징이며 표지라는 것이다. 이 세 가지의 사실들은 결국 기독교의 독일무이(獨一無二)함이 세워지는 확고부동한 근거가 되는 셈이다. 그런데 죽산이 여기서 워필드의 글을 인용한 것은 죽산 자신이 주장한 내용을 재차 확인하는 정도의 기능밖에 하지 못한다. 즉 삼위일체 교리가 기독교 신앙의 근본적 원리임을 마태복음 28장 19절이 제시한다는 그 사실. 두말할 필요도 없는 온당한 말이다. 그러나 한 가지 남는 아쉬움이 있다면, 그것은 이 본문이 삼위일체의 근거 구절로서 앞서 언급한 내용 그 이상의 의미를 내포하고 있다는 사실에 대해 죽산이 함구(緘口)하고 있다는 사실이다.

물론 이 본문에서 삼위가 나란히 기록되어 있다는 점, 그 자체로서 삼위일체의 근거가 될 수 있다. 그러나 본문의 문법적 구조를 좀 더 세심하게 살펴본다면, 또 다른 측면에서의 근거가 제시될 수도 있을 법하다. 그 점에 관해 죽산이 지속적 논의를 펴지 못했다는 점을 아쉬워하는 것이다. 그리스도의 대위임령, 즉 "그러므로 너희는

---

the Name of Jehovah; Christians are to worship the same one only and true God under the Name of "the Father, and the Son, and the Holy Ghost." This is the distinguishing characteristic of Christians; and that is as much as to say that the doctrine of the Trinity is, according to Our Lord's own apprehension of it, the distinctive mark of the religion which He founded."(Benjamin Breckinridge Warfield, *Biblical Doctrine*, p.155.).

가서 모든 족속으로 제자를 삼아 아버지와 아들과 성령의 이름으로(ε
ις το ονομα του πατρος και του υιου και του αγιου πνευματος)
세례를 주라"(마18:19)는 본문을 자세히 주목해 보면, 삼위 앞에
각각 정관사가 붙어있다. "του ··· του ··· του ··· " 각위가 서로
구별되는 인격적인 하나님이심을 의미하는 것이다. 그렇다면 '그
아버지의 이름으로'(εις το ονομα του πατρος) 그리고 '그 아들의
이름으로'(εις το ονομα του υιου) 그리고 또한 '그 성령의 이름으로'(ε
ις το ονομα του αγιου πνευματος) 주어지는 세례라면 당연히 한(壹)
세례일 수는 없다. 그럼에도 에베소서 4장 5절에 의하면 세례는
하나라고 말한다: "세례도 하나이요"(εις κυριος μια πιστις εν βαπτι
σμα). 이렇게 볼 때, 여기에도 삼위일체의 신비가 숨어있다고 할
수 있을 것이다. 이에 관해 헤르만 바빙크의 설명을 들어보는 것도
유익할 것이다: "예수께서 승천하시기 전에 그는 이 모든 것(=하나님
의 삼위일체에 대한 가르침을 의미함)을 아버지와 아들과 성령의
이름으로 요약하셨다. 즉, 하나의 신적인 이름으로 요약하신 것이다.
단수형인 그 이름, 그 속에는 그럼에도(=단수형임에도 불구하고)
셋의 구별되는 주체들, 곧 (모두 의도적으로 정관사가 붙어 있는)
그 아버지와 그 아들과 그 성령이 계시된다."52) 이렇게 볼 때, 대위임
령 속에는 삼위일체에 관한 또 다른 근거들이 발견되는 것이다. 이러
한 면에서 죽산에겐 본문에 대한 공시적 접근(Synchronic ap-

---

52) H. Bavinck, *Gereformeerde Dogmatiek* vol.II, p.271. ; "En voordat hij heengaat, trekt Jezus dit alles saam in το ονομα του πατρος και του υιου και του αγιου πνευματος, d.i. in den éénen Goddelijken naam, το ονομα in sing., waarin zich toch drie onderscheidene subjecten, ο πατηρ, ο υιος en το πνευμα, allen opzettelijk met het artikel genoemd, openbaren."

proach)이 좀 더 진지하게 이루어졌더라면 하는 아쉬움을 갖게 되는 것이다.

이러한 아쉬움에도 불구하고 죽산에게는 지나쳐버릴 수 없는 다른 공헌이 있다. 그것은 이미 지적한 바와 같이, 삼위의 동열 기명을 삼위일체의 증거로 삼으려 모색하던 과정에서 죽산 자신이 진술한 내용 속에 '일체'의 바른 해석을 위한 단서가 발견된 것이다. 다시 언급하거니와, 그것은 "삼위를 동열에 기명(記名)하여 그들의 통일성(統一性)과 판이성(判異性)을 명확히 표시하는 여러 구절이 있다"53)는 진술 속에 포함되어 있었던 것이다. 추론의 과정은 생략하고 결론만을 재차 반복한다면, 단서는 "일체"는 "통일성"에 상응하고, "삼위"는 "판이성"에 대응된다고 했던 바로 그 대목에서 '일체'와 '통일성'을 등가적(等價的)으로 여길 수 있는 가능성을 제시했다는 그것이다. 이는 또한 장로교 신앙의 표준문서인『웨스트민스터 신앙고백서』제 2장 3절의 진술과도 전적으로 일치한다는 점에서 죽산의 진술은 매우 의미 있는 일이다.

이로써 '일체 안에 삼위, 삼위인 일체를' 성경의 확고한 가르침으로 인식하고 있는 죽산의 사상을 종합적으로 통찰할 때에, 그는 삼위를 말하나 일체를 부인하는 양자론적(養子論的)인 아리안(Arian) 이단이나, 또한 일체를 말하나 삼위를 부인하는 양태론적(樣態論的)인 사벨리안(Sabellian) 이단, 그 어느 편도 성경적으로 온당치 못하다는 것을 제시하였다.

---

53) 박형룡,『신론』, p.197.

3. 맺는 글 : 종합적 평가

지금까지 삼위일체의 근거 제시와 관련된 죽산의 견해를 살펴보았다. 특별히 본고(本稿)에서는 신약이란 구원사의 특정한 지평 속에서 고찰했었다. 지면의 제약으로 불가피하게 세부적 주제들을 나누어 다룰 수밖에 없는 형편이었지만, 사실은 전반적인 주제를 전체적인 전망 속에서 통전적으로 다루어야 균형 잡힌 이해에 도달할 수 있으며, 그와 함께 정당한 평가가 이루어질 수 있을 것이다.

이런 의미에서 필자는 구약과 신약의 연관성 속에서 죽산의 견해가 무엇인지를 다루려고 노력했었다. 이러한 상황에서 구약과 신약, 곧 성경 전체를 바라보는 죽산의 관점이 무엇인지에 대한 관심은 우선적으로 제기될 수밖에 없었다. 본 논자의 판단으로는, 만전적(萬全的)이고 축자적(逐字的)이며 유기적(有機的)인 영감을 믿는 죽산으로서는 당연히 구약과 신약의 유기적 연관성과 통일성을 강조할 수밖에 없었을 것이고, 그 일과 관련하여 계시 점진성이라는 포괄적 원리가 구·신약 전체를 관통하여 작용하고 있음을 늘 인식하고 있었던 것으로 여겨진다. 따라서 삼위일체에 관한 지식도 계시 점진성의 구도 속에서만 올바로 주어질 수 있으리란 확신은 자연스럽게 생겨날 수밖에 없었을 것이다.

여기서 본 논자의 관심사는 서론 부분에서 지적한 바와 같이 구약성경의 근거를 다루던 때 죽산이 가졌던 성경해석의 원리와 방법이 신약성경을 다루면서도 그대로 유지되었는지, 만일 유지되었다면, 그와 같은 통찰력에 의해 산출된 삼위일체의 근거들이 무엇인지 등등의 것이었다. 이러한 것들이 본 논문을 쓰게 한 근본적 관심사였다. 필자는 이미 지난번의 글을 통해 중간결론을 내린 적이 있다. 그리고 본고에서는 이 중간결론의 연장선상에서 최종 결론을 내려야 할 과제를 안고 있었다.

지난번의 논의의 과정을 통해 확인하였으며, 그래서 내릴 수 있었던 중간 결론은 "하나님의 삼위(일체)성에 대한 죽산의 구약성경으로부터의 증거 제시는 성경 해석학적으로나 신학적으로 정당하다는 것"54)이었다. 본 논자가 이번의 글을 마감하면서 통합적 시각에서 내릴 수 있는 평가 역시 동일한 결론이라는 확신을 가질 수 있었다. 실로 이 모든 결론은 구약으로부터 신약에 이르기까지 구원사의 전 영역과 전 과정을 통전적으로 바라보는 죽산의 관점을 분석 평가한 후, 내려진 것이다. 물론 여기서 정당성 운운(云云)하는 것은 지난번 잠정적 평가를 내릴 때에도 이미 지적하였지만, 우리가 옳다고 확신하는 개혁 신학적 전망으로부터 내려지는 판단이다.

성경의 완전 영감론(完全 靈感論)을 자신의 성경관으로 받아들인 죽산은 거기서부터 출발하여 계시 점진성의 원리를 시종 견지하였다. 그리고 그 원리에 걸맞은 방법을 유지했었다. 즉 구약으로부터 신약에 이르기까지 삼위일체의 증거들을 제시하는 일에 있어 자신의 원리와 일관되게 외적으로는 구약으로부터 신약에로 그 시선과 방향을 조준(照準)하였으며, 내적으로는 신약의 명료함에 구약을 조명해 보는 방법을 병행하는 특징을 드러냈다. 다시 말해, 한편으론 점진성

---

54) 『神學指南』, 제 73권 2집, 통권 제 288호, p.88.

의 방향에, 다른 편으론 유기적 통일성에 주목하여 둘의 균형을 유지한 것이다.

　이러한 원리와 방법에 의해, 죽산이 구약의 증거들을 제시하면서 내린 결론이, 구약성경에서는 하나님의 위격의 복수성에 관한 계시가 드러난다는 것과 또한 삼위의 명칭에 관한 몽롱한 계시가 나타나는 정도라는 것이었다면, 신약성경의 근거들을 제시하는 일을 통해 그가 내린 결론은 삼위일체에 관한 보다 명료하고 풍성한 계시가 신약의 경륜 속에 주어졌다는 내용일 것이다. 죽산 자신의 표현대로라면 가히 "충분한" 계시가 주어진 것이다. 그리고 이 충분히 주어진 계시의 핵심은 다름 아닌, '일체 안에 삼위, 삼위인 일체'라고 말할 수 있을 것이다. 그렇다면 삼위는 인정하나 일체를 부인하거나, 혹은 일체는 인정하나 삼위를 부인하는 그 어떠한 경우도 성경적으로 부당하다는 평가가 내려지게 될 것이다.

　삼위일체의 근거를 제시하는 일을 통해 죽산이 기여한 여러 공헌들이 있다. 그 중에 가장 중요하고 본질적인 것은 바로 위에서 살펴본 그 내용의 일일 것이다. 이 외에도 그는 이론을 위한 이론가가 아니라, 교회와 삶을 위해 관심을 지녔던 교회의 신학자라는 사실에서 간과될 수 없는 죽산의 기여를 발견하게 된다. 이 점에 대해서는 필자가 첫 번째 글에서 삼위일체교리의 중요성에 대한 죽산의 견해를 다루면서[55], 그리고 또한 본 글에서 삼위일체의 증거들을 제시한 후, 즉시 교회 현실과 관련하여 프락시스(praxis) 지향적 관심을

---

55) Cf., 『神學指南』, 제 73권 2집, 통권 제 287호, pp.95-107.

강하게 표출한 점(2.2.2) 등에서 충분히 확인할 수 있었다. 그는 교리적인 면과 실제적인 면, 양쪽 모두에 균형 잡힌 관심과 이해를 가지고 있었다. 그리고 또 한 가지 죽산의 본받을 점은 애매모호한 문제들에 대하여 신학적 판단을 내릴 때, 그가 취했던 신중함56)으로서 그의 후학들에게 귀감이 된다. 죽산의 신중함은 성경의 권위에 순종하기 위해 나타난 그의 신앙심의 발로(發露)였다는 점에서 깊이 유념해야 할 내용임에 틀림없다. 이외에도 그의 공헌을 열거하자면 아마도 지면이 부족할 것이다.

그러나 또한 죽산에게도 이러한 공헌들과 함께 애석한 점들이 있었다. 예컨대, 삼위일체의 근거를 모색하는 과정에서 생겨난 일, 곧 관련본문 사용법과 연관된 문제다. 이른바 '증빙구절 인용법'(Proof-Text-Methode)에 지나치게 의존하였다는 사실이다. 사실 교의신학(敎義神學)의 근거가 올바로 세워지려면 성경신학적 기반이 필요한데, 여기엔 필연적으로 성경해석학적 관심이 개입될 수밖에 없다. 죽산에겐 이 점이 부족했다. 죽산에게 보다 많은 성경신학적 관심사와 더불어 개혁신학적인 원리에 입각한 해석학적 도구들이 그의 교의학 작업에 보다 풍성하게 동원되었더라면 하는 아쉬움이 크게 남는다. 관련 문맥을 주경 신학적으로 신중히 살피는 일이 병행되지 않고 이루어지는 증빙구절 인용방법만으로는 자칫 주제와는 무관한 내용들을 증거 구절들 속에 포함시키는 우(愚)를 범할 수도 있을 것이다.

마지막으로 지적하고 싶은 내용 한 가지는 두 번째 글에서 단지

---

56) Cf., 『神學指南』, 제 73권 2집, 통권 제 288호, p.83.

문제 제기로만 언급하고 지나간 사안57)으로서 신학의 내용과 그 내용을 담아내는 형식적 틀(구조) 사이에 발생한 부조화의 문제이다. 죽산은 개혁신학적 전통에 서 있으며, 따라서 중세 스콜라주의적인 원리와 방법을 전적으로 배격했다는 것은 누구나 인정하는 분명한 사실이다. 그것은 그의 형이상학적 전제와 인식론적인 전제를 살펴본다면, 당장에 내릴 수 있는 결론이다. 그는 누구보다 성경계시에 입각하여 인간의 유한성의 한계를 강조했고, 그와 더불어 인간의 전적 부패와 전적 무능력 교리를 강조한 신학자이다. 그러한 점에서 삼위일체론을 다루는 부분인 그의 『신론』, 제 6장 2절의 전개 구조에 있어, 현재의 배열순서보다는 오히려 "一. 人格性과 複數性" 부분을 뒤로하고, "二. 성경적 증거" 부분을 앞으로 배열했더라면 훨씬 더 죽산 자신의 신학적 성향과 조화를 이루는 삼위일체론의 전개 구조가 되지 않았을까 반추(反芻)해 보는 것이다.

누구든지 인간으로서는 완벽할 수 없다. 그것은 인간의 한계요, 또한 그 한계 때문에 인간은 역설적(逆說的)으로 인간다움을 지니는 것이다. 여기서 죽산도 예외는 아니었다. 그의 신학 작업에도 명암(明暗)이 있었다. 어떤 이들은 그의 밝은 면만을 말하려 하고, 다른 이들은 그의 어두운 면만 말하려 한다. 그러나 이는 신학하는 자들의 정당한 태도는 아니다. 심지어 개혁 신학적 태도는 더더구나 아니다.

---

57) 전게서, p.69f. ; "독자들 가운데 혹이 구조만 보고 형식적인 틀로부터 유추하여 혹시 박형룡 박사의 접근 속에 합리주의적 성향이 있는 것이 아닌지 생각할지 모르겠다. 외관만 보면 마치 중세 스콜라주의자들이 그러했듯이 먼저 이성적인 논증을 거친 후, 그 다음 인식 주체가 지닌 유한성의 한계 때문에 계시에로 비약(飛躍)하는 방법을 사용한 것과 유사한 구조라고 여길지 모르겠다. 그러나 그와 같은 시각은 전혀 오해다."

삼위일체 하나님, 오직 그분만이 완전하시고, 오직 그분의 행사만이 온전할 뿐이다. 인간의 모든 사상체계는 오직 그의 계시를 의지하여서만 온전해질 수 있다. 이런 순리적 차원에서 본 논자는 죽산의 신학 작업을 평가함에 있어서 균형을 잃지 않으려고 했다. 이제 우리의 할 일이 있다면, 죽산의 사상 중 성경계시를 올바로 반영한 점들은 계승 발전시킬 것이요, 혹여나 부족한 면이 발견된다면 성경의 교훈을 따라 보정(補正)하는 직업을 하면 될 것이다.

"일체(一體) 안에 삼위(三位), 삼위(三位)인 일체(一體)" - 이는 성경의 자료들을 상고한 후, 내려진 죽산의 결론이다. 이제 이와 더불어 구약으로부터 신약에 이르기까지 죽산의 작업을 통해 우리에게 알려진 내용들을 간략히 열거함으로써 졸고(拙稿)를 마치려 한다: 성경은 삼위일체론과 관련하여 결코 추상적인 교리를 제공하지 않는다는 사실 / 삼위일체 사상은 그리스도인의 존재와 의식에 있어서 전제가 된다는 사실 / 신약의 가르침은 구약에서 발견되는 삼위일체 사상에 그 뿌리를 두고 있다는 사실 / 신약 속에는 삼위일체 하나님에 관한 구약의 교훈이 발전적 양상으로 내포되어 있다는 사실 / 어쩌면 신약성경 전체가 삼위일체신적이라고 불리어질 만큼, 신약에서의 삼위일체 하나님에 대한 계시는 구약에서보다 훨씬 명료하며 풍성하고 부요하다는 사실 / 구약적 표현인 여호와의 신약적 등가개념(等價槪念)은 성부 하나님이시라는 사실/ 성자의 화육과 성령의 강림은 구약 예언의 성취로서 삼위일체론의 신약적 근거가 된다는 사실 / 창조와 구속사역에서 독특한 역할을 하시는 성부께서는 그리스도에 의해 하나님으로 불리어지셨으나 성자와 성령 역시 하나님이시라는 사실 / 성자는 그를 통해 하나님이 자신을 계시하시는 말씀이시며, 본성에 의해 영원히 하나님의 아들이시며, 하나님의 형상으로 불리셨다는 사실 / 성령께서는 피조세계에 생명을 부여하시며, 하나님의 신(神)이시기에 거룩하시다는 사실 / 그는 성부와 성자에게서 나오시기에 성부의 영으로, 혹은 성자의 영으로 불리어지신다는 사실 / 성령께서도 하나님이시며, 인격이시라는 사실 등이다.(*)

(『神學指南』 2007년 봄호)

IV.
'우시아'(οὐσία)의 의미

'우시아' (οὐσία)의 의미

1. 들어가는 글

　죽산의 삼위일체론에 관해 필자가 발표한 몇 편의 작은 글들[1])은 어찌 보면 앞으로 논의할 내용들을 위한 준비단계였다고 할 수 있다. 죽산은 앞서 논의된 단계들을 거쳐 비로소 봉우리의 정상을 오르게 되는 것이다. 이제 본격적으로 통합적 사고 속에서 이루어지는 죽산의 삼위일체에 관한 사상을 비로소 접할 기회가 된 것이다. 앞으로의 글들을 통해 본 논자가 주목하고자 하는 바는 삼위일체에 관해 죽산이 진술하는 내용의 요지는 무엇인지, 그리고 이미 논의 과정을 거친 성경적 근거 제시와 그의 교리적 진술내용이 어그러짐 없이 잘 상응하는지, 의미전달의 매체로서 어떤 용어들이 채택되어 그로써 성경의 교훈을 담아내려하는지, 그리고 이러한 모든 내용들이 다른 개혁

---

1) '삼위일체론의 특별한 성격에 대한 박형룡 박사의 견해' in:『神學指南』, 제 73권 2집, 통권 제 287호 (서울: 신학지남사, 2006), pp.89-108. ; '삼위일체 교리의 성경적 근거(구약)에 관한 박형룡 박사의 이해' in:『神學指南』, 제 73권 3집, 통권 제 288호 (서울: 신학지남사, 2006), pp.69-88. ; '삼위일체 교리의 성경적 근거(신약)에 관한 박형룡 박사의 이해' in:『神學指南』, 제 74권 1집, 통권 제 290호 (서울: 신학지남사, 2007), pp.47-76.

신학자들의 경우나 전통적인 개혁교회의 신조들과 연속성을 유지하고 있는지 등등의 문제들이다. 우선 본고(本稿)에서는 이러한 여러 관심사들 가운데 죽산이 사용한 '본체'(οὐσία, essentia)란 용어의 의미와 관련된 사안만을 논의의 대상으로 삼으려 한다.

죽산이 제시한 삼위일체에 관한 교리진술의 내용은 모두 여덟 항2)으로 구성되어 있으나 실제 그 내용에 있어서 중요한 것은 크게 세 부분으로 나누어진다. 첫째, 유일불가분적(唯一不可分的) 본체(本體), 둘째, 삼위 혹은 삼실존(三實存), 셋째, 각위(各位)에 전본체(全本體)가 그것이다. 물론 여덟 항 모두를 소상하게 낱낱이 살펴본다면 죽산의 의미하는 바를 보다 충분히 이해할 수 있을 것이지만, 진술된 내용들 가운데 우선 중요한 세 부분만을 일견(一見)한다할지라도 그의 의도하는 바, 내용의 핵심을 파악하기에 충분할 것으로 판단되므로 먼저 그 중심적인 내용에 관심을 두고 논의를 시작하려 한다.

죽산은 삼위일체에 관해 구체적으로 논의하기 전에 『웨스트민스터 소요리문답서』(Westminster Shorter Catechism) 제 6문의 답을 인용하면서 이를 삼위일체에 관한 "최선의 간명(簡明)한 정의"3)라고 밝혔다. 그리고 이 6문의 답으로부터 보다 충분한 이해를 도모하기

---

2) 여덟 항의 내용은 아래와 같다: 一. 唯一不可分的 本體, 二. 삼위 혹은 三實存, 三. 各位에 全本體, 四. 일정한 순서, 五. 相異와 區別, 六. 同等과 從屬, 七. 神秘하나 진리, 八. 多樣類推의 예증.
3) 박형룡, 『신론』(서울: 은성문화사, 1974), p.198.; 『웨스트민스터 소요리문답서』(Westminster Shorter Catechism,1674)의 제 6문의 답은 다음과 같다: "하나님의 신격에 삼위가 계시나니 성부와 성자와 성령이신대 이 삼위는 한 하나님이시라. 본체(substance)는 하나요, 권능과 영광은 동등이니라."(There are three persons in the Godhead; the Father, the Son, and the Holy Ghost; and these three are one God, the same in substance, equal in power and glory.).

위해 논의를 지속하겠다고 부언(附言)하면서 앞서 언급했던 여덟 항의 내용들을 차례대로 다루고 있다. 여기서 우리의 관심을 끄는 일이 있다면, 그것은 죽산이 장로교신앙의 표준문서인 『웨스트민스터 소요리문답서』로부터 논의의 실마리를 풀어가고 있다는 점일 것이다. 사실 이는 함축하는 바가 많다. 우선 역사적 기독교회의 전통을 유념하며, 진리 안에서 그리스도의 몸 된 교회를 세우는 일에 고전분투(苦戰奮鬪)했던 죽산의 겸허한 태도를 보게 한다는 사실이다. 교의신학자로서 죽산은 자신의 입장을 내세우기 전에 먼저 겸손히 신앙의 선조들에 의해 제시된 공교회의 교의(敎義, Dogma)를 주목하는 겸허한 자세를 보여주었다. 그리고 또 다른, 주목할 시사점 한 가지는 무엇이 죽산에게 중요했는지를 우리로 알게 한다는 사실이다. 그것은 어떤 독창적 시도를 감행하는 데 있었던 것이 아니라, 과연 무엇이 진리인가 하는 문제에 무엇보다 더 큰 관심을 집중시켰다는 사실일 것이다. 사실 『웨스트민스터 소요리문답서』 속에 담겨 있는 내용들은 오랜 기간 동안 지상의 여러 교회들에 의해 이미 진리로 검증된 것들이다.

이와 같은 시사점들을 던진 후, 죽산은 교리적 진술의 첫 번째 요목을 다루기 시작한다. 이제 죽산이 사용한 '본체'(οὐσία, essentia)란 용어의 사용 실례들을 살펴보자.

2. 죽산에게서 있어서의 '본체(本體)'의 용례

죽산이 적시(摘示)한 소제목 "唯一不可分的 本體"(유일불가분적 본체)는 루이스 벌코프(L. Berkhof)의 표현으로는 "one indivisible essence"에 상응한다.[4] 그러니 죽산이 채택한 용어, "본체"(本體)는 영어 "essence"에 해당되는 셈이다. 루이스 벌코프의 경우, essence 곁에 괄호를 사용하여 등가개념의 헬라어 및 라틴어를 병기(倂記)하였으니 οὐσία와 essentia가 그것이다.[5] 그 누구에게 있어서나 한 의사소통 체계 안에서 정확하고 명료한 개념 전달을 위해서 항상 적절한 단어의 선택이 요구된다는 사실을 감안할 때, 삼위일체의 교리적 진술을 다루는 문맥에서의 죽산의 어휘 선택은 약간의 해석학적 조율이 필요할 것으로 판단된다. 그것은 다름 아닌 "本體"란 어휘와 연관해서다. 이 같은 조율의 필요성이 요구되는 것은 죽산 자신의 설명 속에서 그 이유가 발견될 수 있다. 죽산의 설명을 인용해 보자.

> 신적 실유에 유일 불가분적 본체(ousia essentia)가 있다. 하나님은 그의 본체적 실유(本體的 實有) 즉 소질적 본성(素質的 本性)에서 하나이시다.[6]

죽산이 사용한 그 자신의 특유의 용어들을 현대의 통상적 용례에 비추어 그 개념을 다시 정리하기 위해서 우리는 아래와 같은 몇

---

4) L. Berkhof, *Systematic Theology* (Grand Rapids: Eerdmans, 1981), p.87.
5) 전게서, 같은 면.
6) 박형룡, 『신론』, p.198f.

단계의 논의를 거칠 필요가 있다. 즉 '신적 존재7)에는 나눌 수 없는 유일한 ousia 혹은 *essentia*가 있다. 하나님은 - *이후는 죽산의 표현을 다시 그대로 옮겨* - 그의 본체적인 실유(本體的 實有) 즉 소질적 본성(素質的 本性)에서 하나이시다.'라는 약간 다른 표현방식으로 동일한 개념을 표현할 수 있을 것이다. 그런데 여기서 고려해야 할 사항은 두 가지다. 그 첫째는 ousia 혹은 *essentia*란 단어를 어떻게 번역하는 것이 공시적(共時的) 차원에서 적절할 것인가 하는 문제이며, 다음으로는 "즉"(卽)이란 단어로 연결된 앞부분과 뒷부분을 어떻게 등가적 개념이 유지되도록 하면서 적절한 어휘 조정이 가능할 것인가 하는 문제이다. 여기서 본 논자는 두 가지 고려할 점이 있다고 지적했지만, 실은 하나의 문제로 치환될 수 있는 성질의 것이다. 왜냐하면 두 의미군(意味群)의 핵심이 동일하기 때문인데, 위 인용문 가운데 필자가 밑줄 친 '본체'란 표현을 주목해 본다면, 그 까닭은 당장 감지(感知)될 수 있을 것이다.

---

7) 오늘날 신학영역에서 보편적으로 사용되는 단어인 '존재'에 해당되는 개념을 죽산은 자주 "실유"(實有)란 용어로 표현한다. 사실 신학용어가 거의 전무했던 시대에 제1세대 한국 신학자로서의 죽산은 개척자로서 여간 큰 어려움을 겪지 않을 수 없었을 것이다. 그래서 그의 저술 속에는 신조어(新造語)들이 많다. 그리고 이미 다른 영역에서 사용되고 있는 용어들을 기독교화 하여 사용할 수밖에 없는 처지였을 것이다. "實有" 역시 그 한 예라고 할 수 있다. 네이버(NAVER)의 국어사전에 의하면 實有는 다음과 같이 설명되고 있다. "실유 [實有] [명사<불교> 삼라만상은 공(空)인데도 중생은 사리에 어두워 갈피를 잡지 못하고 헤매며 이를 실재(實在)라고 믿는 일."(http://krdic.naver.com/search.nhn?query_euckr=%BD%C7%C0%AF)로 되어있다. 다시 말해 이 實有란 표현은 통시적(通時的)으로 보면 원래 불교에서 사용되던 용어였으나 이를 기독교화 하여 신학적 표현에 채택한 경우라 할 수 있다.

여기서 필자의 관심은 공시적(synchronic) 해석 원리8)를 따라 죽산 자신이 진술한 내용을 분석하여 전체 문장 속에 내포된 특정한 의미소(意味素)의 개념을 명확히 하려는데 있다. 구체적으로 말해 죽산이 사용하고 있는 "본체"란 표현이 지닌 의미를 명료하게 하려는 것이다. 이를 위해 우선 국어사전을 찾아보자. "즉"이란 표현의 사전적 의미는 다음과 같다. "즉 [卽][부사]다른 것이 아니라 곧. 또는 다시 말하여."9)라고 진술되어 있다. 그렇다면 "즉"으로 연결된 앞과 뒤의 어군(語群)은 서로 교호적(交互的)일 수밖에 없으며, 따라서 쌍방은 등가개념(等價槪念)일 수밖에 없을 것이 분명하다. 이와 같은 해석의 원리에 입각하여 죽산의 진술 내용을 하나, 하나 살펴 나아간 다면 죽산이 채용한 특수한 단어의 개념은 명료하게 드러날 것이다.

위의 논의에 근거해 볼 때 죽산이 진술한 "본체적 실유"(本體的 實有)란 표현은 "소질적 본성"(素質的 本性)이란 표현과 등가개념이어야 한다. 그리고 죽산이 표현한 "본체적 실유"와 "소질적 본성"에 상응되는 루이스 벌코프의 용례(用例)는 "essential being"과 "constitutional nature"이다.10) 여기 두 언어체계 사이에 있어서의 어휘 의미론적 고찰과 죽산이 진술하고 있는 그 자신의 문맥에서 볼 때, 죽산이 채용한 "본체"에 담겨질 내용은 "본질"과 등가적 관계에 있음이 분명하다. 여기서 한 가지 분명히 하고 넘어갈 점이 있다. 이는 한자 문화 속에 존재하는 우리들에게 혹시나 발생할 수 있는

---

8) Cf., Peter Cotterell & Max Turner, *Lingustics & Biblical Interpretation* (Illinois: IVP, 1989), p.23f. ; '어휘 의미론(lexical semantics)과 성경해석' in: 권성수, 『성경해석학』 (서울: 총신대출판부, 1992), pp.220-282.
9) http://krdic.naver.com/search.nhn?query_euckr=%C1%EF
10) L. Berkhof, *Systematic Theology*, p.87.

오해의 소지가 있을 수 있다면, 그것은 문맥이 일차적으로 단어의 의미를 규정한다는 해석의 공시적 원리에 철저하지 못한 까닭에서 생겨나는 것이 아닐까 추측해 본다. 즉 한 단어의 어원적 개념이 문맥과 상관없이 어휘의 의미를 절대적으로 규정한다는 통시론(通時論)과 연루되어 오해가 유발되는 것이 아닌가 생각된다. 이러한 모든 사실들을 종합적으로 감안해 볼 때, 죽산이 사용하는 "본체"란 표현은 적어도 이 제한된 특수한 문맥에서는 "본질"과 등가개념이며 따라서 서로 교호될 수 있음이 분명하다 할 것이다.

그리하고서 죽산의 표현들을 다시금 정리해보자. "삼위일체의 唯一不可分的 본체[=essence11)=본질]"12)에 관한 그 자신의 설명을 들어보자. "신적 실유[=Divine Being13)=신적 존재]에 유일 불가분적 본체(οὐσία, essentia)가[=essence14)=본질]] 있다. 하나님은 그 본체적 실유(本體的 實有)[=essential being15)=근본적 본질] 즉 소질적 본성(素質的 本性)에서 하나이시다."16)

앞서 밝힌 바와 같이 죽산이 붙인 소제목 "唯一不可分的 本體"는 루이스 벌코프가 사용한 표현으로는 "one indivisible essence"에 상응되며, 따라서 죽산이 취한 "본체"란 용어는 essence에 해당된다.

---

11) 전게서, 같은 면.
12) 박형룡, 『신론』, p.198.
13) L. Berkhof, *Systematic Theology*, p.87.
14) 전게서, 같은 면.
15) 전게서, 같은 면. ; 사전의 도움을 받아 being의 용례들을 살펴보면, 존재, 실존, 실재란 개념이 있는 반면, 문맥을 따라 때로는 본질, 본성, 천성이란 의미를 지닐 때도 있다
 (http://endic.naver.com/endic.nhn?docid=105630&rd=s).
16) 박형룡, 『신론』, p.198f.

그리고 이 essence는 헬라어 οὐσία나 라틴어 *essentia*와 등치된다. 이렇게 볼 때 죽산이 취한 "본체"란 용어는 οὐσία에 상당하는 표현으로서 니케아 신경으로부터 οὐσία 용례를 살펴보면, 그 문맥에선 명백히 '본질'이란 의미로 사용되었다.17) 이 점은 죽산이 사용한 용례들을 어휘 의미론적으로 살펴 볼 때 얻을 수 있는 결론과 전적으로 일치한다.

라틴어 단어, *substantia*(=英 substance)는 문맥을 따라 실체(實體), 본체(本體), 본질(本質)이란 의미로 번역될 수 있으며, 라틴어 단어인 *essentia*(=英 essence) 역시 동일한 경우에 해당된다. 이처럼 다중적(多重的) 뉘앙스를 지니고 있는 용어를 우리말로 번역하여 채택함에 있어 문맥을 따라 적절한 의미로 번역해 내는 일은 어휘 의미론(lexical semantics)에 있어서도 정당한 태도일 뿐 아니라, 개념을 정확하게 전달하여 불필요한 오해를 극소화시키는 효과를 지니게 된다.

죽산은 *substantia*와 *essentia*의 교호적 용례에 대해 여러 번 반복하여 진술한 바 있다. 그 몇 가지 실례를 들어본다면, "어떤 초대교부들은 라틴어 「썹스탠티아」(*substantia*, 실체)라는 명사를 「에쎈티아」(*essentia*, 본체)와 동의어로 사용하였음"18)을 지적하였고, "현금에 「썹스탠스」(substance, 실체)와 「에쎈스」(essence, 본체)라는

---

17) Edgar C. S. Gibson, *The Three Creeds* (London: Longmans, 1909), pp.115-178. ; 니케아 신경은 성자께서 성부와 同一本質(ὁμοούσιος)임을 규정하였다.
18) 박형룡, 『신론』, p.199.

명사들은 흔히 교대적으로 사용된다."19)고 하였으며, "영문 성경과 신경에서의 「실체」(substance)도 하나님의 「본체」(essence)를 가리키기는 마찬가지다."20)라고 지적한 바 있다. 여기 죽산의 설명 가운데서 *substantia*(=substance)와 *essentia*(=essence)가 서로 교호적으로 사용되고 있어 쌍방이 등가개념임을 지적한 것은 전적으로 타당하게 여겨지나, 두 용어가 문맥에 따라서는 '본체'(本體) 혹은 '본질'(本質) 중 보다 적절한 표현과 의미로 고정될 수 있음에 대한 해석학적 관점이 드러나지 못한 것은 못내 아쉬운 점이다. 그렇다면 죽산에게 있어서 비록 '실체'나 '본체'라는 용어가 사용된 경우라 할지라도, 그 용어가 사용된 문맥의 성격 여하에 따라 '본질' 혹 '실질'이란 의미가 더 적절할 수도 있다는 사실을 인식해야 해석학의 공시적 원리에 부합되는 것으로 볼 수 있을 것이다.

죽산은 "본체"나 "실체"의 의미가 무엇인지를 알기 위한 방법으로 철학적인 접근을 단연코 거부한다. 그는 본체와 실체를 동치(同値)로 보면서 다음과 같이 버스웰(J. Oliver Buswell)의 글을 인용한다:

『실체는 무엇인가? 이 문제에 해답하기 위하여 철학적 명사(哲學的 名辭)들에 들어가는 것을 필요치 않을 것이니 예를 들면 아리스토틀의 「형이상학」(metaphysics)에 발견되는 실체의 관념을 표현하는 명사들이다. 단순한 양식으로 우리는 매우 정확히 말하기를 「실체」란 우리가 대하여 말하고 있는 무엇이라고 할 수 있다. 하나님의 실체는 하나님이 되어 계실 바 그 무엇

---

19) 전게서, 같은 면.
20) 전게서, 같은 면.

(whatever it is to be God)이다. 우리 주 예수 그리스도는 이와 같이 신격의 정확한 표현이실 것으로 선언되었다. 「그 안에는 신성의 모든 충만이 육체로 거하시고」(골2:9)」21)

버스웰의 설명대로 하나님의 실체를 "하나님이 되어 계실 바 그 무엇"(whatever it is to be God)으로 본다면, 그것은 필연적으로 실질(實質) 혹은 본질(本質)이란 용어와 동일한 함축을 지닐 것이 분명하다. 왜냐하면 우리말 국어사전22)에 의하면 '본질'이란 단어는 "본바탕" 혹은 "본래부터 갖고 있는 사물 독자의 성질"로 정의되어 있으며, '실질'이란 단어의 의미는 "실상의 본바탕"으로 정의되어 있기 때문이다. 이와 같이 어휘 의미론적으로 볼 때, 이 문맥에서의 '실체'란, '본질'이나 '실질'이란 용어와 등가적 의미를 지닐 것이 분명하다.23) 이 점은 죽산 자신이 성경 관련 자료를 제시하던 중, "실체"란 단어와 "본체"란 용어가 우리말 성경과 신경(信經)의 용례 가운데 상호 교체적으로 사용된 구체적인 사례를 들면서 그 과정을 소상히

---

21) J. Oliver Buswell, *A Systematic Theology of the Christian Religion*, PART I - THEISM (Grand Rapids: Zondervan Publishing House, 1979), p.112f. ; "But what is substance? To answer this question it will not be necessary to enter into philosophical terms - for instance, those terms expressing the idea of substance found in Aristotle's Metaphysics. In a simple manner we may very accurately say that 'substance' is whatever it is to be God. Our Lord Jesus Christ is thus declared to be the exact expression of Deity. 'In him dwells all the fullness of Deity,[*theotes*,] in bodily form' (Col.2:9)."
22) 民衆 엣센스 國語辭典 (서울: 民衆書林, 1993), p.980, p.1381.
23) 국어사전에 의하면 실체란 "사물의 본체"란 의미이며, 본체란 "사물의 정체", "본바탕", "현상적 사물의 근저에 있는 초감성적 실재", "실상(實相)" 등의 의미를 지니는 것으로 되어 있으며, 실체란 용어와의 유사어로는 정체(正體), 진형(眞形), 알맹이, 본체(本體), 주체(主體), 실질(實質), 본질(本質), 존재(存在), 실재(實在) 등이 있으며, 본체란 용어와의 유사어로는 정체(正體), 본바탕, 본질(本質), 존재(存在), 실상(實相) 등이 있다(참조, 아래한글에서 제공된 한컴『민중국어사전』,『한글유의어사전』의 '실체'와 '본체' 항목).

설명해가는 중24)에서도 확인된다. 죽산에 의하면 웨스트민스터 소요리문답 6문답의 영문(⋯ the same in substance ⋯)을 문자대로 번역하자면, "실체는 하나요"라고 해야 하지만, 한역(韓譯)에서는 "본체는 하나요"라는 독법(讀法)을 취했으며, 또한 히브리서 1장 3절의 헬라어 내용(Χαρακτὴρ τῆς ὑποστάσεως)이 실은 "주 예수 그리스도는 하나님의 「실체의 정확한 표현이라」"고 번역해야 옳음에도 한역성경(개역)은 "그 본체의 형상이시라"란 독법을 취했다고 지적25) 하면서 그렇게 번역된 것이 "정확한 역술은 아닐지라도 전단(前段)에 소개된 어학적 해석(語學的 解釋)의 광명에 비추어 보아 매우 적합한 표현이다."26)라고 평가함으로써 두 용어의 교체 번역에 아무런 문제가 없다는 점을 분명히 하였다. 그런데 여기서 죽산이 버스웰을 인용하면서까지 '실체'에 대해 정의한 바를 그가 정확한 독법이라고 제시한 내용들 가운데 대입시켜 읽어보면, 우선 신경과 관련해서는 "하나님이 되어 계실 바 그 무엇"(=죽산이 사용한 용어는 '실체')은 하나요(the same in substance)란 의미로 읽을 수 있을 것이며, 히1:3과 관련하여서는 주 예수 그리스도는 하나님의 "하나님이 되어 계실 바 그 무엇"(=죽산이 사용한 용어는 '실체')의 정확한 표현(Χαρακτὴρ τῆς ὑποστάσεως)이란 의미가 될 것이다. 그렇다면 죽산 자신의 의미론적 논리를 따라 그가 논의한 바를 정리해 본다면 결론은 분명해질 것이다. 죽산은 라틴어 *substantia*를 '실체'로 국역(國譯)하고, *essentia*를 '본체'로 번역하면서 이 둘은 동치(同値)라고 하였다. 그

---

24) 박형룡, 『신론』, p.199.
25) 전게서, 같은 면.
26) 전게서, 같은 면.

리고서 본체와 동치인 실체의 의미를, "실체란 우리가 대하여 말하고 있는 무엇이라고 할 수 있다. 하나님의 실체는 하나님이 되어 계실 바 그 무엇(whatever it is to be God)이다. 우리 주 예수 그리스도는 이와 같이 신격의 정확한 표현이실 것으로 선언되신다."는 버스웰의 진술을 인용하였다. 이렇게 본다면 죽산이 '실체'로 번역한 *substantia*나 '본체'로 번역한 *essentia*는 그 속에 '실질' 혹은 '본질'이란 용어가 지닌 함축적 의미가 이 문리적(文理的) 맥락에서는 결코 배제될 수 없음이 명백해진다. 이것이 죽산의 진술들을 어휘 의미론적으로 살필 때 내려질 수 있는 결론일 것이다.27) 이 같은 결과가 가능한 것은 미(美) 세인트 루이스(Saint Louis)에 위치한 커버넌트(Covenant) 신학교의 조직신학 교수였던 로버트 L. 레이몬드(Robert L. Reymond)의 지적에 의해서도 방증(傍證)된다. 그것은 그가 삼위일체의 주제를 다루는 중, "라틴어 substantia는 문자적으로 '아래 위치해 있는 것'으로서 하나님의 '본질'(essence)을 가리켜 사용되었다."28) 그리고 또한 "라틴어 substantia는 문자적으로 '아래 남아 있다'로서 '개체화된 본질로서의 실체'를 의미하게 되었다."29)

---

27) 빌립보서 2장 6절(한역개역: "그는 근본 하나님의 본체시나 하나님과 동등 됨을 취할 것으로 여기지 아니하시고"; <u>Textus Receptus</u>: "ος εν μορφη θεου υπαρχων ν ουχ αρπαγμον ηγησατο το ειναι ισα θεω"; <u>Latin Vulgate</u>: "qui cum in forma Dei esset non rapinam arbitratus est esse se aequalem Deo")의 경우, 한역(개정) 성경에서 "그는 근본 하나님의 본체(εν μορφη θεου / in forma Dei)시나"라고 번역된 부분을 NIV 같은 경우, "who, being in very nature (=바로 그 성품에 있어서는) God"으로 번역함으로써 한역(개정)에서 취한 독법(讀法)인 "본체"(μορφη / forma)란 용어의 그 실질적 내용이 다름 아닌 성품과 관련된 것임을 보여주고 있다. 이 역시 죽산의 논조와 일치한다고 할 수 있다.
28) Robert L. Reymond, *A New Systematic Theology of the Christian Faith*, 나용화 외 3인 共譯, 『최신 조직신학』 (서울: CLC, 2004), p.284의 각주 (2).
29) 전게서, 같은 면, 각주(3).

고 설명한 것을 주목할 때 그러하다.

　사실 이와 같은 결과는 앞서 논의했던 죽산의 글 속에서도 이미 암시되어 있던 바였다. 즉 하나님의 삼위일체이심을 말할 때, 그 의미하는 바를 "일체에 삼위 삼위인 일체"30)란 압축적 표현 속에 함축된 바를 논조로 삼아 그것의 정당성을 확인하기 위해 구약성경의 자료들을 검토한 후, 신약의 지평으로 넘어온 다음, 진술한 내용들 가운데 죽산의 삼위일체를 이해함에 있어서 성패의 관건이 될 만한 중요한 표현이 있었음을 지적한 바31)있다. "삼위일체의 교리를 법식적 신경적 진술(法式的 信經的 陳述)로 해설한 성경구절은 없으나 삼위를 동열에 기명(記名)하여 그들의 통일성(統一性)과 판이성(判異性)을 명확히 표시하는 여러 구절이 있다."32)는 죽산의 진술 중 필자가 밑줄 친 "통일성"과 "판이성"이란 표현과 그 함축이 관건이다. 이 '통일성과 판이성'은 곧 '일체와 삼위'란 표현과 그 함축에 대해 문자 그대로 일대일 대응을 이루게 된다. 그렇다면 '일체'와 '통일성'은 등가적으로 간주될 것이며, 따라서 이는 지금까지 논의해 온 어휘의미론의 문제와 전적 상통하는 것으로 보아 당연할 것이다.

---

30) 박형룡, 『신론』, p.190.
31) 『신학지남』, 제 74권 1집, 통권 제 290호, p.71.
32) 박형룡, 『신론』, p.197.

3. 맺는 글

 죽산은 그의 『신론』 가운데 삼위일체 문제를 다루는 내용 중 앞부분에서33) 트리니티(Trinity)란 단어의 불충분성을 지적하면서 용어 사용에 고민한 적이 있다. 그의 고민은 이 용어가 트리유니티(Tri-unity)의 단축어로서 "하나님의 삼위 되심을 표현할 뿐이요, 그의 일체 되심을 함의(含意)하지 않는 점에서 불충분한 명사"34)라는 데 있었다. 여하튼 용어 자체의 의미상으로는 하나님에 관한 신비한 신학적 내용을 담기에 불충분함이 보여진다할지라도 그 단어 속에 성경자체가 제시하는 의미를 담아 사용할 것을 제안하면서 "일체에 삼위, 삼위인 일체"35)란 성경의 사상을 결코 놓쳐서는 안 될 것임을 강조한 바 있었다. 죽산에게 보다 중요한 것, 아니 가장 중요한 것은 용어 자체의 문자적인 의미보다 성경 자체가 무엇을 말씀하는지에 놓여있다는 사실36)을 결코 놓치지 않은 영적 혜안(慧眼)이 있었음을 확인할 수 있었다.

 사실 "일체에 삼위, 삼위인 일체"란 용어와 그 속에 담긴 성경적 진리는 죽산의 삼위일체를 이해함에 있어서 가장 핵심적인 내용으로

---

33) 전게서, p.190.
34) 전게서, 같은 면.
35) 전게서, 같은 면.
36) 이 점은 워필드(B. B. Warfield)에게서도 동일하게 강조되는 바이다. 워필드는 삼위일체론과 관련된 자신의 글에서 "성경의 단어들보다는 성경의 진리를 보전하는 것이 더 낫다."(… it is better to preserve the truth of Scripture than the words …)는 점을 지적하고 있다(B. B. Warfield, "The Biblical Doctrine of the Trinity" in: *The Works of Benjamin B. Warfield vol. II, Biblical Doctrines* (Grand Rapids: Baker Book House, 2000), p.133.

여겨진다. 이와 같은 진리를 설명함에 있어서 사용되는 신학적인 용어는 매우 신중하게 검토되고 채택되어야 마땅할 것이다. 이에 본고에서는 "일체에 삼위, 삼위인 일체" 개념을 담아내기 위한 신학 용어들 가운데 매우 중요한 의미와 위치를 지니는 '본체'(本體)란 용어를 두고 죽산의 용례가 어떠하였었는지를 어휘 의미론적으로 살펴보았다. 그의 설명에서 *substantia*와 *essentia*가 상호 교체적으로 사용되고 있어 쌍방이 등가적 관계에 있다는 사실이 밝혀진 점은 매우 적절하였지만, 그 두 용어가 문맥에 따라서는 혹은 '본체'(本體)로, 혹은 '본질'(本質)로 보다 적절한 의미로 고정될 수 있음에 대한 해석학적 관점이 구체적으로 드러나지 못한 것은 못내 아쉬운 점이었다. 그럼에도 죽산의 결론은 분명했다. 그 자신이 '실체'로 번역한 *substantia*나 '본체'로 번역한 *essentia*, 그 속에는 '실질' 혹은 '본질'이란 용어가 지닌 함축적 의미가 결코 배제될 수 없다는 것이었다. 이는 죽산의 진술들을 어휘 의미론적으로 살필 때 내려질 수 있는 명백한 결론일 것이다.

죽산과 같은 길을 걸어왔던 신앙의 동지이며 후배인 정암(正岩) 박윤선 역시 '우시아'(οὐσία)를 죽산처럼 '본체'[37]로 번역하였다. 뿐만 아니라 정암 역시 죽산처럼 "본체"란 표현 속에 "질적"인 의미를 내포하는 것[38]으로, 그래서 "신적 본질"이란 표현을 본체에 대한

---

37) 박윤선, 『개혁주의 교리학』 (서울: 영음사, 2003), p.119. ; 정암(正岩)은 삼위일체 교리에 관한 정통교회의 일반적 해설을 소개하면서 "성부도 하나님이시고, 성자도 하나님이시고, 성령도 하나님이시다. 이 삼위께서는 한 하나님이시다. 다시 말하면 하나님의 본체는 하나이신데 그 인격은 세 분이고, 그 세 분께서는 권능과 영광에 있어서 동일하시다는 것이다."라고 진술하였다.

설명으로 덧붙였으며, 그래서 "본체가 하나라는 것"은 "질적(신의 본질)으로 동일"하다는 것을 의미하는 것으로 해석하였다.39) 그리고 "삼위 하나님의 본체가 하나라는 것"은 이중 의미를 지니는 것으로 사려 깊은 지적을 잊지 않았다.40) 그것은 삼위의 '질적 동일성'(質的 同一性)을 의미하는 것임과 동시에 '수적 유일성'(數的 唯一性)을 뜻하는 것이란 지적이었다. 이는 하나님의 '유일성'(唯一性)이 '단수성'(單數性)과 '단순성'(單純性)을 포함하는 것으로 본41) 죽산의 견해와 전적으로 일치한다. 이로써 정암 역시 죽산의 경우에서와 마찬가지로 '일체에 삼위, 삼위인 일체' 개념을 강조하여 자신의 입장으로 삼은 것이다. 이렇게 볼 때 '우시아'(οὐσία)의 의미 해석과 관련하여 죽산과 정암은 전적으로 동일한 시각을 지녔으며, 사실 이는 니케아 신경-콘스탄티노플 신경-아우구스티누스-칼빈-웨스트민스터 신조의 전통42)을 따른 것이라 할 수 있다.

---

38) 전게서, p.120.
39) 전게서, 같은 면.
40) 정암은 이와 같은 삼위일체 교리가 하나의 신비로서 인간의 이해를 초월한다는 점을 지적한 후, 이 교리의 골자를 밝히는 중, 본체에 관해 다음과 같이 진술하였다. "첫째, 삼위 하나님의 본체가 하나라는 것은 질적(신의 본질)으로 동일하실 뿐 아니라 수적(數的)으로도 하나라는 의미이다(빌2:6). 둘째, 하나님의 위가 셋이라는 것은 인격에 있어서도 셋이라는 의미이니, 이것은 인간의 지식으로써 해결할 수 없는 오묘이다."(전게서, p.120.)라고 하였다.
41) " … 하나님의 유일성은 단수성(單數性)과 단순성(單純性)을 포함한다는 것이다. 그러므로 우리는 신적 실유(神的 實有)에 유일불가분적 본체가 있다고 진술하게 된다. 즉 신적 실유의 본체는 수적으로 유일이며 내면적 품질적으로 유일이어서 가히 분할될 수 없다. 이 하나님의 유일성에 관한 명제(命題)는 그의 독일성(獨逸性)을 가르치는 성구들(신4:35, 왕상8:60, 고전8:6, 딤전2:5) 및 그의 독특성(獨特性)을 가리키는 성구들(신6:4, 슥14:9, 출15:11)과 그의 자존성(自存性) 및 불변성(不變性)과 그가 그의 완성(完成)들과 동일시되어 (그가 생명, 빛, 진리, 의라고 칭호된 때에와 같이) 그의 단순성을 표시한 사실에 기초한다."(박형룡, 『신론』, p.200.). ; Cf., 전게서, pp.117-122.
42) 니케아 신경에서의 '호모우시오스'(ὁμοούσιος)는 신경이 작성되던 당시, 아리우스

'우시아'(οὐσία)의 의미에 관한 죽산의 이해와 관점을 성경의 빛 가운데서 올바로 파악해 내는 작업은 성경의 가르침에 근거하여 죽산의 삼위일체론을 옳게 이해하는 일에 있어서나, 삼위일체 교리와 연관해 자주 혼미를 경험해 온 한국 교계의 올바른 진로(進路)를 위해서나 신중히 수행해야 할 중요한 과제임에 틀림없다.

이에 본 논자는 글을 마무리하면서 요한 칼빈(J. Calvin)의 몇 마디 말들을 인용함으로써 한국 장로교회의 신학적 기초를 견고히 했던 죽산의 οὐσία 용례와 그 신학적 함축이 16세기, 그 개혁자의 입장과 결코 다르지 않음을 지적하는 바이다:

하나님의 한 본질 안에 삼위가 있다고 말하라. 그렇다면 이는 바로 성경의 주장하는 바를 한 마디로 표현하는 것이 될 것이다(Dic *in una Dei essentia personarum Trinitatem: dixeris uno verbo quod Scripturae loquuntur*). …… 우리가 하나에 대해 들을 때, 그것은 본체의 단일성으로 이해되어야 하며, 한 본질 안에 셋에 대해 들을 때, 그것은 삼위일체 안의 위격들을

이단에 대항하여 성부와 성자는 동일한 신적 본성을 공유한다는 내용을 주로 함축했었다. 실로 당시만 해도 수적 동일성(=삼위의 단일성)에 관해서는 아직 진지한 신학적 논의가 이루어지지 않았던 것으로 보인다. 그러나 점차 이 용어의 의미는 신적 위격들이 공통적인 신적 본질을 지니는 것으로 보편화되는 추세를 보였다. 예컨대, 주후 381년에 소집되었던 콘스탄티노플 회의에서는 '호모우시오스'란 명시적 표현을 사용하지 않으면서도, 성부, 성자와 함께 성령의 신성이 고백되었다. 이와 같은 변화의 과정을 거치면서 '호모우시오스'를 성령과 연관시켜 고백하는 일이 보편화된 것이다. 5세기의 교부, 아우구스티누스(Augustinus)는 '우시아'(οὐσία)를 *essentia*로 번역하기를 선호했다. 그에게 삼위는 결코 삼신(三神)들이 아니었다. 한 하나님이시며, 삼위로 계시지만 단일성을 지니시는 것으로 이해되었다. 동일한 전통은 칼빈(J. Calvin)에게서도 발견되며, 『웨스트민스터 신조』 역시 이를 반영하고 있다.

의미하는 것이다(*quum unum audimus, intelligendam esse* substantiae unitam: *quum tres audimus* in una essentia, *personas notari in hac Trinitate.*).43)

(『神學指南』 2007년 여름호)

---

43) J. Calvin, *Inst.*, I. xiii. 5. ; 라틴어 "*substantiae unitam*"이란 표현이 Henry Beveridge 역과 Ford Lewis Battles 역에서는 동일하게 "unity of substance"로 번역되었고[*Institutes of the Christian Religion* vol. I, (Grand Rapids: Eerdmans, 1979), p.114. : Calvin: *Institutes of the Christian Religion* vol. 1. (Philadelphia: The Westminster Press, 1967), p.128.], A. Sizoo에 의해 번역된 화란어 역본 역시 "een eenheid van substantie"로 영역의 표현과 동일한 의미로 번역되었다 [*Johannes Calvijn Institutie* vol. I (Delft: W. D. Meinema B.V., 1931) p.105.]. 신복윤, 한철하 외 2명에 의해 번역된 한역본(韓譯本)에서는 "본체가 하나인 것"으로 번역되었으며[『基督敎綱要』 上 (서울: 생명의 말씀사, 1990), p.211.], 김문제 씨에 의한 한역본에서는 "본질에 있어서 하나"로 번역되었다[『基督敎綱要』 vol. 1 (서울: 세종문화사, 1980), p.256.].

V.
'삼위'(三位)의 의미

'삼위'(三位)의 의미

1. 들어가는 글

죽산의 삼위일체론에 관해 필자가 이미 발표한 몇 편의 글들[1]과 본 논문에서 다루게 될 내용은 유기적(有機的)인 연관성을 지닌 동시에 발전적(發展的) 측면을 지닌다. 지난 번 논문[2]에서는 죽산의 삼위일체론 그 밑바탕에 깔려 있는 논지(論旨), 곧 "일체에 삼위, 삼위인 일체"[3]로 요약되는 명제 가운데 '일체'에 관한 내용과 관련하여 논의[4]했었다면, 이번 글에서는 주로 '삼위'와 연관하여 그것에 관한 죽산의 신학적 이해가 무엇이며, 그 내용이 개혁 신학적 원리에 비추

---

1) '삼위일체론의 특별한 성격에 대한 박형룡 박사의 견해' in: 『神學指南』, 제 73권 2집, 통권 제 287호 (서울: 신학지남사, 2006), pp.89-108. ; '삼위일체 교리의 성경적 근거(구약)에 관한 박형룡 박사의 이해' in: 『神學指南』, 제 73권 3집, 통권 제 288호 (서울: 신학지남사, 2006), pp.69-88. ; '삼위일체 교리의 성경적 근거(신약)에 관한 박형룡 박사의 이해' in: 『神學指南』, 제 74권 1집, 통권 제 290호 (서울: 신학지남사, 2007), pp.47-76. ; '우시아(οὐσία)의 의미에 관한 죽산의 이해' in: 『神學指南』, 제 74권 2집, 통권 제 291호 (서울: 신학지남사, 2007), pp.33-46.
2) '우시아(οὐσία)의 의미에 관한 죽산의 이해' in: 『神學指南』, 제 74권 2집, 통권 제 291호, pp.33-46.
3) 박형룡, 『신론』 (서울: 은성문화사, 1974), p.190.
4) '일체(一體)에 관한 내용을 전반적으로 혹은 심도있게 다루었다기보다는 일체 개념을 이해하기 위한 기초작업으로서 죽산의 οὐσία 개념을 다루었다.

어 온당한지의 여부를 살피려 한다.

　이와 같은 논의는 죽산 자신이 제시한 전체적인 구도5)에서 볼 때, 두 번째 항에 해당된다. 죽산은 삼위일체에 관한 그의 교리적 진술을 총 여덟 항으로 세분화하였다. 그런데 본 글의 목적상, 본 논자의 판단으로는 죽산의 신학적 의도를 파악하기 위해 그 모두를 세세히 다 논의할 필요가 없을 것으로 보인다. 내용의 본질을 이루고 있는 세 항목만을 논의의 대상으로 압축하여도 충분하리라 여겨진다. 그 핵심을 이루는 내용은 다음과 같다: 첫째는 유일불가분적(唯一不可分的) 본체(本體)에 관해 논의한 항이며, 다음으로는 삼위 혹은 삼실존(三實存)에 관해 언급한 항이고, 마지막으로는 각위(各位)에 전본체(全本體)란 내용을 다룬 항이다. 그렇다면 이제부터 세 개의 항들 가운데 두 번째 항에 해당되는 "삼위 혹은 삼실존(三實存)"이란 제하의 내용을 중점적으로 분석하여 그 신학적 의미를 밝히며, 앞서 제시한 의미에서의 온당성(穩當性) 여부를 밝히려 한다.

　삼위의 의미에 관한 죽산의 신학적 이해가 무엇인지를 살피려는 본 논자는 죽산 자신이 논의했던 진술의 순서를 뒤따르면서 그 내용을 분석하여 요의(要意)를 파악하고, 그것을 평가하는 방법으로 작업을 수행하는 것이 가장 효율적일 것으로 판단되기에 이 글의 실질적인 진행순서 역시 죽산의 진행 방향을 뒤따르면서, 혹 필요한 경우, 삼위일체론에 관한 죽산의 전(全) 구도를 전후(前後)로 왕래(往來)

---

5) 삼위일체에 관한 논의를 죽산은 아래와 같은 항목들로 나누어 다루었다: 一. 唯一不可分的 本體, 二. 삼위 혹은 三實存, 三. 各位에 全本體, 四. 일정한 순서, 五. 相異와 區別, 六. 同等과 從屬, 七. 神秘하나 진리, 八. 多樣類推의 예증. (전게서, pp.198-213.).

하면서 논지를 중심으로 토론되는 내용들을 아우르는 방식으로 접근하려 한다.

2. 본 론

죽산은 서술적(敍述的) 방식으로 주제에 관한 논의를 시작한다. 그 서술적 방식이란 단도직입적(單刀直入的)으로 삼위에 대한 정의를 제시하는 두괄식(頭括式) 접근방법이다. 그런데 단도직입적이라 하여 아무런 근거 없이 무계획적으로 정의를 제시하지는 않는다. 앞서 논의된 성경신학적 근거를 바탕으로 하여 정의는 제시되며, 제시된 정의에 대해 분석적인 고찰이 점층적 단계를 따라 진행된다. 그러면 먼저 죽산이 제시한 삼위에 관한 정의로부터 우리의 논의를 시작해 보자.

2.1. 삼위(三位)에 대한 의미론적 요점과 그 유래(由來)

죽산은 이번 글에서 중점적으로 다루려 하는 주제의 제목을 영어의 등위접속사인 'or'[6]와 등가개념의 "혹"(或)[7]이란 단어로 "삼위"와 "삼실존"(三實存)을 연결시킴으로써 두 단어가 유사어(類似語)의

---

[6] 여기서는 말할 것도 없이 'yes or no'와 같은 대립적(對立的) 개념들 사이의 선택이 아니라, '즉 바꿔 말하면'과 같은 환언, 설명, 정정, 보완을 의미하는 교체 가능한 대등한 개념들 사이에서의 선택이다.
[7] 전게서, p.200.

관계에 있음을 시사한다. 그렇다면 당연히 두 단어는 치환적(置換的) 관계에 있을 것이 분명하다. 다시 말해 '삼위'란 단어가 등장하는 문맥에서 '삼위' 대신 '삼실존'이란 단어를 대치할지라도 의미상 아무런 변화가 없다는 뜻일 것이며, 그 역(逆)도 성립되어야 마땅하다. 여기서 삼위의 개념을 파악하려는 우리는 벌써 수사학적 병행법(竝行法, parallelism)이 가지는 유익을 톡톡히 누리는 셈이다. 죽산에게 있어서의 '위'(位), 특별히 '삼위'(三位)의 개념이 무엇인지를 파악하려는 우리의 목적에 벌써 한걸음 다가섰기 때문이다. 실로 '位'(위)라는 용어 그 자체의 의미[8]로서는 전혀 성경이 제시하는 개념을 담고 있지 않은 경우인데, 죽산은 거기에 "三實存"(삼실존)이란 단어를 병치(倂置)함으로써 세속적 어휘 속에 성경으로부터 나온 내용을 담아내고자하는 시도를 한 것이다.

  죽산은 제목 자체가 함축하고 있는 신학적인 의미를 다음과 같이 개진(開陳)함으로써 논의를 시작한다. "한 신적 실유(神的 實有)에 성부, 성자, 성령의 삼위(인격) 혹은 삼개체적 실존들(subsistences)이 있다."[9] 이와 같은 죽산의 언명(言明)은 '삼실존', 곧 그것의 등치어인 삼위에 관한 보다 구체적인 묘사라고 할 수 있다. 즉 삼위란, '하나의 신적 존재에 성부, 성자, 성령의 <u>삼개체적 실존들</u>이 있다'는 의미이다. 이것이, 죽산이 이해하고 있는 삼위에 관한 성경의 가르침이란 것이다. 여기서 우리는 앞서 죽산이 "삼위"와 "삼실존"만을 단순히 병용시켜 놓았을 때보다 훨씬 풍성한 이해에 도달할 수 있다.

---

[8] 위(位)의 사전적 의미는 "자리", "신분", "지위", "순서", "차례", "등급", "분", "인원의 경칭" 등을 의미할 뿐이다『엣센스 國語辭典』(서울: 民衆書林, 1993), p.1659.].
[9] 박형룡, 『신론』, p.200.

왜냐하면 여기서는 '삼위'가 '삼실존'이며, '삼실존'이 '삼위'라는 단순한 대체 가능성을 넘어서서 '삼위'는 "인격"[10]이며, 그것은 "삼개체적 실존들"[11]이란 사실을 더 알게 되었기 때문이다. 더 알게 된 사실은 다시 말해, '삼위'는 '삼실존'인데, '삼실존'은 '삼개체적 실존들', 곧 <u>'삼개체적 인격들</u>'이란 의미이다. 여기 "들"이란 복수개념이 사용되었다는 점은 교리사적으로 중요한 의미를 지닌다. 죽산은 이로써 양태론적(樣態論的) 이단을 배격하고 있다. 이와 같이 진술하고 있는 죽산은 어디까지나 "한 신적 실유(神的 實有)"[12], 곧 '한 신적 존재'란 전제 아래 논의를 계속하고 있다는 점을 잊어서는 안 된다. 여기엔 이미 "일체에 삼위, 삼위인 일체"란 전제가 깔려있는 셈이며, 그로써 죽산은 양자론적(養子論的) 이단 역시 자리 잡을 수 없다는 사실을 논증하고 있는 것이다.

죽산은 그가 내린 '삼위'에 관한 개념 정의가 명백하게 성경에 근거를 두고 있다는 점에 대해 깊은 확신을 가지고 있다. 그것은 뒤따라 나오는 그의 글에서 확인된다: "이것은 위의 글에서 삼위일체의 교리를 성립시키는 논거로 관설(關說)된 여러 구절에 의하여 증명된다."[13]는 것이다. 그런데 여기서 죽산은 단지 이 같은 확신에 찬 말을 던졌을 뿐, 그 구체적인 근거자료들을 일대일(一對一) 대응방식으로 연관시키는 작업을 하진 않았다. 그래서 이와 같은 그의 확신이 공중에 누각(樓閣)을 짓는 것과 같은 일이 아님을 본 논자는 밝히려

---

10) 전게서, 같은 면.
11) 전게서, 같은 면.
12) 전게서, 같은 면.
13) 전게서, 같은 면.

한다.

죽산에 의해 제시된 삼위에 대한 정의는 앞서 언급되었던 바와 같다. 즉 "한 신적 실유(神的 實有)에 성부, 성자, 성령의 삼위(인격) 혹은 삼개체적 실존들(subsistences)이 있다."14)는 것이다. 그리고 이 정의에 대한 명백한 성경적 근거가 있다는데 대한 죽산의 확신 역시 앞서 제시되었던 바와 같다. 즉 "이것은 위의 글에서 삼위일체의 교리를 성립시키는 논거로 관설(關說)된 여러 구절에 의하여 증명된다."15)는 것이다. 죽산 자신이 내린 정의를 구성하는 요소들 가운데 핵심적인 내용들을 열거한다면, 아마도 다음과 같이 정리될 수 있을 것이다. 그 첫째는 "한 신적 실유(實有)", 곧 '한 신적 존재'와 관련되며, 둘째로는 "삼개체적 실존들"과 연관된 요소이고, 셋째는 그 실존들이 성부, 성자, 성령이란 사실이며, 마지막으로 이 세 실존들이 인격이라는 사실일 것이다. 이와 같이 죽산의 정의는 네 가지 핵심적인 요소들로 분석될 수 있다. 그런데 죽산은 이와 같은 요소들에 대한 논거가 단지 한 두 곳에서만 발견되는 것이 아니라, 다양하다고 한다. 죽산이 피력한 이와 같은 주장은 삼위일체론에 관해 그 자신이 진술한 논의의 전체 구조를 통찰해볼 때 정당하다. 이제 논자는 죽산이 제시한 주장의 정당성에 대한 그 구체적인 증거들을 제시하겠다.

먼저 죽산이 제시한 정의 가운데 첫 번째 요소와 관련하여 『신학지남』 통권 제 288호에서 밝힌 바16)와 같이 그가 구약성경으로부터

---

14) 전게서, 같은 면.
15) 전게서, 같은 면.
16) '삼위일체 교리의 성경적 근거(구약)에 관한 박형룡 박사의 이해' in: 『神學指南』,

삼위일체의 근거를 찾을 때에 하나님의 유일성(唯一性)을 전제한 후, 계시점진성의 원리에 기초하여 다섯 항의 논거들을 제시하였다. 그 논거들이란, "복수명사와 대명사", "하나 이상 수(數)의 하나님의 위(位)", "여호와의 천사", "하나님의 지혜와 하나님의 말씀의 묘사", "성령의 인격성 표시"와 관련된 것들이었다. 이 모두는 구약성경에서 찾을 수 있는 삼위에 대한 근거들로서 유일신 사상을 전제하고 제시한 것들이었다. 그것은 "일체(一體)에 삼위의 증명"17)이란 제목을 붙인 죽산의 의도18)를 따른 것이었다.

죽산은 '삼위에서 일체에로' 나아가는 접근방법을 취하지 아니하고, 서방교회의 전통을 따라 '일체에서 삼위에로' 나아가는 접근법을 선호하여 자신의 방법으로 채택하였다. 그와 같은 태도를 통해 "한 신적 실유(實有)"에 관한 성경의 가르침이 확고 불변한 기초요, 전제라는 사실을 죽산 자신이 인정하고 있는 셈이다. 이 사실은 신약성경의 근거를 다루는 부분에서, 계시점진성의 원리에 근거한 접근을 시도하는 중에 확인된다.19) 즉 구약성경으로부터의 근거들을 다룰 때에는 전제된 것으로서, 다시 말해 암시적 진리로서 제시되었다면, 신약성경으로부터의 자료들을 다룰 때에는 보다 구체적인 명시적 진리로서 제시된 것이다. 죽산은 하나님의 유일성을 삼위일체의 근거로 제시하면서 계시점진성의 원리에 입각하여 구약과 신약을 서로 연결시켜 양자 사이에 연속성이 내재하는 것으로 이해하였다. 그는

제 73권 3집, 통권 제 288호, pp.75-87.
17) 박형룡, 『신론』, p.190.
18) 이는 죽산이 즐겨 사용하는 논지, 즉 "일체(一體) 안에 삼위(三位), 삼위(三位)인 일체(一體)"란 명제 속에서도 잘 반영되고 있다.
19) 전게서, p.196.

신6:4, 사44:6, 출20:3을 근거하여, 구약성경이 유일신 사상을 가르쳤으며, 요10:30, 약2:19, 고전8:4, 엡4:5-6, 계22:13을 근거로, 신약성경 역시 동일한 기조(基調) 위에 서 있다는 점을 역설하였다.[20] 따라서 "하나님의 유일성은 구약의 기초적 원리(基礎的 原理)인 동시에 신약의 근본적 가정(根本的 假定)"[21]이라고 명제화한 죽산의 관점, 그 자체가 첫 번째 요소에 상응되는 성경적 근거제시인 셈이다.

죽산이 언급한 정의 가운데 두 번째 요소 및 세 번째 요소와 관련해서도『신학지남』통권 제 288호에서 밝힌 바[22]와 같이, 삼개체적 실존과 관련된 요소들이 비록 희미하긴 하나 구약 가운데서 이미 드러나고 있는 진리임을 밝혔다.[23] 그 내용에 관해서는 이미 소상하게 다루었으므로 다시 반복할 필요는 없을 것이다. 죽산은 이처럼 희미하게 드러난 구약의 진리가 신약에 이르러서는 보다 명료한 색조를 띠며, 보다 구체적으로 계시된다는 사실을 자세한 설명과 함께 밝힌 바[24] 있다. 그리고 죽산이 제시한 정의 가운데 깔려있는 네 번째 요소와 관련해서도『신학지남』통권 제 288호[25]와 통권 제 290호[26]에서 밝힌 바[27]있다.

---

20) 전게서, 같은 면. ; 이에 대한 보다 자세한 논의는 '삼위일체 교리의 성경적 근거(신약)에 관한 박형룡 박사의 이해' in:『神學指南』, 제 74권 1집, 통권 제 290호, p.54f.를 참조하라.
21) 박형룡,『신론』, p196.
22) '삼위일체 교리의 성경적 근거(구약)에 관한 박형룡 박사의 이해' in:『神學指南』, 제 73권 3집, 통권 제 288호, pp.75-87.
23) 박형룡,『신론』, pp.194-198.
24) 전게서, pp.196-198. ; 이에 대한 보다 자세한 논의는 '삼위일체 교리의 성경적 근거(신약)에 관한 박형룡 박사의 이해' in:『神學指南』, 제 74권 1집, 통권 제 290호, pp.55-71.를 참조하라.
25) '삼위일체 교리의 성경적 근거(구약)에 관한 박형룡 박사의 이해' in:『神學指南』, 제 73권 3집, 통권 제 288호, p.86f.
26) '삼위일체 교리의 성경적 근거(신약)에 관한 박형룡 박사의 이해' in:『神學指南』,

이렇게 우리의 지난 논의들을 되돌아볼 때, 삼위에 대해 죽산 자신이 제시한 정의 속에 깔려있는 여러 본질적인 요소들이 다 성경의 증거 위에 세워진 것임을 명백히 확인할 수 있다. 이와 같이 죽산은 철저하게 특별계시 의존적 사유의 원리를 따라 자신의 신학적 이해를 정리해 나아간28) 신학자였다.

2.2. 용어 채택(採擇)의 배경과 용어개념의 성격

앞서 살펴본 바와 같이 '삼위'란 용어가 지닌 신학적 의미(=정의)를 성경에 근거하여 제시한 죽산은 이제 신지식의 불가해적(不可解的) 성격과 관련하여 어떤 과정을 통해 이 용어가 채택되었는지, 그 배경을 통시적(通時的) 관점에서 다룬다.

일반적으로 해석학의 어휘 의미론에서 언어와 대상 간의 관계를, 전자는 지시물(指示物, signifier)로, 후자는 피지시물(被指示物, signified)로 일컫는다.29) 그런데 '위'(位)란 용어를 지시물로 하여 피지

제 74권 1집, 통권 제 290호, pp.62-66.
27) 박형룡은 자신의 책에서 아래 인용된 내용들을 제시함으로써 세 실존들의 인격성을 밝힌 바 있다. "신약은 성부, 성자, 성령을 상호 인격적 교제의 대상 즉 판이한 인격들로 제시한다. (1) 그들은 1,2,3,인칭대명사(人稱代名詞)로 서로 말씀하신다(마17:5, 요17:1, 16:28,13). (2) 그들은 서로 사랑하시며 영화롭게 하신다(요3:35, 15:10, 16:14). (3) 성자는 성부께 기도하신다(요17:5, 14:16). (4) 성부는 성자를, 성부와 성자는 성령을 보내신다(마10:40, 요17:18,3, 14:26, 16:7)."(『신론』, p.197.).
28) 물론 자신의 원칙에 완전히 철저할 수 있는 인생은 없다. 이런 점에서 죽산도 예외는 아닐 것이다. 때로 그의 신학 작업 속에는 후학들의 눈에 비춰지는 아쉬운 점들도 없지 않을 것이다. 그러나 그의 근본 입장은 철저하게 특별계시를 의존하려는 것이었음을 아무도 부인하지는 못할 것이다.
29) Cf., 권성수,『성경해석학』(서울: 총신대학출판부, 1992), pp.229-231.

시물에 해당되는 실체를 이해하고 인식하는 일이 인간으로서는 곤란하다는 사실을 죽산은 지적한다:

> 위적 구별의 관념을 해지(解知)하기 곤난함은 이것은('을'이 아닌가 한다. 필자 주) 지지하기 위하여 사용되는 명사들의 적정(適正)하지 못하며 명료하지 못함에 의하여 알려진다. 신격 안에 이 구별을 지지하기 위하여 헬라 저술가들은 일반적으로 「후포스테시스」(hupostasis)라는 명사를 사용하고 라틴 학자들은 「펄소나」혹 「썹스텐티아」라는 명사를 사용하였다. 전자는 그릇 인도하기 쉽고 후자는 애매한고로 스콜라 학자들은 「썹시스텐티아」(실존)라는 말을 새로히('이'가 옳은 표기임, 필자 주) 만들었다. 여러 가지 명사들이 사용된 사실은 그것들이 항상 적당하지 않게 보였다는 것을 표시한다.30)

죽산이 지적한 "곤난함"이란, 필자가 이해하기로는 오히려 '불가능함'으로 받아들이는 편이 낫겠다. 실로 인간과 하나님 사이에 인간으로서는 건널 수 없는 무한한 질적 차이란 골이 놓여있기 때문이다. 죽산이 여기서 '위'(位)란 용어를 지시물로 하여 피지시물에 해당되는 실체를 온전히 인식하는 일이 불가능하다는 점을 강조하는 데에는 실제적인 이유가 있다. 그것은 '위'란 개념을 올바로 파악하기 위한 목적에서이다. 핵심은 이렇다. 인생이 비록 '위'란 용어를 사용한다고 할지라도, 인간의 능력으로써는 그 실체의 실상을 완전히 알 수 없다는 것이다. 오직 계시를 의존함31)으로써만 그나마 그

---

30) 박형룡, 『신론』, p.200.
31) 죽산은 초절주의(超絕主義)나 내재주의(內在主義)의 입장, 모두를 거부하면서 일반과 특별의 이중계시를 신지식의 선(先) 조건으로 제시하고 있다(Cf., 전게서,

실체의 실상을 유한성의 한계 안에서 파악할 수 있다는 것이다. 이것이 바로 '위'란 용어의 개념을 궁구하는 자가 반드시 주목해야 할 인식의 근본적 한계인 것이다. 죽산의 이와 같은 인식의 원리는 신지식의 성격과 관련된 항목32)에서 이미 다룬 바 있다. 죽산의 입장은 전통적인 개혁신학의 입장33)을 따라 불가해성(不可解性, onbegrijpelijkheid)과 가지성(可知性, kenbaarheid), 모두를 인정한다. 그래서 하나님에 관한 지식의 성격에 관해 "난해하나 알 수 있다"34)고 하였으며, 또한 "불완전하나 참된 지식"35)임을 지적하였다.

죽산은 신지식의 이와 같은 양면적 성격 때문에 '위'란 용어와 관련된 복잡한 배경이 불가피했음을 지적한다. 물론 일반적인 사실이긴 했으나, 헬라교부들은 대체로 "「후포스테시스」(hupostasis, 독음은 '휘포스타시스'가 더 일반적임, 필자 주)"라는 표현을 더 선호했고, 라틴교부들은 "「펄소나」혹「썹스텐티아」"를 더 즐겨 사용했으며, 스콜라 신학자들은 "「썹시스텐티아」(실존)"란 용어를 보다 선호했다는 것과 관련된 역사적 배경을 논지의 실증적(實證的) 자료로 제시한 것이다.

하나의 어휘로 고정되지 않고, 시대마다, 혹은 전통마다, 혹은 문화적 배경이 다를 때마다 용어를 달리 사용했던 과거의 역사가 하나님

---

pp.64-69.).
32) 전게서, pp.55-70.
33) Cf., H. Bavinck, *Gereformeerde Dogmatiek* I³ (Kampen: Kok, 1918), pp.1-74. ; A. G. Honig, *Handboek van de Gereformeerde Dogmatiek* (Kampen: Kok, 1938), pp.145-151. ; Cornelius Van Til, *An Introduction to Systematic Theology*, 이승구 역, 『개혁주의 신학서론』(서울: CLC, 1999), pp.263-286.
34) 박형룡, 『신론』, pp.55-57.
35) 전게서, p.57f.

은 불가해적이며, 동시에 가지적(可知的)이라는 사실을 웅변적으로 드러낸다는 것이 죽산의 통찰이다. 이처럼 인간의 인식능력의 한계로 신적 실체의 실상을 완전히 이해할 수 없을 뿐 아니라, 설령 희미하게 인식되었다고 해도, 인식된 바를 표현하기 위해 적실한 용어를 선택하는 일은 여전히 피할 수 없는 난관으로 남아 있었다. 이는 인간 이해력의 주관적 한계이기도 하지만, 유한한 세계 자체의 한계이며, 인간 언어의 객관적 한계이기도 하다.

한편이 다른 편을 볼 때에 그들의 용어가 오해를 유발시킬 가능성이 있다고 생각하였으며, 혹은 애매성을 지녔다고도 하기도 하여 용어선택의 일치가 이루어질 수 없었다는 것이다. 이와 관련하여 "여러 가지 명사들이 사용된 사실은 그것들이 항상 적당하지 않게 보였다는 것을 표시한다."36)고 말한, 역사적 배경에 대한 죽산의 의미론적 해석은 충분히 일리가 있어 보인다. 이와 같은 인식은 하나님의 실체의 실상을 궁구하는 인생으로 하여금 겸손한 태도를 갖게 하는 요소로 작용한다. 용어문제와 관련하여 죽산은 마침내 자신의 입장을 고백적 차원으로 승화(昇華)시킨다: "이「위」(인격)라는 말은 우리의 경험과 이해를 초월하는 사실의 불완전 불상당(不相當)한 표현(일) 뿐이다."37)라고 고백한다. 하나님과 인간 사이의 경계선을 인식한 것이다. 이 고백만이 유한한 인생이 할 수 있는 일의 전부일 것이다. 신학도(神學徒)는 때론 겸손해져야 한다. 아니 항상 겸손해야 한다. 여기서 우리는 유한한, 한 인생으로서의 죽산이 지닌 겸손을

---

36) 전게서, p.201.
37) 전게서, 같은 면.

엿볼 수 있다. 지성으로써 받아들일 수 없는, 오직 믿음으로 받아들여 고백할 수밖에 없는 단계를 경험한 것이다. 가지적이지만 불가해적(不可解的)인 분 앞에 선 유한한 인간실존. 인간의 한계 너머에 계신 그분을 고백의 대상으로 삼아 항상 다시 서는 일이 신학 하는 우리 모두에게 절실히 요구된다. 여기서 참된 겸손은 경험된다.

위와 같은 신앙적 태도로 용어와 관련하여 논의를 진행해 온 죽산은 자신도 이 불가피한 선택으로부터 자유롭지 못함을 깨닫는다. 그것은 그 역시 여러 선택 사항들 가운데 한편을 택했다는 사실에서 입증된다. 죽산은 라틴교부들의 입장, 곧 서방교회의 전통을 따른다. 페르소나(persona)란 용어를 선택한 것이다. 그리고 페르소나에 관한 어휘 의미론적 고찰을 계속한다:

> 일반적으로 「펄손」(person)[위(位), 품위(品位), 격위(格位), 신위(身位), 인격(人格)]이라는 말은 그 관념의 불안('완'이 아닌가 한다. 필자 주)전한 표현일 뿐이라고 인정된다. 보통 언사에 있어서 이것은 자의식(自意識)을 가지고 모든 변화 중에 자기의 동일성을 의식하는 따로히('히'가 없어야 올바른 표기임, 필자 주) 선 이성적 도덕적 개체(理性的 道德的 個體)를 지시한다. 경험은 위(인격)가 있는 것에 또한 판연한 개체적 본체가 있다는 것을 가르친다. 위(사람의 인격)마다 그 안에 인적 성질이 개체화(個體化)한 판연하고 따로히('히'가 없어야 올바른 표기임, 필자 주) 선 개체다.[38]

---

38) 전게서, p.200f.

여기서 죽산은 앞서 언급한 "이「위」(인격)라는 말은 우리의 경험과 이해를 초월하는 사실의 불완전 불상당(不相當)한 표현(일) 뿐이다."39)란 자신의 언명에 대한 이유를 제시하고 있다. 그것은 이 단어의 일상 언어적 용례들을 통해 소통되는 일반적 개념과 이 용어에 의해 지시되는 피지시물의 실상이 지니는 독특성 사이에 놓여 있는 건널 수 없는 간격, 곧 양자 사이의 무한한 질적인 차이 때문에 생겨난다는 것이다. 옳다. 정당한 지적이 아닐 수 없다. 인간 언어의 한계는 피조세계의 한계 안에 있다. 어느 누가 이 방향에만 집착한다면 혹시 불가지론(不可知論)에 빠질 수도 있다. 죽산은 이러한 위험의 늪에 빠지지 않는다. 그에겐 불가해성과 함께 가지성(可知性)에 대한 강조가 균형을 이룬다. 그에겐 초월적 계시를 통한 천상 이해의 문이 열려있다. 그러기에 "우리의 경험과 이해를 초월하는 사실의

---

39) 전게서, p.201. ; 죽산의 이와 같은 진술은 Augustus H. Strong의 글에서도 발견된다. "The word 'person' is only the imperfect and inadequate expression of a fact that transcends our experience and comprehension."[Augustus H. Strong, *Systematic Theology* (Valley Forge: Judson Press, 1979), p.330.]. 그리고 죽산은 자신과 인식론적 입장(認識論的 立場)을 같이 하는 두 인물의 관점들을 소개하였다. 아우구스티누스(Augustinus)와 요한 번연(J. Bunyan)의 입장이다. 전자의 견해는 다음과 같다: "우리가 삼위를 말하는 것은 그것으로서 이것을 완전히 표현하기 위함이 아니라, 이것이 전혀 표현되지 못한 채로 버려 둔 바 되지 않게 하기 위함이다." 여기서도 신지식의 불가해성(不可解性)에 관한 전제가 깔려있음을 어렵지 않게 알아차릴 수 있다. 번연의 관점 역시 동일한 진리를 내포하고 있다: "나의 흑암하고 구름 덮인 말들이 오히려 그 진리를 포섭하기를 마치 당즉들이 금을 보장함 같이 한다."(My dark and cloudy words, they do but hold The truth, as cabinets encase the gold.) 인용문들은 그 출처가 밝혀져 있지 않다. 출처미상(出處未詳)이기에 인용된 글의 문맥을 찾아 살펴볼 수 없음이 유감이다. 그러나 번연의 경우는 Augustus H. Strong의 자료 가운데서 관련 내용만을 발견할 수 있었을 뿐, 그곳 역시 출처미상으로 되어있다(A. H. Strong, *Systematic Theology*, p.330.). 옛 시대의 언어관습을 따라 번역되어 우리들에게 낯설긴 해도[특별히 '당즉들'로 인쇄된 부분(cabinets에 해당)은 혹시 조판 오자(組版 誤字)가 아닌가 생각된다.] 그 의미를 파악할 수 있을 것이다.

불완전 불상당(不相當)한 표현"이란 말을 그는 할 수 있었다. 죽산에겐 땅과 하늘 사이의 비교의식이 가능했다.

비교되는 바는 바로 이 점이다. 그가 "보통 언사에 있어서"란 표현으로 시작하고 있는 단락을 주목해 보라. 앞의 인용구 속에 들어 있는 표현의 의미하는 바는 '일상 언어의 용례를 따른다면'이란 문장 속에 담겨 있는 내용과 등가적 관계에 있다. 일상 언어에서는 'person'에 대응되는 '위'(位)란 단어의 의미는, 죽산의 지적과 같이, '인격의 독립적 실존성'에 그 강조점이 주어진다. 죽산은 그 사실을 이렇게 묘사했다: "자의식(自意識)을 가지고 모든 변화 중에 자기의 동일성을 의식하는 따로히('히'가 없어야 올바른 표기임, 필자 주) 선 이성적 도덕적 개체(理性的 道德的 個體)"[40] 자의식을 가지고 자기 동일성(=正體性)을 의식하는 존재는 인격적 존재이다. 그런데 이러한 인격적 존재는 따로 서 있는 존재, 곧 개별적 존재이다. 죽산은 자신의 설명 가운데 이러한 존재를 축약적(縮約的)으로 다음과 같이 묘사했다: "<u>이성적 도덕적 개체</u>(理性的 道德的 個體)." 이는 일상 언어의 다양한 용례들을 살핀 후, 나온 귀납적 결론임에 틀림없다. 갑, 을, 병이 모두 자기 정체성에 대해 자의식을 지닌 인격적 존재라면, 그들은 각각의 독립된 개체들이어야만 한다. 그렇지 않을 가능성이란 전혀 없다. 이 경험적 명제를 거슬러 존재할 인격적 존재는 경험세계 안에는 없다.

죽산의 우려는 이와 같은 개념으로 특징지어지는 인격과 등치어인 '위'(位)란 용어를 신적 실체의 진상을 드러낼 수단으로 채용할 경우,

---

40) 박형룡, 『신론』, p.201.

발생될 수 있는 차원혼동 때문에 생겨나는 듯하다. 이러한 고민 때문에 죽산은 스트롱(A. H. Strong)의 조언(助言) 듣기를 부끄러워하지 않는다. 스트롱의 조언을 요약해 보면, 첫째, '위'란 단어는 신적 실체의 실상을 근사치적으로 제시한다는 점, 다음으로, 이 '위'란 단어가 성경이 제시하는 성부, 성자, 성령의 관계 묘사에 그 어느 용어들보다 나은 점이 있다고 해도 성경 자체가 이 용어 자체를 사용하지 않았다는 점, 그리고 마지막으로, 또한 이 '위'란 단어는 일상적 용례와는 다른 특수한 성격을 지닌 용어라는 점 등이다.41) 스트롱의 조언은 죽산의 확신을 강화시켰다. 이제 죽산은 자신의 확신을 따라 '위'란 용어가 지닌 특수한 성격을 규명하는 일에 관심을 돌린다.

2.3. 위적(位的) 구별과 신적 유일성(唯一性) 사이의 관계

죽산의 논의는 보다 깊은 단계에 이르렀다. 성전의 뜰을 지나 이젠 신지식(神知識)의 성소로 들어 온 셈이다. 앞서 위(位)를 "이성적 도덕적 개체"로 설명한 죽산은 앞선 문맥에서 이 위(位)와 등가적 위치에 있는 용어들을 열거한 적이 있다. 위란 단어가 나올 때 자주 괄호 안에 (인격)42)이란 말을 병용한다. 이 외에도 병행적으로 언급

---

41) 전게서, 같은 면. ; 죽산이 인용한 Augustus H. Strong의 자료 내용은 다음과 같다: "The term 'person' only approximately the truth, Although this word, more nearly than other single word, expresses the conception which the Scriptures give us of the relation between the Father, the Son, and the Holy Spirit, it is not itself used in this connection in Scripture, and we employ it in a qualified sense, not in the ordinary sense in which we apply the word 'person' to Peter, Paul, and John."(A. H. Strong, *Systematic Theology*, p.330.).
42) 그의 『신론』, 201 페이지, 한 면만 해도 무려 다섯 번 이상이 발견된다. 또한

된 용어들이 더 있는데, 품위(品位), 격위(格位), 신위(神位) 등43)이다. 그런데 이 병기된 여러 단어들 가운데서 유독 '위'(位)와 '인격'을 다른 용어들에 비해 훨씬 더 빈번하게 교호적(交互的)으로 사용하였다는 사실에는 무슨 특별한 이유가 숨겨져 있지 않을까? 그것은 아마도 신적 실체의 실상에 관해 성경이 제시하는 내용이 '인격'이란 용어가 지닌 함축과 가장 유사했기 때문이 아니었을까? 사실 인격이란 것은 자의식적(自意識的)이다. 그래서 자기 정체성(正體性)에 대한 의식을 지닌다. 그렇기에 그것은 개체화된 존재요, 따라서 그것이 모여 군집상태(群集狀態)를 이루게 될 때, 그들 사이에서는 서로가 판연(判然)히 구별되는 성질을 지니게 된다. 바로 이와 같은 사실들이 신적 실체의 실상을 보여주는 성경의 가르침과 매우 유사한 점으로 여겨졌을 것이다. 그래서 죽산이 '위'란 용어를 기록한 후, 거기에 적실한 개념을 덧붙이기 위해 '인격'이란 말을 병용한 것이라 판단된다. 그러니 이 두 단어는 죽산의 용례방식에 있어 유의어(類義語)에 해당되는 셈이다.

그런데 이 두 용어들 사이에는 위에 언급한 것 같은 유사점들도 있지만, 그와는 달리 상이점들도 있다. 그것은 앞서 죽산이 밝힌 바와 같이, 성경이 가르치는 신적 실체의 실상과 연관된 내용에 의하면, 신적 실체 속에 함의(含意)되어 있는 바는, 내재적인 경험의 세계에서 '인격'이란 말로 지칭되는 실체가 지닌 모든 속성들을 초월한다는 것이다. 이런 까닭에 죽산은 "「위」라는 명사는 오직 접근적으로(=

역(逆)으로 표현된 경우도 있는데, 202 페이지를 보면, "인격"이란 표현에 "위"(位)란 용어를 병기한 경우가 두 번 발견된다.
43) 박형룡,『신론』, p.201.

근사치적으로) 이 진리44)를 제시한다"(The term 'person' only approximately the truth …)45)는 스트롱의 말을 인용한 것이다. 여기 죽산에 의해 "접근적"이란 말로 번역된 "approximately"란 '근사치적으로' 그래서 '유사하게' 혹은 '비슷하게'란 의미로 이해될 수 있을 터인데, 이 '위'란 용어가 내재적인 경험세계 안에서 사용될 경우, 그것이 지닌 함축과 신적 실체의 실상을 표현하기 위해 사용될 경우, 그것이 내포할 의미 사이엔 연속성만 놓여 있는 것이 아니라는 점을 지적하려고 하는 것이다. 그 둘 사이엔 앞서 설명한 유사점이 있는 반면에 무한히 서로 다른 점들도 공존한다. 이와 같은 배경 가운데서 죽산은 "하나님 안에는 사람 안에 발견되는 것보다 매우 다르고 독특한 형식의 인격이 있다"46)고 말하는 것이다.

이제 죽산에 의해 제시되는 이 "<u>독특한 형식의 인격</u>"이 무엇인지를 알아보자:

하나님 안에 삼 개체가 열립(列立)하여 호상(互相) 분리된 것(이) 아니라, 오직 신적 본체(神的 本體) 안에 위(인격)적 자아구별이 있으니 그것은 종속적(種屬的)으로 하나일 뿐 아니라, 또한 수적으로 하나이다. 그러므로 많은 사람들은 하나님 안에 세 실상(實相, ὑπόστασις)47)을 말하기를 선택하였으니 그것은 사벨리우스(Sabellius)가 가르친 것과 같은 현현의 세 양식이 아니라,

---

44) 이 문맥에서의 "진리"란, 곧 삼위일체의 진리를 의미한다.
45) 전게서, 같은 면. / A. H. Strong, *Systematic Theology*, p.330. ; 죽산이 "접근적으로" 번역한 "approximately"는 '근사치적으로' 혹은 '비슷하게' 등으로 번역하는 것이 보다 적합할 것으로 여겨진다.
46) 박형룡, 『신론』, p.202.
47) 『신론』 본문에는 ὑπόστασις로 잘못 인쇄되어 있으나 ὑπόστασις로 바로 잡음.

존재 혹 실존(existence or subsistence)의 세 양식이었다.[48]

죽산이 제시하는 독특성이란, '삼위는 서로 구별(區別)되나 결코 분리(分離)될 수 없는 세 존재양식 혹은 세 실존양식'이란 명제로 집약될 수 있다. 중요한 것은 삼위는 한 존재의 세 가지 현현(顯現)의 양식이 아니라, 그것은 "삼개체적 실존들"[49]로서 존재의 세 양식 혹은 실존의 세 양식이란 사실이다. 그래서 신비한 것은, 죽산의 표현을 그대로 사용한다면, "하나님 안에 삼 개체가 열립(列立)하여 호상(互相) 분리된 것(이) 아니라"는 것이다. 바로 이와 같은 사실들이 죽산이 말한 바, 경험세계 안에서의 이해와는 전혀 다른 차원의 독특한 점인 것이다. 죽산이 "삼위 혹 삼실존(三實存)"[50]이란 제목 아래 논의를 열어가기 시작하면서, 맨 먼저 삼위에 대한 정의를 내리기를, "한 신적 실유(=존재)에 성부, 성자, 성령의 삼위(인격) 혹 삼개체적 실존들(subsistences)이 있다."[51]고 밝힌 것은 바로 이러한 독특성을 염두에 두고, 그것과의 유기적 상관성 속에서 언명한 것이다.

죽산이 논의의 서두에 사용한 "삼위" 혹은 "삼개체적 실존들"이란 표현들은 이제 지금의 문맥에서 채택되고 있는 "존재의 세 양식" 혹은 "실존의 세 양식"이란 표현들과는 전적으로 등가적 의미를 지니는 것으로 보아야 한다. 그렇다면 '존재의 세 양식' 혹은 '실존의

---

48) 전게서, p.201.
49) 전게서, p.200.
50) 전게서, 같은 면.
51) 전게서, 같은 면.

세 양식'은 죽산에 의하면, 다름 아닌 삼위를 가리키는 것이며, 그것은 또한 그가 채택한 '삼개체적 실존'을 의미하는 것이다. 이처럼 삼개체적 실존들로서의 삼위는 서로 구별되기는 하나 결코 분리될 수 없다는 것이 성경이 말하는 신적 실체의 독특한 진상임을 죽산은 강조하는 것이다. 삼위가 서로 구별되나, 결코 서로 분리될 수 없는 관계에 있다는 이 같은 이해는 성경 계시의 가르침으로부터 나온 것[52]이다. 죽산에게 있어서는 이 사실이 생명처럼 중요하다. 그래서 그는 "삼위일체의 교리를 성립시키는 논거"에 대해 언급하면서 "여러 (성경) 구절"이란 표현을 명시한 것이며, 또한 그 성경의 구절들을 논거로 사용하였고, 그와 같이 행한 사실의 구체적인 증거들이 필자에 의해 다루어졌던 두 편의 논문들[53] 가운데 명백하게 드러나 있다. 교의적(敎義的) 진술이 성경에 근거를 두어야 한다는 사실은 죽산에게 있어서 신학의 원리에 속한다. 실은 이 사실이 현재 논의되고 있는 항목의 실질적 구조 속에서도 드러난다. "二 (二) 위(位)의 구별"이란 항목의 진술구조를 간략히 분석해 보면, 죽산은 앞부분에서 논의한 성경적 근거들[54]에 입각하여 주제와 관련된 핵심 개념을 정리하여 명제화한 후, 교리사적인 인물 둘을 거명하는데, 그 중 한 사람은 이단적 사상의 소유자인 사벨리우스(Sabellius)이며, 다른

---

52) 더 정확하게 표현한다면, 죽산이 언급한 그대로, " … 이 신격의 삼 인격(위)적 구성은 … 초자연계시를 통해서만 우리에게 확인"(전게서, p.202.)되는 것이다. 죽산의 신학체계에서 이 밑줄 친 "만"이 지닌 의미는 절대적이다. 그것은 곧 전통적인 개혁신학의 입장이다.
53) '삼위일체 교리의 성경적 근거(구약)에 관한 박형룡 박사의 이해' in:『神學指南』, 제 73권 3집, 통권 제 288호, pp.69-88. ; '삼위일체 교리의 성경적 근거(신약)에 관한 박형룡 박사의 이해' in:『神學指南』, 제 74권 1집, 통권 제 290호, pp.47-76.
54) 박형룡,『신론』, pp.193-198.

한 인물은 개혁 신학의 선구자인 요한 칼빈(J. Calvin)이다. 전자에 대해서는 부정적으로 거절하는 입장55)에서, 후자에 관해서는 긍정적 교훈을 찾을 목적56)으로 언급한 후, 마지막으로 다시금 성경의 교훈57)에 입각하여 주제의 본질을 재확인하고 있다. 비록 짧은 항목 속의 내용이지만, 그 속에 담겨진 죽산의 성경 의존적 정신은 그의 교의신학 전체에 퍼져 있다. 여기서 우리는 전통적인 개혁 신학적 원리에 충실하려 했던 죽산의 모습을 다시금 확인하게 된다.

신적 실체의 실상과 관련하여 위(位)가 지닌 독특성을 살펴본 죽산은 이제 이 특수성이 어떻게 <u>신적 유일성(神的 唯一性)</u>과 조화될 수 있을지에 관해 논의한다:

> … 성부, 성자, 성령이 유일신이라는 제언에 모순이 없음은 분명하다. 그들은 한 의미에서 유일이요, 전연 다른 의미에서 삼위시다. 하나님의 속성들이라

---

55) 삼위를 양태론적(樣態論的)으로 이해하여 현현(顯現)의 세 양식으로 보는 일을 경계하고 있다.
56) 칼빈의 『기독교강요』 I권 13장(죽산의 『신론』에는 3장으로 표기되어 있으나, 이는 13장의 오류임, 필자 주) 6절의 내용을 소개하면서 삼위는 서로 구별되지만, 분리될 수 없다는 교훈을 다시금 확인하고 있다: "내가 의미하는 위는 신적 본체 안에 한 실존(substance) - 다른 둘과 관계되었으되 공유(共有)될 수 없는 (incommunicable) 특성들에 의하여 구별되는 실존이다."(박형룡, 『신론』, p.201.). ; 죽산이 인용한 『기독교강요』 I.13.6.의 1561년판 해당 내용은 다음과 같다: *"Personam igitur voco subsistentiam in Dei essentia, quae ad alios relata, proprietate incommunicabili distinguitur."* / 이를 직역(直譯)하면, "그렇다면 내가 말하는 위(*personam*)란 하나님의 본질 안에 있는 한 실존(*subsistentiam*)이다. 그런데 그것은 다른 실존들에 대해 관계를 맺지만, 공유될 수 없는 특별한 성격에 의해 구별된다."
57) 박형룡, 『신론』, p.201. ; 마3:16, 4:1, 5:20-22, 요1:18, 3:16, 14:26, 15:26, 16:13-15 등이다. 그런데 인용구절들 가운데, "20-22;5"로 인쇄된 것은 5:20-22이 아닐까 판단되어 인용 내용 중에 바로 잡았음.

칭하는 모든 신적 완성(神的 完成)들을 구성하는 영원적 자존적 신적 본체(永遠的 自存的 神的 本體)는 동일한 의미와 정도로 모든 위(位)들에 공통한다. 이 의미에서 그들은 하나다. 그러나 이 신적 본체는 인격(위)적 특성들에 의하여 구별되는 아버지, 아들, 성령으로 영원적으로 존재하신다. 이 의미에서 그들은 셋이다.58)

죽산은 여기서의 과제를 '두 관점이란 개념'을 통해 극복해 간다. "한 의미에서 … "란 표현과 "전연 다른 의미에서 … "란 표현을 대비시킨다. "이 의미에서"와 또 다른 "이 의미에서"를 대조시킨다. 이 방법 이외에는 모순을 극복할 다른 방도가 없었기 때문이다. 만일 일차원의 평면적 논리 위에다 "그들은 하나다"란 명제와 "그들은 셋이다"란 명제를 연결시킨다면, 당장 모순적(矛盾的) 상황이 발생한다. 여기서 죽산은 두 다른 차원이 하나의 입체적 구도 속에 상관성을 이루도록 신학적 체계를 특별계시 의존적 구조로 편성함으로써 모순적 관계를 역설적(逆說的) 진리로 전환시킨다. 초월적 준거(準據)에 의해서만 이와 같은 사고의 틀이 형성될 수 있다.59) 달리 말해 특별계시 의존적인 의식 구조 속에서만 '이런 의미에서 그들은 하나요, 저런 의미에서 그들은 셋이다'란 명제가 가능해진다. 이렇게 볼 때, 죽산에게 있어서 이런 사고의 틀을 가능케 했고, 또한 이런 명제

---

58) 전게서, p.202.
59) Cf., H. Dooyeweerd, *Transcendental Problems of Philosophic Thought* (Grand Rapid: Eerdmans, 1948), 최성학 역,『기독교철학의 이해』(서울: 태학사, 1986), pp.31-54. 이 부분은 Dooyeweerd의 기독교철학 사상 가운데 '초월적 비판의 방법'을 다루는 부분으로서, 우리가 다루고 있는 내용에 대해서도 성경에 기초한 인식론적(認識論的) 통찰을 제공할 수 있을 것이다.

를 가능케 했던 근본적인 이유는 초월적인 특별계시의 가르침 때문이었다고 할 수 있다.

그리고 죽산에게 있어서 두 다른 차원의 문제는 앞서 논의했던 '삼위는 서로 구별되나 분리될 수 없다'는 삼위의 관계성에 대한 이해와 계속하여 함께 간다. 죽산의 진술을 주목해 보면, 서로 분리될 수 없다는 의미에서 하나[60]이지만, 서로 구별된다는 의미에서 셋[61]이란 설명을 한다. '그들이 하나'라는 것은 신적인 완전성이 모든 위(位)에 공통적으로 속한다는 사실 때문이며, '그들이 셋'이라는 것은 신적 본체는 인격(위)적 특성들에 의하여 구별되는 아버지, 아들, 성령으로 영원히 존재하신다는 사실 때문이라고 죽산은 설명한다. 이렇게 죽산에게 있어서 위적 구별과 신적 유일성 사이의 관계는 초월(超越)과 내재(內在)의 통합적 통찰 속에서 조화를 이루는 것이다.

이와 같은 죽산의 삼위일체에 관한 설명은 충분한 성경적 근거 위에 교리 역사적 차원을 고려하여 나온 결과라고 생각된다. 이는 성경의 궁극적 준거 위에서 아리안주의적인 양자론(養子論, Arianism)의 편견이나 사벨리안주의적인 양태론(樣態論, Sabellianism)의 오류를 극복하고, 오직 계시 의존적 사고에 의한 결실이라 판단된다.

---

60) 죽산은 "그들은 하나다"(박형룡, 『신론』, p.202.)란 표현을 사용한다.
61) "그들은 셋이다"(전게서, 같은 면.)란 진술 역시 죽산 자신이 표현한 것이다.

3. 맺는 글

지금까지 '삼위'(三位)란 용어의 의미와 관련하여 죽산이 가진 신학적 이해가 무엇인지를, 그의 저술인 『교의신학: 신론』을 중심으로 그 가운데 개진된 내용들을 살펴보았다. 그런데 죽산은 본 주제를 다루면서, 사소한 일들로 독자들에게 몇 가지 아쉬운 점들을 남겼다. 그것은 이미 몇몇 곳에서 밝힌 바와 같이, 출처미상(出處未詳)의 인용구라든지(각주39), 또는 조판(組版)의 오자(誤字)로 추정되는 일이라든지(각주39), 헬라어 오자가 그대로 인쇄된 경우라든지(각주47), 인용의 부정확함 때문에 읽는 이에게 당혹감(當惑感)을 주었던 일이라든지(각주56), 성경인용에 있어서 역시 조판의 오류로 추정되는 일(각주57) 등, 옥(玉)에 티와 같은 일들이 있었다. 그럼에도 그와 같은 일들이 본 주제와 관련된 죽산의 전체 사상을 파악하는 일에 별 지장을 초래하지는 않았다. 바라기는 차후, 그의 저서들이 다시 인쇄될 경우, 반드시 교정되었으면 한다.

삼위에 대해 죽산이 가진 개념의 의미론적 요점(要點)은, 한 신적 존재 안에 성부, 성자, 성령이란 삼위(인격), 혹은 삼개체적 실존들이 존재한다는 것이다. 이는 한 신적 본체 안에 세 개체적 실존들이 존재한다는 의미이며, 그 세 개체적 실존들은 성부, 성자, 성령이시고, 그들 모두는 각각 인격적 존재라는 것이다. 그런데 이 같은 의미를 지닌 '삼위'란 용어는 신적 실체의 진상을 표현하기 위해 기용(起用)된 것이기에, 지시물로서의 '삼위'에 대응되는 피지시물인 신적 실체의 진상을 묘사하며, 그것을 통해 피지시물의 진상을 인식하는 일에는 근본적인 한계가 있다는 사실을 죽산은 강조하였다. 그것은 곧 경험세계 안에서의 의사소통의 수단으로서 언어(言語)가 지니는 한계와 일치한다. 따라서 초월적인 특별계시를 의존함이 없이는 삼위에 관한 올바른 인식에 결코 도달할 수 없음을 죽산은 강조하였다. 이는 전통적인 개혁신학에 있어서 신학의 원리(Principium theologiae) 및 인식의 원리(Principium cognoscendi)에 속한다. 이로써 죽산은 그 원리에서부터 개혁 신학적 전통 위에 굳건히 서서 성경의존적 사고에 착념(着念)하였다. 죽산은 일상 언어적 용례에서의 '위'(位)의 개념과 특별계시에 의해 파악된 개념 사이에 차원을 달리하는 건널 수 없는 경계선이 있음을 인식하였다. 그래서 성경이 언급하는 '위'란 '독특한 형식의 인격'임을 주장하였다. '위'란 이성적 도덕적 개체(理性的 道德的 個體)이기에 자의식적(自意識的)이며, 개별적 혹은 독립적 실존성을 특징으로 하지만, 그와 같은 차원을 넘어서서, 삼위, 곧 삼개체적 실존들은 서로 구별되나, 분리될 수 없는 세 존재양식, 혹은 세 실존양식이라는 점을 강조하였다. 이와 같은 독특한 성격에 근거하여 삼위는 '하나이며, 셋'이라는 역설적 진리가 가능해진다. 죽산에게 있어서의 이와 같은 명제는 평면적인 일차원적 논리 구도 위에서의 단순 등위관계가 아님을 알아야 한다. '하나이며, 셋'이란 죽산에게는 모순이 아니라, 역설적 진리였다. '두 관점이란 개념'에 의해 모순은 극복된다. 두 다른 차원이 하나의 입체적 구도 속에 상관성을 이루도록 특별계시 의존적 구조로 신학의 체계를 편성함으로써, 모순적 관계를 역설적(逆說的) 진리의 체계로 전환시킨 죽산의 혜안(慧眼)은 주목할 만하다.

그리고 이와 같은 전환은 오직 초월적 준거(準據)에 의한 사고의 틀 속에서만 가능한 것임도 유념해야 할 부분이다. 특별계시 의존적인 의식 구조 속에서만 '이러한 관점에서 삼위는 하나이며, 또 다른 관점에서 셋'이란 명제는 가능해지는 것이다. 이렇게 죽산은 위격 구별과 신적 유일성 사이의 관계를 초월(超越)과 내재(內在)의 통합적 통찰 속에서 조화롭게, 더 정확하게 표현하자면 역설적(逆說的)으로 이해한 것이다.

결국, 죽산의 결론은 '성경에 계시된 하나님은 <u>영원히 일체에 삼위, 삼위인 일체이시다</u>'란 명제로 요약될 수 있다. 이는 죽산의 이해요, 그것은 곧 성경 교훈의 반향(反響)인 것이다. 이로써 전통적인 개혁 신학적 원리에 충실하려 했던 죽산의 모습이 다시금 확인되는 셈이다. 글을 마치면서 마음속에 남는 긴 여운(餘韻)은 죽산의 겸손함이다. 하나님은 "이해하기보다 경외하기를 더 원하신다"[62]고 했던 칼빈의 태도에서처럼, 죽산은 불가해적인 진리에 대해 자신의 무지(無知)를 고백하는 일[63]에 결코 부끄러워하지 않았다.(*)

(『神學指南』 2007년 가을호)

---

62) 예정교리를 다루면서(『기독교강요』 III.21.1.) 언급한 내용으로서, 칼빈의 말을 그대로 옮겨보면 다음과 같다: "하나님께서는 우리가 그의 지혜를 이해하기보다는 경외하기를 원하시며, 경외함으로써 찬탄하기를 원하신다."[『基督敎綱要』 中 (서울: 생명의 말씀사, 1990), p.502.]. ; " … quam adorari et non appribendi voluit, ut per ipsam quoque admirabilis nobis foret."(1561년판).
63) " … 사람의 지혜로는 측량하기 어렵다. … 마치 찻잔(茶杯)으로 큰 바닷물을 되어보려는 것과 같은 일일 것이다."(박형룡, 『신론』, p.185.), "이 삼위일체 교리는 사람의 유한한 마음의 이해 건너편에 있는 신비인 것이다."(p.186.), "이 「위」(인격)라는 말은 우리의 경험과 이해를 초월하는 사실의 불완전 불상당(不相當)한 표현(일) 뿐이다."(p.201.).

VI.
일체(一體)와 삼위(三位)의 동시성과 진술의 순환성

일체(一體)와 삼위(三位)의 동시성과 진술의 순환성

1. 들어가는 글

이 글은 지금까지 발표된 논문들1)의 내용을 배경으로 그 연속선상에 놓인다. 죽산은 삼위일체 교리에 대한 자신의 입장을 한 마디로 "일체에 삼위, 삼위인 일체"2)란 말로 요약하였다. 이는 신적 진리의 인간적 이해에 상응하는 표현일 뿐이었다. 하나님의 지식은 직관적(直觀的, intuitive)이나 인간의 지식은 계기적(繼起的, successive)이기 때문3)에 나타날 수밖에 없는 인간적 표현의 한계에 해당된다.

---

1) 졸문(拙文), '삼위일체론의 특별한 성격에 대한 박형룡 박사의 견해' in:『神學指南』, 제 73권 2집, 통권 제 287호 (서울: 신학지남사, 2006), pp.89-108. ; '삼위일체 교리의 성경적 근거(구약)에 관한 박형룡 박사의 이해' in:『神學指南』, 제 73권 3집, 통권 제 288호 (서울: 신학지남사, 2006), pp.69-88. ; '삼위일체 교리의 성경적 근거(신약)에 관한 박형룡 박사의 이해' in:『神學指南』, 제 74권 1집, 통권 제 290호 (서울: 신학지남사, 2007), pp.47-76. ; '우시아(οὐσία)의 의미에 관한 죽산의 이해' in:『神學指南』, 제 74권 2집, 통권 제 291호 (서울: 신학지남사, 2007), pp.33-46. ; '삼위(三位)의 의미에 관한 죽산의 이해' in:『神學指南』, 제 74권 3집, 통권 제 292호 (서울: 신학지남사, 2007), pp.35-54.
2) 박형룡,『신론』(서울: 은성, 1974), p.190.
3) Cf., H. Bavinck, *Magnalia Dei* (Kampen: Kok, 1931), p.25f. : "하나님의 자기 지식(自己 知識)이나 자의식(自意識)은 그의 존재만큼이나 무한하다. …… 땅위의

따라서 "일체에 삼위, 삼위인 일체"란 표현은 "삼위에 일체, 일체인 삼위"란 말로 달리 표현한다 할지라도, 죽산의 삼위일체 이해에 있어서 아무런 변화나 차이가 없다. 굳이 죽산의 의도를 보다 정확하게 표현한다면, 아래와 같이 진술하는 편이 나을 것이다: '성경에 계시된 하나님은 일체에 삼위, 삼위인 일체이시며, 동시에 삼위에 일체, 일체인 삼위이시다.' 여기 "동시에"란 표현을 사용하여 두 진술을 연관시킬 수밖에 없는 것은 시공적(時空的) 제한 속에 사는 인생이 시간을 초월하고 공간을 초월해 계신 그 분을 이해하고 묘사하는 일에 있어서 어찌할 수 없이 직면케 되는 한계상황(限界狀況) 때문일 것이다. 하나님에 관한 인간의 이해나 진술은 시공적 한계 안에서 이루어지는 것이다. 이와 같은 차원4)에서 죽산의 설명을 이해해야 한다.

죽산은 삼위를 먼저 다루고 일체를 설명하는 방식을 취하지 아니하고, 역(逆)으로 '일체에 삼위를 증명'하는 방식을 취하였다.5) 필자는 이를 서방교회 교부들이 취한 방식과 상통한다고 지적한 바 있다.6) 그렇다면 이는 동방교부들이 대개는 그 역 방향의 접근을 취했

인간들 뿐 아니라 하늘의 성도들과 천사들조차도, 심지어 인성을 가지신 하나님의 아들조차도 원리(原理)와 본질(本質)에 있어서 하나님의 자기 지식과는 구별되는 지식을 갖는다."(De zelfkennis of het zelfbewustzijn Gods is even oneindig als zijn wezen …. Niet alleen de menschen op aarde, maar ook de zaligen en de engelen in den hemel, ja zelfs de Zone Gods naar zijne menschelijke natuur, hebben eene kennis van God, die van Gods zelfkennis in beginsel en wezen onderscheiden is.).
4) 여기 "이와 같은 차원"이란 앞서 언급된 "신적 진리의 인간적 이해"란 차원을 뜻한다. 사실 이와 같은 논의는 '영항계(永恒界)에 직면해 있는 시간계(時間界)'란 실존상황으로부터 야기된다. 영적 실제에 있어서 '삼위'와 '일체' 사이는 동시적(同時的)이다. 그럼에도 그것에 대한 인간의 시간 내적인 인식과 진술은 순환성(循環性)을 면치 못한다.
5) 박형룡, 『신론』, pp.190ff.
6) 졸문, '삼위'(三位)의 의미에 관한 죽산의 이해' in:『神學指南』, 제 74권 3집, 통권

다는 것을 의미한다. 그런데 '이 방향이냐, 저 방향이냐'란 접근방향은 하나님의 존재 문제와 관련하여 별 의미가 없다. 사실 이런 접근방법의 차이는 당시 교회 환경 때문에 생겨난 현상일 수 있다. 알다시피 양자론(養子論)이 일찍부터 나타났던 지역이 주로 헬라철학의 영향에 노출되어 있었던 동방지역의 헬라교회였다는 점을 감안한다면 이와 같은 상이점은 충분히 이해될 수 있을 것이다. 중요한 것은 성경 계시에 우리의 영적인 눈과 귀를 집중시키는 일이다. '이 방향이냐 저 방향이냐'의 문제는 상호 순환적 관계에 있기 때문에 어느 편에서 접근하든지 동일한 결론에 도달해야 한다. 중요한 것은 특별계시 의존적 사고이다. 계시의 빛에 의존하는 신앙만이 진리의 지식에 이르게 하는 유일한 길이기 때문이다.

여하튼 일체에서 삼위로 나아가는 방향을 방법론으로 취한 서방교회의 전통을 따른 죽산은 이제 삼위의 문제에 비중을 두고, "삼위의 각론"7)이란 제하(題下)에서 그동안 논의해 왔던 삼위일체의 문제를 마무리한다. 이제 필자는 죽산이 삼위 각론의 문제를 다루면서 앞서 언급된 바, 그 "순환성"(循環性)이 어떻게 반영되고 있는지에 관심8)을 두면서 그 구체적인 내용들을 살피려한다.

제 292호, p.40.
7) 박형룡, 『신론』, pp.213-237.
8) 논문의 제목이 " … 일체와 삼위의 동시성과 진술의 순환성"으로 되어 있어, 마치 '동시성'과 '순환성'이 같은 비중(比重)으로 다루어질 것처럼 표현되어 있지만, 본 논자의 의도는 일단 전자를 전제된 것으로 보고, 후자에 집중해 살피려 한다.

2. 본론

죽산은 "삼위의 각론"이란 제목에 걸맞게 내용의 구조를 셋으로 나누어 그 제목을 "성부"9), "성자"10), "성령"11)으로 정하였다. 필자 역시 이 구조를 따라 논의의 진행 방향을 잡으려 한다. 지금까지의 논의가 '일체인 삼위'에 그 강조점이 놓였다면, 이제부터는 '삼위인 일체'에 그 주안점이 놓이게 된다.

2.1. 성부(聖父)

죽산은 성부와 관련된 설명을 시작하면서 그 첫 진술이 "하나님에게 사용된 명칭「아버지」"12)이었다. 즉 아버지란 명칭이 성부에게 적용된다는 설명이다. 그런데 성부를 설명하는 마당에 '성부에게 사용된 명칭「아버지」'라고 하지 않고, "하나님에게 사용된 명칭「아버지」"라고 한 점을 수복해 볼 필요가 있다. 여기에 약간의 설명이 필요하다. 그것은 공시적(共時的, Synchronic) 해석원리를 따를 때 나타나는 다양한 의미군(意味群)으로 인해 나타나는 불가피한 현상이다. 즉 '아버지'(ο πατηρ)란 명칭이 일의적(一義的) 개념으로 정의되지 않기 때문에 나타나는 현상이란 의미다. 죽산은 이 점을 명확히 한다. 성경에 "아버지"란 명칭은 때로는 "만물의 근원으로서

---

9) 전게서, p.213.
10) 전게서, p.216.
11) 전게서, p.227.
12) 전게서, p.213.

의 삼위일체"13)를 가리키기도 하고, 때론 "신정적(神政的) 관계의 삼위일체"14)를 지칭하기도 하며, 혹은 "윤리적 아버지로서의 삼위일체"15)를 가리키기도 하는데, 이와 같은 의미들은 여기서 논의하려는 '성부'의 의미와는 다른 차원에 속하는 것들이다. 그런 이유로 죽산은 다른 차원의 다중적(多重的) 의미들을 먼저 소개한 다음, 논제와 관련된 제 4의 의미를 개진하는 것이다. 그것은 "삼위일체의 제 일위"16)를 지칭하는 것으로서의 '아버지'란 명칭이 사용된 용례들의

---

13) 죽산에 의하면 이 명칭은 주로 모든 피조물의 근원(根源)으로서의 삼위일체 하나님에게 적용되었다["우리에게는 한 하나님 곧 아버지(εις θεος ο πατηρ)가 계시니 만물이 그에게서 났고 … "(고전8:6); 엡3:15; 히12:9; 약1:17). 그럼에도 보다 특수하게 창조 사역과 관련하여 제 일위를 언급한 경우도 있다고 하였지만 구체적인 성구는 언급되지 않았다. 오히려 삼위일체 하나님이 천사들과 사람들의 창조주로서 그들의 아버지로 지칭되는 경우들이 있음(욥1:6; 2:1; 38:7; 눅3:38)을 지적하였다(Cf., 전게서, p.213.).

14) 구약의 이스라엘 백성에 대한 신정적(神政的) 관계를 묘사하기 위해 '아버지'(o πατηρ)란 명칭이 삼위일체 하나님에게 적용되었다["주는 우리 아버지시라(LXX : συ, κυριε, πατηρ ημων) 아브라함은 우리를 모르고 이스라엘은 우리를 인정하지 아니할지라도 여호와여, 주는 우리 아버지시라"(사63:16); 64:8; 호11:1; 말2:1]. 이스라엘은 아버지이신 삼위일체 하나님의 자녀로서 타 민족들과 구별되었고(신14:1), 삼위일체 하나님의 손길은 이스라엘 백성들에 대한 아버지의 보호로 비유되었으며(신1:31; 8:5; 렘3:4), 하나님께 대한 이스라엘의 의무는 효도로써 공경하는 것임이 강조되었다(신32:6; 말1:6). 그리고 다윗 왕통의 메시아와 관련해서는 하나님의 부성(父性) 혹은 부격(父格)이 언급되었음을 죽산은 밝혔다(Cf., 전게서, p.213f.).

15) 구약에서 '아버지'란 명칭은 비록 이스라엘 백성 전체에게 적용되었지만, 보다 제한된 의미로 특수하게 사용되었다. 즉 이스라엘 백성들 가운데 참으로 하나님을 공경하는 이들의 아버지로 묘사되었다["아버지가(LXX : πατηρ) 자식을 긍휼히 여김 같이 그를 경외하는 자에게 우리의 죄과를 우리에게서 멀리 옮기셨으며 … "(시103:13); 말3:17]. 동일한 관점은 신약에서도 여전하다. 그리스도께서는 하나님을 자기 제자들의 하늘 아버지로 부르셨고, 죄인들의 거듭남과 하나님과의 화목은 요청되었고(요3:3; 8:42; 14:6), 그리스도에 대한 신앙을 통해 하나님의 자녀가 되며, 양자(養子)의 영을 받게 된다(요1:12; 엡1:5; 갈4:5). 이와 같은 차원에서 '아버지'(o πατηρ)란 명칭이 삼위일체 하나님에게 윤리적 의미의 아버지로서 사용되었다["이같이 한즉 하늘에 계신 너희 아버지의 아들이 되리니(οπως γενησθε υιοι του πατρος υμων του εν ουρανοις)"(마5:45); 6:6-15; 롬8:15; 요일3:1](Cf., 전게서, p.214.).

경우다. 여기서 죽산에게는 교의신학자들이 가끔 듣게 되는 기분 상하는 말, 곧 '조직신학자들은 성경을 평면적으로 읽는다.'는 폄하(貶下)의 말이 전혀 어울리지 않는다. 그는 건전한 성경해석학의 원리, 곧 공시적 해석원리에 입각하여 교의학 작업을 하고 있다.

우리의 작업에 필요한 것은 이 제 4의 의미군(意味群)에 속한 성경 문맥들이다. 죽산은 요한복음서에서 관련 의미를 찾는다:

> 이 명칭은 상술(上述)과 전연 다른 의미로 삼위 일체의 제 일위에 그와 제 이위와의 교호적 관계(交互的 關係)에서 적용되었다(요 1:14[17], 18[18]; 5:17-26[19]; 8:54[20]; 14:12[21], 13[22]). 제 일위는 형이상학적 의미로 제 이위의 아버지시다. 이것은 하나님의 본래적 부격이니 제 일위의 제 이위에 향한

---

16) 전게서, p.214.
17) "아버지의 독생자(δοξαν ως μονογενους παρα πατρος)의 영광이요"
18) "아버지 품 속에 있는 독생자(ο μονογενης υιος ο ων εις τον κολπον του πατρος)"
19) "[17]내 아버지께서(ο πατηρ μου) 이제까지 일하시니 … [18]하나님을 자기의 친 아버지라 하여 자기를 하나님과 동등으로 삼으심이러라(πατερα ιδιον ελεγεν τον θεον ισον εαυτον ποιων τω θεω) … [19]아들이 아버지께서(τον πατερα) 하시는 일을 보지 않고는 아무것도 스스로 할 수 없나니 … [20]아버지께서(ο πατηρ) 아들을 사랑하사 … [21]아버지께서(ο πατηρ) 죽은 자들을 일으켜 살리심 같이 … [22]아버지께서(ο πατηρ) 아무도 심판하지 아니하시고 … [23]이는 모든 사람으로 아버지를(τον πατερα) 공경하는 것 같이 아들을 공경하게 하려 하심이라 아들을 공경하지 아니하는 자는 그를 보내신 아버지(τον πατερα)도 공경하지 아니하느니라 … [26]아버지께서(ο πατηρ) 자기 속에 생명이 있음 같이 아들에게도 생명을 주어 그 속에 있게 하셨고"
20) "내가 내게 영광을 돌리면 내 영광이 아무 것도 아니거니와 내게 영광을 돌리시는 이는 내 아버지(ο πατηρ)시니"
21) "이는 내가 아버지께로 감이라(… οτι εγω προς τον πατερα μου πορευομαι)"
22) "이는 아버지로 하여금 아들로 말미암아 영광을 받으시게 하려 함이라(… ινα δοξασθη ο πατηρ εν τω υιω)

적극적 관계를 함의한다. 그리고 지상의 모든 부격은 하나님의 이 부격의 희미한 반영뿐이다. 하나님은 참되고 완전한 의미의 아버지시다. 사람들 가운데 아버지는 또한 누구의 아들이며 아들은 또한 아버지다. 그리고 사람들 가운데 아버지는 혼자서 아들을 낳을 수도 없거니와 그 부격은 현세적(現世的)이며 어떤 의미에서는 우연적(偶然的)인 관계다. 즉 그것은 인생의 본질적 속성(本質的 屬性)이 아니니 생애 중 늦게야 실재(實在)로 되는 것이며 사람이 죽는 때에는 중지되는 것이다. 그러나 하나님은 유독히 또는 완전히 아버지시다. 그는 혼자서 아버지시며, 성질에 의한 아버지시며 영원부터 처음도 없고 끝도 없이 아버지시다. 성부의 성자에 대한 이 관계 때문에, 또는 성부의 성령에 대한 관계 때문에 제 일위는 자주「자출생(自出生), 자생산(自生産), 비창조(非創造), 무시(無始), 자기원(自起源), 자신의 실체의 기반, 자기인(自起因)하신 이로, 또는 성자와 성령과 신격(神格) 전체의「시초, 원인, 뿌리, 수원(水源), 기원, 머리」등으로 칭호되어 왔다.23)

죽산은 여기서 "아버지"(ο πατηρ)란 명칭의 제 4의 의미를 앞의 용례들이 지닌 다양한 의미들과 차별화한다. 차별의 그 첫째 특성은 이 제 4의 의미가 삼위일체 하나님의 제 일위와 제 이위 사이의 관계에서 성립된다는 점에서이며, 둘째로는 하나님의 본래적 부격(父格)이란 점에서이고, 셋째로는 무시무종(無始無終)의 유독(惟獨)한 부성이란 점에서라는 것이다. 두 번째와 세 번째 특성은 모두 첫 번째 특성으로부터 기인된다. 성부와 성자 사이의 관계 속에 게재된 개념이기에 본래적인 성격의 것일 수밖에 없으며, 성부와 성자

---

23) 박형룡,『신론』, p.214f.

사이의 관계 속에서 나타나는 본래적 성격의 것이기에 영원하며 유독한 성격의 부성(父性)일 수밖에 없는 것이다.

　이와 같은 세 가지 특성은 피조물과의 관계로서의 부성, 곧 만물의 근원으로서의 삼위일체에 적용되는 것과 다를 수밖에 없으며, 피조물인 언약백성과의 관계로서의 부성, 곧 신정적(神政的) 관계의 삼위일체에 적용되는 것과 본질을 달리하는 것일 수밖에 없고, 언약백성들 가운데 하나님을 참으로 공경하는 자들 - 이들 역시 피조물인 - 의 아버지로서의 부성, 곧 윤리적 아버지로서의 삼위일체에 적용되는 것과 결코 같을 수 없는 것이다. 그 이유는 근본적으로 삼위 사이에 성립되는 관계와 하나님과 피조물 사이에 성립되는 관계들이 서로 마주하는 일(對, versus)로 인해 생겨나는 것이다. 다시 말해 피조물이 개입됨으로써 생겨난 관계이기 때문에 그것은 당연히 무시무종의 삼위 사이에 성립되는 관계와 본질적 차이를 나타내게 되는 것이다. 이는 영원과 시간 사이의 무한(無限)한 질적 차이와도 무관하지 않다. 죽산은 이 차이를 "이 명칭은 상술(上述)과 <u>전연</u> 다른 의미"란 표현으로 묘사했다. 여기서 죽산은 "전연"이란 말 외에 달리 표현할 길이 없었던 것이다.

　여기서 죽산은 이 차이에 관하여 하나님의 형상(Imago Dei) 개념을 염두에 두고 설명하는 것 같다. 하나님은 원형(原形, archetypa)이시요, 인간은 그의 모형(模型, ectypa)이라면 둘 사이에 유비(喩比, analogia)가 가능하리라 생각할 터인데, 삼위 사이의 관계성과 인간들 사이의 관계성 간의 교호성(交互性)을 인정할 수 없다는 것이다. 다시 말해 일위와 이위 사이에 부자관계(父子關係)가 성립된다면,

그것은 어디까지나 원형으로서의 본래적인 성격의 관계로 규정될 수밖에 없다는 것이다. 삼위 사이의 관계, 특별히 일위와 이위 사이의 관계를 의인관적(擬人觀的, anthropomorphic)인 접근을 통해 규정해서는 안 된다는 것이다. 설령 피조물인 인간들 사이에 부자관계가 존재한다고 하더라도 그것이 제 일위와 제 이위 사이의 관계규정을 위한 출발점이 될 수 없다는, 혹은 결코 되어서는 안 된다는 단호한 입장의 표명인 것이다. 이로써 상향적(上向的) 성향의 종교개념 내지는 인간 의식의 투영(投映)으로서의 하나님 개념과 같은 인간 본위적인 관념들은 아예 발을 붙일 수 없게 하였다. 죽산의 인식론적(認識論的) 방향은 하향적(下向的)이다. 이는 하나님 중심적 사고 및 계시 의존적 사고로부터 나온 결과다. 인간으로부터 하나님이 규정되거나 이해될 수 없다. 하나님은 항상 주체이시며, 인간은 그 대상일 수밖에 없다.

2.2. 성자(聖子)

죽산은 성자와 관련된 설명을 시작하면서 그 첫 진술이 "제 이위에 적용된 명칭 「아들」"[24]이었다. 즉 '아들'이란 명칭이 제 이위에 적용된다는 것이다. '아버지'란 명칭을 다룰 때와 마찬가지로 '아들'이란 명칭을 다룰 때에도 역시 동일한 문제와 마주치게 된다. '아들'(ο υιος)이란 명칭이 제 이위에 적용되는 경우와 그렇지 않은 경우의 서로 다른 용례들이 성경에 함께 나타난다는 것이다. 아들로 번역된

---

24) 전게서, p.216.

히브리어 벤(בֵּן)이 아들이란 의미 이외의 다른 뜻으로 사용된 경우들이 있어 문제는 사뭇 복잡해진다. 죽산은 다음과 같이 말한다:

> 성경에서 히브리어 「벤」(בֵּן)은 「아들」의 의미로 사용된 외에 「자손」, 제자(왕상20:35), 왕(시2:7), 천사(창6:2), 하나님에게 예배하는 자(신14:1) 등을 가리키기도 하였다. 자격(子格)의 관계에 포함된 일반적 관념은 유사(類似)와 성질의 인출(引出), 친자적 애정(親子的 愛情), 후사(後嗣) 같은 것이다. 이 일반적 의미에서 하나님의 모든 거룩하고 지성적(知性的)인 피조물들을 그의 아들들이라 칭한다.25)

죽산은 히브리어 בֵּן이 성경에서 일의적(一義的) 의미로 한정되지 않았다는 점을 밝혔다. 교의학 작업의 일환(一環)으로서의 본문 사용에 있어 죽산의 통찰력은 성경해석학적 원리를 충분히 고려하며 반영하고 있음을 여기서 엿보게 된다. 어휘의 동일함이 의미의 동일함을 창출하지 아니하며, 문맥이 한 단어의 의미를 일차적으로 규정한다는 해석학적 원리는 이른 바 공시적 해석원리에 입각한 해석학적 인식이다.26) 사람이나 천사를 막론하고 피조물들에게 사용된 위와 같은 용례들은 우리의 논의 주제와 직접적인 연관은 없다. 논제와의 연관성 없음을 밝힌 죽산은 즉시 삼위의 제 이위와 관련하여 논의의 방향을 전환한다. 사중(四重) 의미를 지니는 것으로써 '아들'이란 명칭이 제 이위에게 적용되었음을 밝힌다. 그 첫째는 "윤리적

---

25) 전게서, p.216.
26) Cf., James Barr, *The Semantics of Biblical Language* (London: SCM Press, 1983), ; 권성수, 『성경해석학』 (서울: 총신대학출판부, 1992), pp.220-282.

종교적 의미"로서, 그 둘째는 "강탄적(降誕的) 의미"로서, 셋째로는 "직위적(職位的) 의미, 곧 메시아적 의미"로서, 넷째로는 "형이상학적(形而上學的) 의미"로서 예수님의 아들임을 지적하였다.

윤리적 종교적 의미로서의 하나님의 아들이 신약에서 대개는 믿는 자들에게 적용되었지만, 그리스도에게 적용된 경우[27]도 있으며, 강탄적 의미로서의 하나님의 아들은 "성령의 초자연적 공작에 의하여 출생"[28] 되었다(눅1:32, 35; 요1:13)는 의미에서이며, 직위적 의미, 다시 말해 메시아적 의미로서의 하나님의 아들은 이 명칭이 중보로서의 그리스도에게 적용된 경우(마8:29[29]; 26:63; 27:40; 요1:49; 11:27)가 있기 때문인데, 이 메시아의 아들 됨의 관점에서 하나님이 그리스도의 아버지로 일컬어지게 된 것이다(고후11:31; 엡1:3).[30]

위의 몇몇 관점들과 관련된 설명들을 통해 '아들'이란 명칭이 제 이위에 적용되었음을 확인할 수 있을 것이지만, 죽산에 의해 소개되는 아래의 네 번째 의미는 위의 관점들에서 발견되는 것과는 달리 독특한 면이 있다. 제목 속에 '형이상학'이란 어려운 개념어(槪念語)가 등장하고 있지만, 친숙한 용어로 다시 표현한다면, '삼위일체의 의미에서'로 바꿀 수 있다. 그것은 죽산에 의해 사용된 용례[31]를

---

27) 박형룡, 『신론』, p.216.
28) 전게서, p.216f.
29) 죽산의 저술에는 마28:29로 명기되어 있으나 그 본문에는 관련내용이 없는 것으로 보아 마8:29의 오기(誤記)가 아닐까 생각된다. 이러한 판단이 정당한 이유는 그 아래로 몇 줄을 내려가서 읽어보면 확인된다.
30) 전게서, p.217.
31) 죽산은 그의 『신론』, p.214에서 필자의 견해를 뒷받침해 줄 내용을 진술하고 있다. 즉 "삼위일체의 제 일위"란 제목을 달고, 그런 의미에서 '아버지'란 명칭이 사용되고 있음을 지적하면서 그 자신의 설명 가운데 " … 제 일위는 형이상학적 의미로 이위의 아버지시다."라고 했기 때문이다. 문맥상 이 두 표현은 등가개념(等價槪念)임이 분명하다.

통해 충분히 단언할 수 있는 문제다. '형이상학적 의미로서 제 이위가 아들이라'고 표현하는 것보다 '삼위일체의 의미에서 제 이위가 아들이라'고 표현하는 것이 독자들에게 훨씬 쉽게 다가올 것이다.

만일 이와 같은 개념이 교의학에서 통용되고 있는 이른 바 '본체론적 삼위일체'(本體論的 三位一體)란 개념과 등치될 수 있는 것이라면, 위에 언급된 여러 의미들은 '경륜적 삼위일체'(經綸的 三位一體)란 개념과 상통하는 것이라 할 수 있을 것이다. 이제 형이상학적 의미로서의 아들에 관해, 즉 삼위일체의 의미로서의 아들에 관해 언급하고 있는 죽산의 말을 들어보자:

위에서 직위적 즉 메시아적 자격(子格)의 의미로 「하나님의 아들」이란 명칭을 사용한 성구들을 예시한 중에 마8:29[32]; 26:63[33])에는 그리스도의 본래적 자격(本來的 子格)의 의미가 결합되어 있다. 그리스도의 메시아적 자격은 그의 본래적 자격과 관련되어 있다. 그는 하나님의 본래적 영원적 아들이신 때문에 메시아로서의 「하나님의 아들」로 칭할 수 있은 것이나. 그뿐 아니라 메시아적 자격은 그리스도의 영원적 자격(永遠的 子格)을 반영한다. 그리스도의 명칭 「하나님의 아들」의 가장 근본적인 의미는 그는 하나님의 본래적 영원적 아들이시다 함이다. 다른 말로 하면 이 명칭은 형이상학적 의미의 자격을 가리킨다.[34])

---

32) "하나님의 아들이여(υιε του θεου) 우리가 당신과 무슨 상관이 있나이까"(마8:29),
33) "예수께서 침묵하시거늘 대제사장이 이르되 내가 너로 살아 계신 하나님께 맹세하게 하노니 네가 하나님의 아들 그리스도인지(ει συ ει ο χριστος ο υιος του θεου) 우리에게 말하라"(마26:63).
34) 박형룡, 『신론』, p.217.

"본래적 자격"(本來的 子格)이란 표현은 이 문맥 속에 나타난 중심어(中心語)다. 이는 형이상학적 의미, 곧 삼위일체의 의미에서의 '아들'이란 명칭이 지닌 핵심개념이다. 메시아적 자격(子格)은 이 본래적인 그리스도의 영원한 자격을 반영한다. 그리스도의 명칭, 곧 '하나님의 아들'의 가장 근본적인 의미는 그가 하나님의 본래적인 영원한 아들이시라는 것이다. 이것이 성자(聖子)에 대한 죽산의 근본적인 이해라 할 수 있다. 여기서 중요한 것은 그가 하나님의 아들인데, 본래적인 의미에서의 아들이란 점이며, 본래적 의미의 아들인데, 영원한 아들이란 사실이다. 여기에 벌써 아버지로서의 영원성과 공유되는 또 하나의 영원성이 성자에게도 적용되는 것이다. 두 영원성이 있으나, 결국 하나의 영원성인 셈이다.35)

그렇다면 이 본래적인 그리스도의 영원한 자격(子格)에 대해 우리는 어떻게 이해해야 하는가? 영원한 자격이란 과연 무엇인가? 죽산은 이에 대해 다음과 같이 진술한다:

> 성삼위의 제 이위는 형이상학적 의미로 하나님의 아들이라 칭한다. 성경에서 이 명칭(「하나님의 아들」)은 교호적 관계(交互的 關係)를 지시하기 위하여

---

35) 이제 이 문제가 성령에게까지 나아가게 되면, 세 영원성이 있으나 결국 하나의 영원성이란 결론에 도달하게 될 것이다. 이는 이미 「아타나시우스 신조」(De Geloofsbelijdenis genoemd naar Athanasius) 신조 속에 표현되어 있는 진리이다: " … 성부가 영원하며, 성자가 영원하며, 성령이 또한 영원하다. 그러나 세 영원들이 아니고 한 영원이다. … "(Eeuwig is de Vader, eeuwig de Zoon, eeuwig de Heilige Geest. En toch zijn zij niet drie eeuwigen, maar één Eeuwig.) in: *De Belijdenisegeschriften* ('s-Gravenhage: Uitgeverij Boekencentrum B.V., 1980), p.7. 이는 삼위의 각 위가 각각 영원하지만, 동시에 한 영원성(永遠性) 속에 성부, 성자, 성령이 존재함을 의미한다. 이로써 일체(一體)와 삼위(三位) 진술에 있어서의 순환(循環)의 가능성이 죽산의 작업 속에 엿보인다.

아버지라 칭하는 신격의 제 일위에 대한 제 이위의 영원적 필연적인 위적(personal) 관계를 지시하기 위한 것이다(A.A. Hodge). 이 의미의 그리스도의 자격은 또한 그의 영원한 자격(eternal sonship)이라 칭한다.36)

죽산은 알렉산더 하찌(A. A. Hodge)를 인용함으로써 질문에 대한 답을 제시한다. 죽산은 하찌를 인용하면서 그 정확한 출처를 밝히지 않았지만, 그 내용은 하찌의 저서 *Outline of Theology*의 제 I권, 9장, 59문의 답37) 속에 포함되어 있다. 하찌는 이 진술내용을 삼위일체를 논하는 중, "성경은 한 신격 안에 있는 인격들의 삼위일체를 직접적으로 가르치고 있다."38)는 제하의 내용을 언급하면서 다루었다. 필자가 이처럼 문맥의 정황을 소개하는 이유는 진술의 내용을 보다 정확하게 파악하기 위함이다. 제목 중 '한 신격 안에 있는 인격들'이란 표현은 의미 해석에 빛을 던져준다. 여기서 "아버지라 칭하는 신격의 제 일위에 대한 제 이위의 영원적 필연적인 위적(personal) 관계"란 표현과 그 다음에 뒤따라 나오는 "그리스도의 자격은 … 그의 영원한 자격(eternal sonship)"이란 표현 속에 문제의 핵심이 드러나 있다.

'본래적인 그리스도의 영원한 자격(子格)'이란, 그로써 삼위 사이에, 특별히 제 일위와 제 이위 사이의 관계를 나타내기 위한 것이며, 그 관계란 영원한(="영원적") 관계이며, "필연적" 성격의 관계란 것

---

36) 박형룡,『신론』, p.217.
37) A.A. Hodge, *Outline of Theology* Vol. I., 고영민 譯,『하지의 組織神學』제 1권 (서울, CLC, 1981), p.280.
38) 전게서, pp.269-309.

이다. 그것은 결코 우유적(偶有的)이거나 우연한 성격의 관계가 아니라는 것이다. 이로써 우리는 앞서 성부에 관해 다루던 때에 직면했던 것과 동일한 성격의 문제 앞에 다시 서게 된다. 즉 '아들'이란 표현이 사용되었다 할지라도 인간사에서 이해되는 바와는 전혀 다른, 전적으로 본질을 달리하는 관계가 제 일위와 제 이위 사이에 놓여있다는 것을 보여준다. 인간사에 있어서 '아들'로써 맺어지는 관계는 시간적으로 본다면, 아들은 당연히 부모보다 나중에 존재하는 자이며, 권위란 관점에서 볼 때, 아들은 당연히 아버지에게 종속되는 관계에 있지만, 삼위일체 하나님의 제 일위와 제 이위 사이의 관계에 있어서는 이와는 다른, 전혀 본질을 달리하는 성격의 관계라는 것이다. 물론 '아들'이란 표현에 의해 제 일위에 대한 이위의 관계가 형성되지만, 그것은 인간사의 모든 성격들을 초월하는 영항적(永恒的) 의미를 지니게 된다. 그것은 '필연'에 의한 관계이기 때문에 한 편이 다른 편에 종속될 수 없으며, '필연'에 의한 관계이기 때문에 한편이 다른 편에 대해 우등(優等)이나 열등(劣等)의 관계일 수 없는 것이다. 서로는 필연적으로 동등한 관계일 수밖에 없다.39) 이에 "영원적"이란 용어가 사용된 것은 삼위일체에 관한 이러한 함축적 의미를 표현하기 위해 기용(起用)된 것으로 볼 수 있다. 아버지와 아들이 모두 각각 영원하시기 때문에 둘 사이에는 시간적 선후(先後)나 권위의 우열이 있을 수 없는 것이다. 그리스도의 자격(子格)은 영원한 자격이다. 죽산은 이와 같은 내용을 달리 표현하여 다음과 같이 진술하고 있다. "성경에서 예수 그리스도는 그의 중보적 지위(仲保的 地位)와

---

39) Cf., 박형룡, 『신론』, pp.220ff.

사역(事役)에 관계 없이 (영원히)⁴⁰⁾ 하나님의 아들로 제시된 것이 분명하다."⁴¹⁾

2.3. 성령(聖靈)

이제 '삼위에 일체'란 관점과 관련하여 세 번째 논의를 시작할 단계에 이르렀다. 죽산은 "제 삼위에게 적용된 명칭"이란 제목으로 논의를 시작하면서 그것은 "성령"이며, 그 명칭의 어원과 용법, 명칭이 지니는 상이(相異)한 형식들에 대한 이유들을 논의한 후, 성령의 인격성 및 신성 등의 문제를 다루고 있다. 여기서 우리의 관심사는 지금까지와 마찬가지로 죽산에게 있어서 '삼위에 일체'란 관점이 '일체에 삼위'란 관점과 어떻게 순환적으로 작용하는지에 대해 살피면

---

40) 괄호 안의 내용은 원래 없는 표현이지만 죽산의 의도를 살리기 위해 필자가 첨언한 것이다.
41) 전게서, p.217. ; 이와 같은 진술에 대한 신학적 근거들을 죽산은 아래와 같이 여섯 가지로 제시한다. <u>첫째</u>, 무엇보다 성경이 성육신 이전에도 제 이위를 가리켜 하나님의 아들로 제시했다는 점(요1:14, 18; 롬8:3; 갈4:4; 요일3:8), <u>둘째</u>로, 제 이위가 "하나님의 독생자" 혹은 "성부의 독생자"로 불리어졌다는 사실들을 근거로 제시하는데, 만일 그와 같은 명칭이 단지 직위와 관련하여만 혹은 윤리적 의미로서만 사용된 것이라고 한다면, 그것은 성경의 가르침(요1:14, 18; 3:16, 18; 요일4:9; 비교 삼하7:14; 욥2:1; 시2:7; 눅3:38; 요1:12)을 충실히 반영하지 못하는 사실을 지적하였으며, <u>셋째</u>는, '아들'이란 그 명칭이 문맥상으로 볼 때 명백히 그리스도의 신성을 가리키는 구절들(요5:18-25; 히1:)이 있다는 점을 들었고, <u>넷째</u>는, 예수께서 하나님을 "우리의 아버지"로 가르치셨지만, 동시에 "나의 아버지"로 호칭하심으로써 자신과 성부와의 독특한 관계를 암시하셨다는 것(마6:9; 7:21; 요20:17)과 하나님을 "자기의 친 아버지"로 호칭한 것과 제 이위를 "자기의 아들"로 표현한 것(요5:18; 롬8:32) 역시 근거로 제시되었으며, <u>다섯째</u>로, 하나님의 아들로서의 예수님은 아무도 가지고 있지 못한 독특한 신(神)지식을 소유하고 계셨다는 점(마11:27; 눅10:22), <u>여섯째</u>로, 유대인들이 예수께서는 형이상학적 의미에서 자신을 하나님의 아들로 자처한다는 사실을 분명히 알고 있었다는 점(마26:63; 요5:18; 10:36) 등이다(전게서, p.217f.).

서 삼위 각론의 내용을 구체적으로 섭렵하는 일이다.

죽산에 의하면 히브리어 어원 '루앟'(רוח)와 헬라어 어원 '프뉴마'(πνευμα)는 라틴어 '스피리투스'(*spiritus*)와 같이 '호흡', '바람'을 의미하는 어근(語根)들로부터 유래되었으며, 이 단어가 성경에서 '호흡'(창2:7; 6:17; 겔37:5, 6)이나 '바람'(창8:1; 왕상19:11; 요3:8)으로 번역되기도 하였다. 구약에서 영이라는 말은 형용사 없이 '하나님의 영' 혹은 '주의 영'으로 사용되었으며, 형용사가 사용된 '거룩한 영', 곧 '성령'(=聖神42))이란 표현은 단지 세 번 나타난다(시51:11; 사63:10, 11). 신약에서는 이 '성령'이란 호칭이 제 삼위의 통상적인 명칭으로 나타난다.43) 이처럼 죽산은 어원과 용례에 관해 간략히 다룬 후, 성경에 나타난 제 삼위의 명칭에 있어서 서로 다른 표현방식을 취한 경우들에 대해 그 신학적 이유를 밝히는 일을 한다. 죽산은 성경에 나타난 서로 다른 표현방식들을 네 가지로 분류하여 제시했는데, 그 첫째는 "영"이며, 둘째는 "성령"이고, 셋째는 "하나님의 영"이며, 넷째는 "그리스도의 영"이다.44) 여기서 공통적인 것은 네 가지 표현방식들 모두가 다 '영'이란 표현을 공유하고 있다는 사실이다. 이 공통적인 것에 다른 수식어들이 붙여짐으로써 그것이 표현방식의 차이로 나타나게 되는 것이다. 이제 논의하게 될 이 항목은 특별히 우리의 관심 주제와 관련하여 중요한 의미를 지닌다. 그 이유는 일체와 삼위에 대한 진술들 사이에 상호 순환되는 일이 보다

---

42) 한글 개역성경에서는 '성신'(聖神)으로 표기되었으나 개역 개정판(1998년 초판, 2000년 재판, 2003년 3판, 2005년 4판)에서는 '성령'(聖靈)으로 개정되었다.
43) 박형룡,『신론』, p.228.
44) 전게서, p.228f.

명백하게 드러나게 될 것이기 때문이다. 좀 더 구체적으로 말해, 삼위와 셋째 위 사이에 공통점과 구별점이 공존(共存)하는 것으로 밝혀짐으로써, 결과적으론 '삼위인 일체'의 방향에서 접근할지라도, '일체인 삼위'의 방향에서 논한 것과 동일한 결과에 도달하게 된다는 사실이 명백해질 것이기 때문이다.

이제 네 가지 상이한 명칭들에 관한 죽산의 해설을 들어보자:

영(靈). 삼위의 제 삼위를 영이라 칭함은 무엇 때문인가? 삼위에 공통한 유일 불가분적 신적 본체(唯一 不可分的 神的 本體)는 다 같이 영적인즉 제 삼위의 위적 지시인 이 명사는 그는 본체에서 영이시라는 사실을 의미하기로 의도되었을 수 없다. 그보다도 이것은 그의 위(位)의 특수한 바를, 성부와 성자에 대한 그의 위적 관계와 그의 외향적 사역의 특수한 양식을 지시하기 위함일 것이다. 「아버지」와 「아들」이라는 교호적(交互的) 명칭들이 제 일위와 제 이위의 상호관계를 지시하기 위하여 사용됨과 같이 「영」, 「하나님의 영」, 「아들의 영」, 「아버지로부터 나오시는 영」이라는 명칭들은 제 삼위의 제 일위와 제 이위에 대한 관계를 지시하기 위하여 사용된다.[45]

죽산의 해설을 한 마디로 요약한다면, 삼위와 셋째 위 사이에 공통성과 구별성이 상존(常存)한다는 것이다. 그 공통성 때문에 일체를 이루는 것이며, 그 구별성 때문에 삼위로 일컬어진다는 것이다. 이로써 성부와 성자를 다룰 때와 마찬가지로 여기서도 이미 일체와 삼위

---
45) 전게서, p.228.

에 대한 진술들 간에 순환이 이루어지고 있는 셈이다. 이와 관련하여 보다 소상하게 설명한다면, 셋째 위가 '영'으로 불리어지는데, 그러면서도 '영'이란, 삼위에 공통된 신적 본체(본질)46)라는 것이다. 그 본체(본질)는 둘도 없는 유일한 것이며, 삼위의 각위에 공통으로 속하는 것이기에 불가분적인 하나님의 본질인 것이다. 이와 같은 의미를 죽산은 이미 "성령"이란 항(項)을 시작하는 초두에 시사한 바 있다: "요4:24에서 하나님은 영이라고 언명되었으나 영이라는 명칭은 보다 더 특수하게 제 삼위에서 적용된다."47) 바로 죽산의 이 한 마디는 삼위와 셋째 위 사이에 공통성과 구별성의 상관성을 함축하고 있다는 시사점이기도 하다. 그렇다면 '영'이란 말이 셋째 위에게는 두 가지 의미로 적용될 것이 분명하다. 그 첫째는 삼위에 공통적으로 속하는 "유일 불가분적인 신적 본체(본질)"와 연관될 것이며, 다음으로는 셋째 위에만 적용되는 특수한 의미로서, 제 일위와 제 이위에 대한 제 삼위의 관계를 지시하기 위해 사용된 것이 될 것이다. 이것이 곧 죽산의 지론이다.

성령이란 명칭과 관련된 죽산의 해설도 들어보자:

성령(聖靈). 제 삼위를 성령이라 칭함을 어찜인가? 성(聖)은 신적 본체의 속성이어서 삼위에게 균등한 영광인즉 이것이 제 삼위의 위적 특성으로

---

46) 괄호 안에 '본질'이란 단어를 병기(倂記)한 것에 대해서는 졸문(拙文), '우시아(ουσία)의 의미에 관한 죽산의 이해'를 참조하라(『神學指南』, 제 74권 2집, 통권 제 291호, pp.33-46.).
47) 박형룡, 『신론』, p.227.

특이한 의미에서 사용되었을 수 없다. 그러므로 이것은 그의 사역의 특수한 성질을 지시한다. 그가 「성령」이라 칭한 바 되심은 그는 전 우주에 성(聖)의 조성자(造成者)이신 때문이다. 그의 성화 사역(聖化 事役)을 통하여 하나님이 자기를 성자(聖者)로 계시하셨다. 그는 특별히 신자들의 마음 속에 내주(內住)하시며 그들을 하나님에게 성별(性別)하여 드리며 그들을 죄로부터 성결케 하신다. 그의 사역의 목적과 영광은 도덕계에 성(聖)이다.[48]

죽산은 '영'(靈, το πνευμα)에 '거룩한'(聖, αγιον)이란 형용사가 덧붙여짐으로써 생겨난 용어인 '성령'(聖靈, το αγιον πνευμα)에 대해 설명하면서도 '영'이란 용어를 다룰 때와 동일한 논조(論調)를 유지한다. 즉 공통성과 구별성의 상관성이란 논조다. 이로써 앞서 논의한 바와 동일한 결론에 도달하리라는 것은 불을 보듯 명백한 일이다. 간략히 부연(附椽)한다면, 거룩이란 삼위 각위에게 공통으로 속하는 속성이기에 "신적 본체의 속성"인데, 특별히 셋째 위가 거룩이란 말로 수식되는 까닭은 셋째 위가 수행하는 특수한 사역 때문이란 것이다. 그 사역이란 거룩하게 하는 일이다. 이로써 삼위와 셋째 위 사이에 공통점과 구별성이 동시에 연관되어 드러남으로써, 비록 삼위의 각론을 다룬다고 할지라도, 이미 일체를 전제하고 하는 것이며, 결국 그것은 일체로 귀결되는 결과를 낳을 수밖에 없는 일이 되고 만다. 이로써 죽산의 신학적 사고 속에는 '일체에서 삼위로', '삼위에서 일체에로'란 양 접근 사이에 순환성이 상존(常存)하고 있음을 다시금 확인하게 되는 셈이다.

---

48) 전게서, p.228.

이와 같은 결과는 성령이 "하나님의 영"(το πνευμα του θεου)이나 "그리스도의 영"(το πνευμα χριστου)으로 불리어진 경우들을 살필 때에도 동일하게 확인되는 일이다. 죽산은 셋째 위를 '하나님의 영'으로 부르는 이유를 다음과 같이 말하였다: "이 어구는 그의 신성, 그 자신이 하나님이시라는 것(고전2:11), 성부로부터 발출하여 그와 동체적(同體的)인 영이시라는 친밀한 위적 관계(요15:26)를 표현한다."[49] 이 진술 속에서도 공통과 구별의 양면성은 공재(共在)한다. 셋째 위 자신이 "하나님"이시라는 죽산의 지적은 삼위와 셋째 위 사이의 공통점을 말한 것이고, '하나님의'란 수식어가 '영'이란 용어에 덧붙여져 일위와 셋째 위 사이에 친밀한 위적 관계를 드러낸 것은 삼위 중, 셋째 위만이 지니는 독특한 성격으로서, 이는 일위와 셋째 위 사이의 구별점을 말하고 있는 것이다. 셋째 위인 영이 "그리스도의 영"으로 불리어진 데 대한 죽산의 해설 속에서도 역시 동일한 결론이 나올 수밖에 없다. 그것은 죽산 자신이 진술한 내용만 볼지라도 명백한 일이다: "그(=성령)가 아들의 영이라고 칭호(稱號)됨은 그가 하나님의 영이라고 칭호됨과 동일한 이유에 의한다는 것이 분명하다."[50]

이처럼 "영", "성령", "하나님의 영", "그리스도의 영"으로 불리어지는 세 번째 위가 일위와 이위에 대해 '동등'과 '구별'의 양면성을 동시에 지닌 존재라는 것이 사실이라면, 세 번째 위인 성령은 필히

---

49) 전게서, p.229.
50) 전게서, p.229.

인격성(人格性)을 지녀야 하며, 필히 성부, 성자와 동일한 신성(神性)을 가져야만 한다. 그것은 일위와 이위가 공히 상호 구별되는 인격성과 더불어 서로 동일한 신성을 동시에 지녔기 때문이다. 죽산은 이 사실들을 성경에 근거하여 밝히고 있다.

죽산은 주후 2-3세기에 등장한 단일신론파(Monarchians), 성령파(Pneumatomachians), 16세기에 나타난 소시니안파(Socinians) 그리고 근대의 슐라이어마허(Schleiermacher), 리츨(Ritschl), 일위신론파(Uniterians), 현대의 자유주의자들 등 성령의 인격성을 부정하는 무리들[51]에 대해, 성령의 인격성을 확증하는 성경의 증거들을 네 가지 관점에서 제시하였다.[52] 그 **첫째**는 인격에 합당한 칭호들을 성령께 돌리고 있다는 사실(Cf., 요16:14; 엡1:14; 요14:16-18; 행10:19, 20; 요16:26)로부터 증거를 제시하고 있으며, **둘째**는 인격이 지닌 특징들이 성령에게 돌려진다는 사실(요14:26; 15:26; 롬8:16; 행16:7; 고전12:11; 사63:10; 엡4:30; 창1:2; 시104:30; 마1:18; 눅1:35; 3:3; 요14:26; 15:26; 16:8; 행5:32; 28:25; 롬8:16; 고전2:10, 13; 갈4:6; 히3:7; 벧전15:16; 롬8:26, 27; 요3:5, 6; 고후3:6; 엡2:22; 고전12:11; 히2:4; 롬8:11; 행5:9; 마12:31; 막3:29)로부터 근거를 찾고 있고, **셋째**는 다른 인격들과의 관계를 영위(營爲)하는 존재란 필히 인격일 수밖에 없다는 점(행15:28; 요26:14; 마28:19; 고후13:13; 벧전1:1, 2; 유20, 21)을 증거로 제시하고 있으며, **넷째**는 자신의 능력과 구별된다는 의미(눅1:35; 4:14; 행10:38; 롬15:13;

---

51) 전게서, p.229.
52) 전게서, p.230f.

고전2:4; 12:4; 5, 8)에서 성령의 인격성의 근거를 제시하고 있다.

성령의 신성에 대해서도 죽산은 성경으로부터 그 근거들을 제시하였다.[53] 그 증거들은 다섯 가지로 집약되는데, 그 <u>첫째</u>는 신적인 명칭이 성령께 사용되었다(출17:7; 히3:9; 삼하23:2; 시6:9; 행28:25; 렘31:31; 히10:15; 행5:3, 4; 고전3:16; 6:19; 딤후3:16; 벧후1:21)는 점, <u>둘째</u>는 신적 속성이 성령께 돌려졌다(히9:14; 시139:7-10; 사40:13, 14; 롬11:34; 고전2:10-11; 눅1:35; 롬8:11; 15:19; 고전12:11)는 점, <u>셋째</u>는 신적 사역이 성령을 통해 나타났다(창1:2; 욥26:13; 33:4; 시33:6; 시104:30; 요3:5, 6; 딛3:5; 롬8:11)는 점, <u>넷째</u>, 성령께서 예배의 대상(고전3:16; 마28:19; 고후13:13)이라는 점이며, 나머지 다섯 번째의 근거는 변증적(辨證的) 차원에서 제시되고 있다.

여기서 죽산이 집중하고 있는 "인격성"과 "신성"에 대한 신학적 관심 자체도 지금까지 주목해 온 삼위 각위 사이에 놓여 있는 '구별성과 '공통성'이란 양면성 개념과 맞물려 있는 것이다. 삼위 모두가 각각, 인격을 지닌다는 그 자체로서는 공통성을 가지지만, 서로 구별되는 각각의 인격성을 지닌다는 점에서는 오히려 삼위 사이의 구별성을 드러내는 것이다. 그리고 이처럼 삼위가 각각 구별되지만, 동시에 각각의 위 모두가 동일한 신성을 지닌다는 사실은 명백히 삼위의 공통성을 드러내는 것이다. 그렇다면 구별성과 공통성, 이 둘은 서로 <u>구별되나</u> 결코 <u>분리될 수 없는</u> 관계에 있다고 할 수 있다. 즉 상존적(常存的) 관계에 있는 것이다.

---

53) 전게서, p.234f.

3. 맺는 글: 종합적 평가

지금까지 삼위각론을 다룬 죽산의 글에서 '일체'와 '삼위' 사이에 놓여있는 영적 질서와 그에 대한 인간의 진술이 갖는 신학적 의미를 간략히 살펴보았다. 이제 고찰한 바를 몇 가지 측면에서 평가하며 글을 마무리 하려한다.

3.1. 실제적 동시성(同時性)과 진술의 순환성(循環性)

죽산이 삼위일체에 대한 논의를 시작하면서 그 초두에 밝힌 말, 즉 "일체에 삼위, 삼위인 일체"란 표현 자체는, 영적 실제에 있어서는 동시적이지만, 그에 대한 이해나 진술에 있어서는 '일체'와 '삼위' 사이에 순환의 가능성이 존재하며 실제 순환이 있을 수밖에 없다는 것을 함축한 것이었다. 이는 죽산의 진술을 살펴볼 때, 그 횡간(橫間)에서 명백히 읽어낼 수 있는 내용이다. "영어「트리니티」(Trinity)는 트리유니티(Tri-unity)의 단축이니 하나님의 삼위 되심을 표현할 뿐이요, 그의 일체 되심을 함의(含意)하지 않는 점에서 불충분한 명사라 한다. 그러나 신학적 전문 술어로서의 이 말이 함의하는 바는 하나님의 삼위와 그 일체 되심을 연결(連結)한다고 일반적으로 이해된다. 우리가 하나님의 삼위일체를 말할 때에 우리의 의미하는 바가 <u>일체에 삼위, 삼위인 일체</u>라는 것은 물론이다."[54]

죽산은 어휘 자체의 자구적(字句的) 의미와 그 어휘에 담겨질 신학

---
54) 전게서, p.190.

적 의미 사이를 구별했다. 이는 지당(至當)한 일이며, 동시에 죽산의 예리한 시각을 반영한다. 어휘 자체의 자구적 의미로는 '일체 되심'이 배제되며, '삼위 되심'만을 뜻하지만, 보다 중요한 것은 성경 자체에 근거한 신학사상이란 인식이 죽산의 태도를 몰아갔다. 그래서 어휘의 자구적 한계를 감안하면서 어휘의 의미규정을 성경대로 하려고 힘썼다. 그것이 죽산의 의도였고, 그 의도에 그는 충실했다.

필자는 지금까지의 논의 과정을 거치면서 죽산의 의도가 그 자신의 신학 작업 속에 충실히 반영되고 있음을 확인할 수 있었다. 예컨대, 성부와 성자를 다루던 부분에서 확인할 수 있었다. 삼위일체와 관련하여서 "아버지"란 명칭은 일위와 이위 사이에 "본래적 부격(父格)"을 의미하는 것이었다. 그것은 "무시무종(無始無終)의 유독한 부성"을 뜻했고, '영원한 부격'을 의미했다. 이에 상응하여 성자와 관련해 "본래적 자격" 개념이 등장했다. 그 궁극적 함축은 "영원한 아들"이란 뜻이었고, '무시무종의 아들'을 의미했다. 이로써 죽산은 아버지로서의 영원성과 공유되는 또 하나의 영원성을 성자에게도 적용시켰다. 이처럼 두 영원성이 언급되었다. 그러나 하나의 영원성이 있을 뿐이었다. 영원은 결코 둘일 수 없기 때문이었다. 이는 앞서 지적한 바, 곧 「아타나시우스 신조」(De Geloofsbelijdenis genoemd naar Athanasius)[55] 속에 담겨진 진리로서 죽산 역시 동일한 입장, 곧 일체와 삼위 간의 순환성을 인정했을 뿐 아니라, 그 일을 적극적으로 신학 작업에 반영하였음을 확인할 수 있었다.

이 순환성은 성령을 다루는 부분에서 더욱 강화되었음을 알 수

---

55) *De Belijdenisegeschriften*, p.7.

있었다. 그것은 삼위와 셋째 위 사이에 공통점과 구별점이 공존(共存)한다는 죽산의 이해 속에 반영되어 있었다. 공존은 곧 상존(常存)을 의미했다. 삼위와 셋째 위 사이에 있어 "인격성"은 구별성에 상응되고, "신성"은 공통성에 대응되었다. 그 점은 인격성과 신성을 수식하는 관형어에서 분명히 드러났다. 상호 구별되는56) 인격성, 동시에 서로 동일한 신성. 그런데 중요한 것은 이 둘이 공존, 아니 보다 정확히 표현하여, 상존한다는 죽산의 관점 속에 이미 일체와 삼위 사이의 순환은 명약관화(明若觀火)했다는 사실이다.

3.2. 제한적 의미에서 신인(神人) 사이의 유비(喩比) 불가능성57)

본 주제를 다루면서 죽산에게서 발견되는 '예리한 통찰'을 결코 지나쳐버릴 수는 없을 것이다. 죽산은 그의 저술 가운데 하나님의 속성과 관련하여 속성들을 분류하는 범주구별의 여러 방식들을 소개58)한 후, 속성들을 분류함에 있어 한편 어려운 점이 없진 않으나,

---

56) 이처럼 "삼위의 각론"을 다루어온 죽산의 결론에, 사실은 덧붙여 설명해야 할 내용이 더 남아 있다. 그것은 삼위 각위 간의 구별성과 관련된 문제다. 성부, 성자, 성령이 구별된다면, 과연 어떤 점에서 그러한지에 관한 보다 구체적인 논의가 더 이루어져야 한다. 성자의 '나심'(發生, generatio)과 성령의 '나오심'(發出, spiratio, processio)에 관한 논의이다(Cf., 박형룡, pp.220-223; pp.231-234.). 이 주제는 지면의 제약과 본 논문의 논지 증명에 불필요할 것으로 판단되기에 그 구체적인 논의는 다음 기회로 미루려 한다.
57) 죽산에게 적용된 이 표현은 제한적인 의미를 지닌다는 것을 주의하기 바란다. 여기 '불가능성'이란 표현을 붙인 것은 "본래적 부격(父格)" 및 "본래적 자격(子格)"과 관련하여, 그 의미하는 바에 대한 유비(喩比)를 피조세계에서는 결코 발견할 수 없다는 의미에서일 뿐이다. 죽산은 하나님의 초월성과 내재성에 근거한 비공유적 속성과 공유적 속성 사이의 조화와 균형을 인정하는 전통적인 개혁신학의 입장을 취하고 있다(Cf., 전게서, pp.89-183.).
58) 전게서, pp.94-97. : 절대적(絶對的), 상대적(相對的) 속성; 내재적(內在的) 혹 자동

바빙크(H. Bavinck)와 벌콥(L. Berkhof)이 취했던 입장을 자신도 따르겠다는 사실을 언급한 적59)이 있다. 그들이 취했던 입장이란, 이미 우리에게 익숙한 이른바 비공유적(非共有的) 혹은 공유적(共有的) 속성들로 분류하는 방법60)이다. 필자의 생각으로는 이 분류방법을 자신의 입장으로 받아들이겠다는 소신을 밝혔던 죽산 자신이 계속, 관련 고민을 쉽게 떨쳐버리지 못했다는 사실은 가볍게 넘겨버릴 수 없는 중요한 사안으로 여겨진다. 흥미로운 것은 죽산이 했던 바로 그 고민의 내용 - 자신이 선택한 분류 방법이 지닌 한계점에 대한 - 이 본 논의의 과정을 통해 예리하게 드러났다는 점이다.

죽산이 가지고 있었던 문제의식은 다음과 같은 것이었다: "이 분류법에 대해서도 처음부터 이의가 있어 말하기를 한 관점(觀點)에서 보면 속성마다 공유적(共有的)이라 칭할 수 있은즉 이 분류는 좀 더 가감(加減)을 행함이 없으며 유지되기 어렵다 하였다. 신적 속성들 중의 아무 것도 하나님 그 자신에 있는 대로 공유적인 것은 없는 동시에 소위 하나님의 비공유적 속성(非共有的 屬性)들이라도 그 희미한 자취들은 사람 안에 있다. 그러나 이것은 극단적인 관점에서 명사(名辭)의 절대적인 의미를 요구하는 때에 생기는 난관(難關)이

적(自動的), 유출적(流出的) 혹 타동적(他動的) 속성; 자연적(自然的) 혹 형이상학적(形而上學的) 도덕적(道德的) 속성; 긍정적(肯定的), 부정적(否定的) 속성; 비공유적(非共有的), 공유적(共有的) 속성.
59) 전게서, p.97. : "본서는 신적 속성(神的 屬性)들의 분류에 있어서 빠빙크와 뻘콥에 따르며 그 내용해설에서도 그리한다."
60) Cf., H. Bavinck, *Gereformeerde Dogmatiek* II³ (Kampen: Kok, 1918), pp.137-259. ; De onmededeelbare Eigenschappen (pp.137-171.). // De mededeelbare Eigenschappen (pp.171-259.). ; L. Berkhof, *Systematic Theology* (Edinburgh: The Banner of Truth Trust, 1974), pp.57-81. : The Incommunicable Attributes (pp.57-63.) // The Communicable Attributes (pp.64-81.).

요, 평상적(平常的)인 견지에서 상대적인 의미로 신속성(神屬性)들을 고찰하면 비공유(非共有)와 공유(共有)의 구별은 확연하다."[61]

죽산이 지녔던 문제의식의 요지(要旨)는 다음과 같다. 과연 하나님과 인간 사이에 공유적 속성이 존재할 수 있는가? 이 문제에 대해 이렇게 저렇게 말할 수 있겠지만, 엄격한 의미에서 생각한다면, '존재할 수 없다'는 부정적인 답변이 우세(優勢)할 것이고, 통상적인 관점에서 본다면, '존재할 수 있다'고 긍정할 수 있을 것이다. 바로 이같은 두 진술 사이에 갈등의 원인이 놓여있는 것이다. 근본적인 원인은 하나님의 속성들 가운데 이른 바 비공유적 속성과 공유적 속성 사이의 관계가 지닌 성격에서 찾을 수 있다. 두 범주들 사이의 관계는 서로 구별되나 분리될 수 없는 유기적(有機的) 성격의 것이다. 난관은 이 지점에서 시작된다. 예컨대, 지식(知識, *scientia*)의 문제를 두고 살펴보자. 이 분류법에 의하면, 지식이란 공유적 속성들 가운데 속한다. 그런데 엄밀한 의미에서 말한다면, 과연 하나님의 지식과 인간의 지식이 서로 공유될 수 있을까 하는 물음에 대해 불가능이란 답변을 할 수밖에 없을 것이다. 왜냐하면 하나님이 가지신 지식과 인간이 지닌 지식의 본질들을 규정하는 근거가 창조주와 피조물이라는 두 인식주체(認識主體)의 존재론적 차이에 놓이기 때문이다. 하나님은 영원하시고, 인간은 유한하다. 무한한 존재와 유한한 존재로부터 비롯된 인식론적 결과들은 서로 다를 수밖에 없다. 하나님께서 가지신 지식은 영원하고, 무한하며, 불변할 것이지만, 인간의 지식은 그와는 정반대다. 한시적이고, 유한하며, 가변적인 것이다. 과연 영원

---

61) 박형룡, 『신론』, p.92.

과 시간, 무한과 유한 사이의 무한한 질적(質的)인 차이를 간과해도 되겠는가? 죽산의 고민은 바로 이 지점에서 시작된 것으로 보인다. 죽산의 고민은 지당한 것이었다. 그것은 마땅히 되물어야 할 질문이었다. 이제 그 고민이 삼위일체론을 다루던 중, 현실적인 문제로 제기된 것이다.

문제는 성부의 "본래적 부격"과 성자의 "본래적 자격" 개념을 다루면서 구체화되었다. 성부의 부격(父格)은 무시무종의 유독성을 그 특징으로 한다. 죽산에 의하면 이는 피조세계에서는 결코 그 유비(喩比)를 찾을 수 없는 성격의 것이다. 성부의 부격은 삼위일체의 제 이위에 대한 일위의 관계에서 성립되는데, 인생들 가운데서도 아버지와 아들 사이에 부격이 존재한다. '공유적 속성'(共有的 屬性)이란 표현에서 '공유적'이란 어구가 암시하듯, 하나님의 형상(*Imago Dei*)으로서의 인간과 하나님의 관계에 있어서 원형(*archetypa*)과 모형(*ectypa*) 사이에는 자연스러운 유비적 관계가 이루어질 수 있을 것처럼 생각되기 쉽다. 그런데 그와 같은 사고(思考)는 죽산에게 있어서 전혀 불가능한 일이었다. 삼위 사이의 관계성과 인간들 사이에 이루어지는 관계성 간에는 결코 교호성(交互性)을 인정할 수 없었다. 삼위 가운데 일위와 이위 사이의 관계가 부자관계(父子關係)로 일컬어졌다면, 그것은 어디까지나 원형으로서의 본래적 성격을 지닌 것으로 보아야 한다는 것이다. 일위와 이위 사이의 관계가 결코 인간으로부터 출발되는 의인관적(擬人觀的) 관점에 의해 유추 해석될 수 없다는 것이다. 비록 피조세계에 부자관계가 존재한다 할지라도, 피조세계 안에서의 부자관계가 결코 일위와 이위 사이의 관계를 규정하는 단초가 될 수 없다는 것이다. 필자의 판단으로는 이 견해가 앞서 일견(一見)한 바와 같이 개혁 신학적 기초 위에 세워진 정당한 관점으로 여겨진다. 사실 이 문제는 하나님의 속성을 분류하는 방법과 관련하여 읽을 수 있었던 죽산의 고민과 그 맥(脈)을 같이 하는 것이다.

성자의 "본래적 자격(子格)"을 다루던 문맥에서도 동일한 긴장을 읽을 수 있었다. 성자에 대한 죽산의 근본적인 이해는 그가 '하나님의 본래적인 영원한 아들'이시라는 것이다. 그는 하나님의 아들로서 본래적인 의미의 아들이시며, 본래적인 의미의 아들로서 영원한 아들이시라는 것이다. 일위에 대한 이위의 관계는 "영원한 자격(子格)"의 관계다. 영원하기에 필연적인 위적 관계다. 이로써 우리는 앞서 살폈던 피조세계에서의 유비 불가능성에 대한 죽산의 입장을 다시금 확인할 수 있었다. 비록 인간 세계에 '아들'이란 표현이 있다고 할지라도, 일위에 대한 이위의 관계가 자격에 의해 규정되는 일은 피조세계에서의 그것과는 전혀 본질을 달리하는 성격의 것이다. 인간사의 모든 것을 초월하는 영항적(永恒的) 성격을 지닌다. 영원하고도 필연의 관계이기에 우열이나 종속의 관계일 수 없다. 상호 동등의 관계이다. 일위와 이위 사이에는 시간적 선후(先後)나 권위의 우열이란 있을 수 없다. 이 같은 관계를 피조세계에서는 전혀 찾아볼 수 없다. 성자의 자격이란 이처럼 유일 독특하다. 영원과 시간의 무한한 질적인 차이에서 비롯된, 인간사에서 그 유비를 결코 찾아볼 수 없는 독특함이 그 속에 있는 것이다. 이것이 성자의 "본래적 자격" 개념 속에 깔려있던 죽산의 이해였다.

3.3. 해석학적 관심과 철학적(哲學的) 표현방식

죽산에게도 명암(明暗)은 엇갈린다. 그의 성경해석학적 관심은 더욱 지향해야 할 바이지만, 과도한 철학적 표현방식은 지양(止揚)되어야 할 점이다. 죽산이 성부와 성자의 주제를 다루면서 교의학적 과제의 일환(一環)으로서 성경본문을 다룸에 있어서 확인했던 긍정적인 측면을 다시금 기억하고, 후학들로서 그 점을 주목하고 활성화시킬 필요가 있으리라 사료된다. 즉 "하나님에게 사용된 명칭 「아버지」"란 항목에서 그가 발휘했던 해석학적 정확성과 유연성은 그의 교의학의 신임도(信任度)를 높이는 역할을 했다. 이 점은 "제 이위에 적용된 명칭 「아들」"이란 항목에서도 동일하게 확인되었다. 곧 공시적 원리에 대한 해석학적 통찰을 우선적 관심사에 두었다는 사실이다. 자칫 교의학 작업이 전통주의적 사고에 함몰(陷沒)되기 쉬운데, 이와 같은 해석학적 관심으로부터 발견된 진리를 체계화하는 작업이 왕성해 진다면, 교의학은 생명력 넘치는 역동적인 진리체계로 자리 잡아 갈 수 있을 것이다. 이러한 가능성을 죽산의 작업 속에서 필자는 읽어낼 수 있었다.

그러나 또한 죽산의 진리 진술의 방식 가운데 지양되었으면 하는 바람, 역시 가지게 되었다. 그것은 어려운 개념어(槪念語)들을 사용한다거나 자주 등장하는 철학적 표현방식이다. 물론 교의학이 본문 자체만을 다루는 신학의 어떤 분야에서와는 달리 신학사상을 취급해야 하기 때문에 표현방식에 있어 좀 생경스럽다거나 현학적(衒學的)인 인상을 풍긴다거나 심지어 때론 철학적이란 느낌을 줄 수 있다고 생각한다. 그러나 그 점이 지나치다면 신학 작업을 잠시 멈추고 자조적인 반성을 할 필요가 있을 것이다. 이와 같은 요구는 어느 특정한 인물들에게 적용될 사안이 아니다. 신학도인 우리 모두에게 적용되어야 할 의무요, 과제다. 그러한 점에서 죽산의 신학 작업에는 긴 아쉬움이 남는다. 이러한 점에서, 죽산이 한국교회에 전수하여 준 귀한 개혁신학사상(改革神學思想)을 보다 잘 유지하고, 계승, 발전시키기 위해 - 만일 이것이 허용되는 일이라면 - 죽산의 작품들 가운데, 난해(難解)한 표현들을 이해하기 쉽도록 개정하는 작업이 후대인들을 위해 필요하리라 사료된다.

지금까지의 논의를 통해 죽산에게는 '일체에 삼위, 삼위인 일체'란 관점으로 접근하든, '삼위에 일체, 일체인 삼위'란 관점으로 접근하든 실질적 내용에 있어서는 동일한 결론에 이를 수밖에 없다는 것이 그의 입장임을 확인할 수 있었다. '일체'와 '삼위' 진술에 있어서 양자 사이의 순환이 죽산에게 발견될 수 있었다. 두 관점은 배타성(排他性)에 의해서가 아니라, 상보성(相補性)에 의한 상관성을 지녀야 한다는 점을 확인한 셈이다. 죽산에게 있어서 이 모든 일이 가능했던 것은 성경의 가르침대로 영적 실제에 있어서 '일체'와 '삼위'가 동시적이라는 그의 계시인식 위에 그의 신학적 체계가 세워졌기 때문이었다고 할 수 있다. 결국 진리는 어느 방향성에 의해 결정되는 문제가 아니라, 특별계시 의존적 신앙이란 인식론적 원리에 의해서만 결정되는 것임을 다시금 확인할 수 있었다.

"영생은 곧 유일하신 참 하나님과 그의 보내신 자 예수 그리스도를 아는 것이니이다"(요17:3)라고 하였다. 이처럼 성부의 "본래적 부격"과 성자의 "본래적 자격" 사상은 결코 피조세계에서 그 유비를 찾을 수 없는 것이기에, 영생이란 전적으로 하나님의 주권에 의한 은총으로 말미암을 수밖에 다른 방도가 없다. 죽산의 입장은 단호하다. 그와 같은 입장에서는 상향적(上向的) 성향의 자연종교 개념이나 인간 의식의 투영(投映)으로서의 신개념 등 인간 본위적(本位的) 성향은 아예 발을 붙일 수 없다. 죽산의 인식론적(認識論的) 방향은 하향적(下向的)이다. 이는 하나님을 중심한, 계시 의존적 사고로부터 나온 결과다. 결코 인간으로부터 하나님이 규정되거나 이해될 수 없는 일이다. 여기에 기독교와 복음의 유일성이 있다.(*)

(『神學指南』 2008년 봄호)

VII.
성자의 영원한 '나심'(*generatio*)

성자의 영원한 '나심'(*generatio*)

일체이신 삼위, 삼위이신 일체, 곧 삼위일체 하나님의 각위 사이의 존재론적 질서는 역사적인 기독교회의 정통신학에 의해 '나심'(*generatio*)과 '나오심'(*processio / spiratio*)이란 용어들로써 조심스럽게 묘사되어왔다. 죽산 역시 이 문제를 그의 삼위일체 논의 가운데 조심스럽게 포함시켰다.[1] 이 중요하고도 난해한 문제를 그는 이제껏 다루어왔던 자신의 삼위일체 논의와 일관되게 정리한 것으로 보인다. 이에 필자는 이 문제와 관련하여 죽산의 관점은 무엇이며, 또한 그와 같은 그의 신학적 이해가 과연 성경의 가르침과 잘 부합되는지에 관심을 가지고서 그 핵심적인 문제들을 살펴보려 한다.

1. 내향적 사역(*opera ad intra*)

죽산은 이 문제를 하나님의 "독특한 내향적 사역"[2]과 관련하여

---

1) 박형룡,『신론』(서울: 은성문화사, 1974), pp.220ff., pp.231ff.
2) 전게서, p.215.

다루었다. 하나님의 사역들에 관해 죽산은 "내향적인 사역"(*opera ad intra*)과 "외향적인 사역"(*opera ad extra*)으로 대별3)하였는데, 죽산에 의해 소개된 두 사역들의 내용은 아래와 같다:

> … 하나님의 판연한 내향적 사역은 그 위(位)들 상호간에 내재한 일 즉 발생(generation)과 위자(filiation, 爲子)와 발출(procession) 혹 출송(spiration)이다. 하나님의 외향적 사역은 하나님과 피조물 사이에 관계를 맺는 일들이니 두 가지로 다시 나누인다. 그 첫째는 외면적으로 실현되기까지는 하나님 안에 내재하는 작정의 일이요, 그 둘째는 창조, 섭리, 구속이다.4)

죽산에 의해 분류된 내향적 사역과 외향적 사역은, 전자가 삼위일체 하나님 자신 안에서 일어나는 일들로 볼 수 있다면, 후자의 경우는 피조물과 관련하여 일어나는 일이라 할 수 있겠다. 그런데 하나님의 내향적 사역을 설명하는 죽산의 사용 용어들이 한자문화(漢字文化)

---

3) 전게서, p.251f.
4) 전게서, p.252. : 하나님의 사역에 대한 분류방법은 사람마다 약간씩 다르다. 죽산은 "내향적 사역"(*opera ad intra*)과 "외향적 사역"(*opera ad extra*)으로 나눈 후, 발생(*generatio*)과 발출(*spiratio / processio*) 등 위격 상호간에 내재하는 일들을 내향적 사역에 포함시키고, 하나님과 피조물 사이에 관계를 맺는 일로서 외적으로 실현되기까지 하나님 안에 내재하는 작정의 일과 그것의 외적 실현으로서 창조, 섭리, 구속을 외향적 사역에 포함시켰다(Cf., 전게서, p.251f.). 헤르만 바빙크(Hermann Bavinck) 같은 경우엔 전반적인 사상이나 개념에 있어서는 죽산과 동일하지만 구조나 명칭에 있어서는 약간 다르다. 그는 "내재적 사역"(de immanente werken)과 "외재적 사역"(de transeunte werken)으로 하나님의 사역을 구분한 후, 외재적 사역 안에 "내향적"(*ad intra*) 사역과 "외향적"(*ad extra*) 사역을 두었다. 삼위 각위 사이의 일, 곧 나심과 나오심을 내재적 사역의 의미로 규정하였으며, 작정을 외재적 사역 중의 내향적 사역에, 그리고 창조, 섭리, 구속을 외재적 사역 중의 외향적 사역에 포함시켰다[Cf., H. Bavinck, *Gereformeerde Dogmatiek* II^3 (Kampen: Kok, 1918), pp.348ff.].

에 익숙지 못한 후세대 사람들에게는 좀 생소하게 들릴 수 있다. 즉 발생(發生), 위자(爲子), 발출(發出), 출송(出送) 등의 표현이 그것들이다. 이에 논의의 과정에서 혼란을 피하고 개념들을 명석하게 하기 위해서는 같은 개념을 지닌 유의어(類義語)들을 살펴보는 일은 매우 유익할 것이다. "발생"은 "generation"의 번역어이며, "위자"는 "filiation"의 번역어이고, "발출"은 "procession"의 번역어이며, 그리고 "출송"은 "spiration"의 번역어라는 것을 감안할 때에 "발생" 대신에 '나심'으로, "위자" 대신에 '아들 됨' 혹은 '아들이심'으로, "발출"이나 "출송" 대신에 '나오심'이란 용어들을 사용한다고 해도 문제될 것이 없으며, 그리할 때 후대인들인 우리가 오히려 그 정확한 개념을 파악하고 이해함에 있어서 보다 용이해질 것이고, 또한 불필요한 혼란들을 미연에 방지할 수 있지 않을까 생각한다.

죽산은 위에서 언급한 자신의 개념 정의5)와 일치하게 "선택을 포함하는 구속의 계획"6), "구속의 언약에서 사명을 발하신 일"7), "창조와 섭리의 사역"8), "구속의 적용에서의 소명"9) 등과 같은 하나

---

5) 각주(4)를 참조.
6) 죽산이 제시한 제목의 함의(含意)는 하나님의 구속계획(엡1:9, 3:11, 딤후1:9)에 선택이 포함되었는데, 그 선택은 구원 얻을 자들(요17:6, 9, 롬8:29, 엡1:4, 벧전1:2)만이 아니라, 성자 자신(시2:7-9, 40:7-9, 벧전1:20, 2:4, 롬8:29)께서도 그 대상으로 포함되었다는 것과 성부께서는 이 모든 일의 창시자이셨다는 것이다(박형룡,『신론』, p.215.).
7) 죽산이 진술한 바는, 하나님의 구속계획은 언약적 성격의 일이었으며, 거기서 첫째 당사자로서 성부께서는 성자에게 사명을 나타내 보이셨다(시2:7-9, 40:6-9, 요6:37, 38, 17:4-7, 눅22:29)는 것이다(전게서, p.215.).
8) 창조와 섭리에 있어서도 성부 하나님께서 창시자이셨음(고전8:6, 엡1:9)을 죽산은 지적하였다(전게서, p.215.).
9) 죽산의 설명 내용은 성부께서는 구속의 계획자이시며, 동시에 구속 적용의 시발점에서 유효한 소명을 일으키시는 동인자(動因者)이시라는 것이다. 그로써 성부께서는 자기 백성과의 친밀한 관계에 계신다(롬8;29, 30, 고전1:9, 갈1:15, 엡1:17, 18, 딤후

님의 "특수한 외향적 사역"10)과 대비하여 하나님의 "독특한 내향적 사역"11)에 관해 다음과 같이 설명하였다:

> 성부의 위적 특성(位的 特性)은 첫째로 그의 내향적 사역에 있으니 소극적으로 말하면 그는 발생(發生) 또는 파송(派送)되지 않으신다는 것이요, 적극적으로 말하면 성자의 발생과 성령의 파송이다. 성령의 파송은 성자의 사역도 된다. 그러므로 엄밀히 말하면 성부의 독특한 내향적 사역은 능동적으로 성자를 영원히 발생하심이다.12)

죽산의 이 설명 속에는 삼위일체 하나님의 각위 사이에 놓여있는 모든 관계들과 그 속에 게재(揭載)되어 있는 여러 속성들이 간명하게 개진되어 있다. 성부 하나님, 곧 제 일위의 특별한 위적 속성은 죽산에 의하면, 그가 앞서 언급했던 하나님의 내향적 사역을 통해 분명히 드러나게 된다. 거긴 두 면이 있는데, 한편으론 성부 자신은 낳아지지 않으신다는 것과 또한 그 자신은 보냄을 받지 않으신다는 점이며, 다른 한편으론 성부 자신이 성자를 낳으신다는 것과 성부 자신이 성령을 보내신다는 점이다. 그리고 이 성령을 파송하는 일은 곧 성자의 일이기도 하다는 것이다. 전자가 소극적 성격을 띠고 있다면, 후자의 경우에선 적극성이 드러난다는 것이다.

이는 전적으로 옳은 시각이 아닐 수 없다. 이와 같은 필자의 판단은

   1:9)는 것이다(전게서, p.215.).
10) 전게서, p.215.
11) 전게서, p.215.
12) 전게서, p.215.

삼위일체론과 관련하여 지금까지 논의해 온 과정 속에 드러났던 성경의 여러 교훈들과 전적으로 일치한다는 개인적 판단에 근거한다. 예를 들자면, 2007년 봄호, 『신학지남』(『神學指南』)13)에 게재된 필자의 졸문(拙文) 중, 신약성경에서의 증거를 다루는 부분에서 "삼위 각각의 신성(神性)"14), "삼위의 인격적 교제(交際)"15), "삼위의 동열구조(同列構造)16)"란 항목들의 논의 과정 가운데서 그 성경적 근거들을 찾을 수 있을 것이며, 그리고 또한 같은 해 가을호,『신학지남』에서 필자가 다룬 내용 전체17)가 위에서 내린 판단, 곧 "이는 전적으로 옳은 시각이 아닐 수 없다."는 진술에 대한 강력한 신학적 논거가 될 수 있을 것이다. 그것은 다음과 같은 이유에서다. 이유는 다른데 있지 않다. 그것은 그 진술들이 성경 자체의 가르침을 올바로 담아내고 있다는 사실 그 자체에 있다. 그렇다면 그 내용은 무엇인가? 한편으로 성부 자신은 낳아지지 않으신다는 것과 또한 그 자신은 보냄을 받지 않으신다는 것인데, 그것은 곧 성부 하나님의 영원하신 신성에 상응되는 표현일 것이다. 성부 하나님께서는 영원하신 신성을 가지셨기에 그의 존재하심은 시작이 없으실 것이다. 그렇다면 당연히 낳아지지 않으실 것이다. 성부 하나님께서는 영원하신 신성을 가지셨기에 그 분의 존재하심은 기인(起因)되실 리 만무하다. 그렇다면 당연히 보냄을 받지 않으실 것이다. 이는 죽산이 명백하게

---

13) '삼위일체 교리의 성경적 근거(신약)에 관한 박형룡 박사의 이해' in:『神學指南』, 제 74권 1집, 통권 제 290호 (서울: 신학지남사, 2007), pp.47-76.
14) 전게서, pp.55-62.
15) 전게서, pp.62-66.
16) 전게서, pp.66-71.
17) '삼위(三位)의 의미에 관한 죽산의 이해' in:『神學指南』, 제 74권 3집, 통권 제 292호 (서울: 신학지남사, 2007), pp.35-54.

밝혔던 성부 하나님의 신성에 관한 교훈18)과 전적으로 일치한다. 이 같은 소극적 의미에서의 성부의 위적 특성에서와 마찬가지로 적극적 의미에서의 특성과 관련해서도 여전히 동일한 결론에 이르게 된다.

앞서 죽산이 밝힌 적극적 의미에서의 성부의 위적 특성이란, 성부 자신이 성자를 낳으신다는 것과 성부 자신이 성령을 보내신다는 것이었다. 이는 "위적 구별과 신적 유일성"19)에 관해 논했던 죽산의

---

18) 성부의 신성을 제시하는 근거로서 죽산이 인용했던 신약의 자료들은 다음과 같다. "그러나 우리에게는 한 하나님 곧 아버지(εις θεος ο πατηρ)가 계시니 만물이 그에게서 났고 우리도 그를 위하여 또한 한 주 예수 그리스도께서 계시니 만물이 그로 말미암고 우리도 그로 말미암았느니라."(고전8:6), "사람들에게서 난 것도 아니요 사람으로 말미암은 것도 아니요 오직 예수 그리스도와 및 죽은 자 가운데서 그리스도를 살리신 하나님 아버지(θεου πατρος)로 말미암아 사도 된 바울은"(갈 1:1), "하나님도 하나이시니 곧 만유의 아버지시라(εις θεος και πατηρ παντων) 만유 위에 계시고 만유를 통일하시고 만유 가운데 계시도다."(엡4:6), "그 때에 예수께서 대답하여 가라사대 천지의 주재이신 아버지여(πατερ κυριε του ουρανου και της γης) 이것을 지혜롭고 슬기 있는 자들에게는 숨기시고 어린 아이들에게는 나타내심을 감사하나이다."(마11:25), "썩는 양식을 위하여 일하지 말고 영생하도록 있는 양식을 위하여 하라 이 양식은 인자가 너희에게 주리니 인자는 아버지 하나님의 인치신 자니라(ο πατηρ εσφραγισεν ο θεος.)"(요6:27), "곧 하나님 아버시의 (θεου πατρος) 미리 아심을 따라 성령의 거룩하게 하심으로 순종함과 예수 그리스도의 피 뿌림을 얻기 위하여 택하심을 입은 자들에게 편지하노니 은혜와 평강이 너희에게 더욱 많을지어다."(벧전1:2), "모든 입으로 예수 그리스도를 주라 시인하여 하나님 아버지께 영광을 돌리게 하셨느니라(εις δοξαν θεου πατρος)."(빌2:11), "예수께서 이르시되 나를 만지지 말라 내가 아직 아버지께로(προς τον πατερα μου πορευου) 올라가지 못하였노라 너는 내 형제들에게 가서 이르되 내가 내 아버지 곧 너희 아버지, 내 하나님 곧 너희 하나님께로(προς τον πατερα μου και πατερα υμων και θεον μου και θεον υμων) 올라간다 하라 하신대"(요20:17), "가라사대 아바 아버지여(αββα ο πατηρ) 아버지께는 모든 것이 가능하오니 이 잔을 내게서 옮기시옵소서 그러나 나의 원대로 마옵시고 아버지의 원대로 하옵소서 하시고"(막 14:36), "돌을 옮겨 놓으니 예수께서 눈을 들어 우러러 보시고 가라사대 아버지여(πατερ) 내 말을 들으신 것을 감사하나이다."(요11:41), "나는 세상에 더 있지 아니하오나 저희는 세상에 있사옵고 나는 아버지께로 가옵나니 거룩하신 아버지여(πατερ αγιε) 내게 주신 아버지의 이름으로 저희를 보전하사 우리와 같이 저희도 하나가 되게 하옵소서."(요17:11) 등이다(Cf.,『神學指南』, 제 74권 1집, 통권 제 290호, p57f.).

결론과 전적으로 상응한다. 죽산이 내린 결론, 즉 "삼위는 서로 구별되나, 결코 분리될 수 없는 세 존재양식"[20]이란, 삼위가 각각 완전한 신성을 지니신 하나님이시지만, 성부는 성자일 수도 성령일 수도 없으며, 성자는 성부일수도 성령일 수도 없고, 성령은 성부일 수도 성자일 수도 없다는 성경적 교훈의 신학적 표현인 것이다. 삼위가 서로 구별되는 위적 실존이라는 것에 대해 죽산은 이미 성경으로부터 다양한 근거들을 제시한 바 있다. 예컨대, 그의 저술 속에 나타난 다음과 같은 진술내용이 그것이다: "신약은 성부, 성자, 성령을 상호 인격적 교제의 대상 즉 판이한 인격들로 제시한다. (1) 그들은 1,2,3, 인칭대명사(人稱代名詞)로 서로 말씀하신다(마17:5, 요17:1, 16:28,13). (2) 그들은 서로 사랑하시며 영화롭게 하신다(요3:35, 15:10, 16:14). (3) 성자는 성부께 기도하신다(요17:5, 14:16). (4) 성부는 성자를, 성부와 성자는 성령을 보내신다(마10:40, 요17:18,3, 14:26, 16:7)."[21] 이와 관련해서는 필자가 이미 앞서 발표했던 논문[22]에서, 죽산의 이와 같은 근거 제시는 '삼위가 서로 구별되는 위적 실존'이란 사실을 드러내기 위한 목적이었음을 소상히 논증한 바가 있다. 그 글에서 필자는 죽산이 사용했던 표현들을 주목하였었는데, "판이한 인격들"이란 진술에서 먼저, "판이"(判異), 즉 '구별되

---

19) '삼위(三位)의 의미에 관한 죽산의 이해' in:『神學指南』, 제 74권 3집, 통권 제 292호 (서울: 신학지남사, 2007), pp.47ff.
20) " … 죽산이 제시하는 독특성이란, '삼위는 서로 구별(區別)되나 결코 분리(分離)될 수 없는 세 존재양식 혹은 세 실존양식'이란 명제로 집약될 수 있다. 중요한 것은 삼위는 한 존재의 세 가지 현현(顯現)의 양식이 아니라, 그것은 "삼개체적 실존들"로서 존재의 세 양식 혹은 실존의 세 양식이란 사실이다."(전게서, p.49.).
21) 박형룡,『신론』, p.187.
22) '삼위일체 교리의 성경적 근거(신약)에 관한 박형룡 박사의 이해' in:『神學指南』, 제 74권 1집, 통권 제 290호, pp.63ff.

게 서로 다름'이란 개념에 기초하여, 그리고 "인격들", 곧 단수형이 아니라, 복수형을 사용했다는 사실에 근거하여 하나님께서는 결코 "분리될 수 없는 일체"이시며, 동시에 "구별되는 삼위"이심을 죽산이 신약성경으로부터 이끌어내었음을 지적한 바[23] 있다. 뿐만 아니라 성경으로부터의 이 같은 근거 제시가 단지 신약으로부터만 시도된 것이 아니었고, 구약성경으로부터도 여일(如一)한 진리[24]가 이끌어 내어졌다는 사실을 밝힌 바[25] 있다. 이렇게 볼 때, 하나님의 "독특한 내향적 사역"에 관한 죽산의 설명은 단순한 인간적 사색이나 철학적 추론으로부터 나온 하나의 추상적 사유물(思惟物)이 아니라, 명백히 성경의 가르침에 기초를 둔 계시적 진리임이 확인된 셈이다.

그렇다면 이제 여기서 한 걸음 더 나아가 죽산이 설명하고 있는 "성자의 영원발생(永遠發生)"에 관하여 그가 제시하고 있는 내용의 의미하는 바가 무엇인지, 또한 그것이 성경의 가르침을 잘 반영하고 있는지, 그리고 개혁 신학적 전통과 부합(附合)되는지에 대해 살펴보자.

---

23) 전게서, p.63.
24) 죽산은 "판이"(判異)란 용어를 구약의 증거를 다루던 문맥에서도 채택했던 적이 있었다. 다시 말해 '하나님 자신'과 '지혜'와의 관계에 대해, 혹은 '하나님 자신'과 '말씀'과의 관계에 대해 '서로 다름'(=判異)과 '함께 함'(=永遠한 共存)이란 함축을 지닌 구약성경의 문맥들(잠8:1, 12-31; 3:19)을 살피면서 삼위일체의 근거를 모색했던 적이 있었다. : "지혜는 하나님과 판이하되 하나님으로 더불어 영원히 함께 있는 자로 인격화하여 제시되었으며(잠8:1, 12-31; 3:19) 하나님의 「말씀」은 하나님과 판이하되 하나님의 의지를 영원부터 집행하는 자로 인격화하여 설술(設述)되었다(시33:4, 6; 107:20; 119:89; 147:15-18)."(박형룡, 『신론』, p.195f.).
25) '삼위일체 교리의 성경적 근거(신약)에 관한 박형룡 박사의 이해' in:『神學指南』, 제 74권 1집, 통권 제 290호, p.64.

2. 성자의 영원한 '나심'(generatio)

2.1. 접근방법

죽산은 삼위의 각론 가운데, 성자와 연관된 논의, 곧 "성자의 영원 발생"26)을 다루면서 그가 취한 접근방법은 헤르만 바빙크(Hermann Bavinck)가 제시한 바27) 있는 이른바 "역사적 분석적 방법"(de historisch-analytische methode)이라 할 수 있다. 죽산은 먼저 장로교 신앙의 표준문서인 웨스트민스터 신도게요서의 내용을 소개한 후, 그 성경적인 근거들을 제시하면서 그것에 대한 신학적 의미를 궁구하는 방법을 선택했기 때문28)이다. 그런데 미시적(微視的)으로 이 부분만을 관찰한다면 그렇게 평가할 수도 있겠지만, 전체로서 죽산이 다룬 삼위일체 전반을 종합적(綜合的)인 시각에서 바라본다면, 그의 접근방법은 "종합적 원천적 방법"(de synthetische, genetische methode)으로 불리어질 수 있다. 개략적으로 말해, 그는 우선 역사적인 기독교회가 견지해 온 정통교리를 염두에 두고서, 성경 속으로 깊이 들어가 성경 자체를 신학의 원리로 삼고, 그 교훈하는 바가 무엇인지를 주목하면서 해석 작업을 마친 후, 다시금 교회로부터 전수된 교리들을 소개하면서 그 교리들이 어떻게 성경적인 기반 위에서 그 성경과의 유기적인 관계 속에 성장하고 발전해왔는지를

---

26) 박형룡, 『신론』, p.220.
27) H. Bavinck, *Gereformeerde Dogmatiek* I³ (Kampen: Kok, 1918), pp.80ff.
28) 이 방법은 먼저 교리나 신조의 내용을 객관적으로 소개한 다음, 그 성경적인 근거를 찾는 방법이다. 즉 근원을 추적해 가는 방법이다(Cf., 졸저(拙著), 『당신의 말씀은 진리니이다 - 교의학의 원리와 방법』(서울: 총신대출판부, 1991), p.138.

살피고 있기 때문29)이다. 여하튼 정당한 두 방법을 동원하여 성경의 진리를 추구하고 있는 죽산의 모습을 발견할 수 있다.

죽산이 앞서 설명한 내용을 상기해보면, 성부의 위적 특성(位的 特性) 중 내향적 사역이 지닌 적극적인 측면이 있다면, 그것은 "성자의 발생"과 "성령의 파송"이라고 할 수 있다. 그런데 그 성령의 파송이란 성부 혼자만의 사역이 아니라, 성자께서도 관여하시는 일이기 때문에 엄밀한 의미에서 본다면, "성자를 영원히 발생하심"만이 성부의 독특한 내향적 사역이라고 할 수밖에 없다는 죽산의 지적30)을 기억할 것이다. 그리고 앞서 인용된 것의 연결부분으로서 이제 다루려고 하는 내용은 다음과 같다:

성자의 영원발생(永遠發生)은 성부가 의지(意志)의 선택에 의하지 않고 성질의 필연에 의하여 성자의 위(位)를 발생하시되 그에게 신격의 전 실체를 전달하시어 성자로 하여금 성부의 정확한 형상으로 영원히 계속하게 하시는 성부와31) 영원한 위적 행위(personal act)다.32)

'성자의 영원한 나심'에 관한 죽산의 설명에 있어 그 핵심적인 요점은 네 가지 요소로 압축된다. 먼저 그것은 하나님의 필연적인 행위이며, 다음으로 성부 하나님의 영원한 행위이고, 그리고 또한

---

29) Cf., 졸저, 『당신의 말씀은 진리니이다 - 교의학의 원리와 방법』, p.139.
30) 박형룡, 『신론』, p.215.
31) 줄친 부분, 곧 "와"자(字)는 문맥의 의미상 '의'자에 대한 오자(誤字)로 추정된다.
32) 전게서, p.215.

위적 실존의 나심이며, 마지막으로 유래와 동등의 의미를 지닌다는 사실이다.

삼위일체 전반을 종합적으로 살펴본다면, 죽산의 접근방법은 종합적 원천적 방법(de synthetische, genetische methode)이라고 할 수 있겠지만, 지금 논의하고 있는 부분만을 원자론적으로 관찰한다면, 역사적 분석적 방법(de historisch-analytische methode)이라 할 수 있다. 그래서 죽산의 진술내용을 주목해 보면, 다음과 같은 두 과정으로 이루어져 있음을 확인할 수 있을 것이다. 먼저, 『웨스트민스터 신도게요서』(The Westminster Confession of Faith)의 내용을 소개하고, 그 의미하는 바를 간략히 설명하는 과정이며, 다음으로는 그것에 대한 성경의 근거들을 제시하는 과정이다:

「성자는 성부로부터 영원히 나시고 성령은 성부와 성자로부터 영원히 발출하신다」(웨스트민스터 신도게요)[33]. 성부에 의해 영원히 나시며 (간단히 「위자(filiation, 爲子)」라 칭함) 성부와 함께 성령의 파송(spiration)에 참여하시는 것은 성자의 위적 특성이다. 이 진리들은 성경에서 충분히 계시되지 않은 고로 우리에게 완해(完解)되지 않으나 신적 실유 안에서 제 이위의 위적 특성인 동시에 그와 제 삼위의 존재의 근기(根基)가 되는 것으로 보여진다. 성자의 발생의 교리는 삼위의 제 일위와 제 이위가 부자(父子) 관계를 가지신다는 성경 묘사에 의하여 암시된 것이다. 다만 「아버지」와 「아들」이라는 명칭들이 전자에 의한 후자의 발생을 암시할 뿐 아니라, 아들은 또한 「독생자」라고

---

[33] 이 표현은 1648년도에 공표된 *The Westminster Confession of Faith*의 제 2장 3절에 나온다: " … the Son is eternally begotten of the Father; the Holy Ghost eternally proceeding from the Father and the Son."

반복 칭호됨이 위의 기술과 같다(요1:14, 18; 3:16, 28; 히11:17; 요일4:9).34)

두 과정의 전반부에서 "성경에서 충분히 계시되지 않은 고로 우리에게 완해(完解)되지 않으나 … "라고 지적한 내용을 통해 죽산이 가진 '신학의 원리'(principium theologiae)가 무엇인지 다시금 확인된다. 그는 어떤 주제를 다루건, 그 어느 문맥에서나 최선을 다해 특별계시 의존신앙의 방법을 고수하려 하였다. 그래서 여기서도 완전히 이해될 수 없는 원인을 성경에서 충분히 계시되지 않았다는 사실에서 찾고 있다.

두 번째 과정, 즉 후반부의 설명 가운데서도 우리의 관심을 끄는 표현이 두 번 나타난다. "암시"(暗示)란 용어다. 이는 앞서 지적된 바, "충분히 계시되지 않은 고로"란 표현과 의미상 연관된다. 즉 '명시'(明示)되지 않고, '암시'되었을 뿐이란 것은 '충분히 계시되지 않았다'는 표현과 의미상 등가적(等價的)이다. 비록 성경 가운데 명료하게 제시되지는 않았고, 단지 희미하게 암시되기만 하였을지라도, '계시(啓示)의 빛'과 '이성(理性)의 빛'은 동일한 차원에 둘 수 없다는 것이 죽산의 확신이다. 진실로 하나님의 미련한 것이 사람보다 지혜 있고, 하나님의 약한 것이 사람보다 강하다(고전1:25). 이와 같은 확신 위에서 죽산은 "「아버지」와 「아들」이라는 명칭들이 전자에 의한 후자의 발생을 암시"한다고 설명하였다. 그리고 그 근거들을 요한문헌과 히브리서로부터 찾았다. 그런데 이와 같은 근거들은 이미 죽산 자신이 이전부터 제시해 오던 바35)이었다.

---

34) 박형룡, 『신론』, p.220.

2.2. 신학적 함축(含蓄)

죽산은 '성자의 영원한 나심'의 신학적 의미들을 한 대여섯 가지로 정리하여 설명하고 있다. 필자는 이들 중, 핵심적인 요점들만 몇 가지 요소로 압축하여 살피려한다. 살피되, 그 사상적 함축과 연동되어 개진될 신학적 설명의 타당성 여부에 주목할 것이다. 물론 여기서의 판단의 준거 역시 개혁 신학의 원리를 따를 것이다.

2.2.1. 자유로운 행위가 아니라, 하나님의 필연적인 행위이다.

죽산은 "성자의 영원발생", 곧 '성자의 영원한 나심'이 성부의 의지와는 무관한 것일 수밖에 없는 이유를 아타나시우스(Athanasius)의 입을 통해 제시 한 후, 곧 이어 그것은 성부의 의지와 연관을 가진다는, 즉 전술(前述)과는 모순되는 진술을 통해 삼위 안에서의 성부의 내재적 사역을 설명하였다. 엄격히 말한다면, 설명 불가능한 일에

---

35) 예컨대, "성경이 성부와 성자를 동렬에 두어 말하는 방식은 그 첫째와 두째가 일반으로 위적(位的)이라는 것을 함의하며 또한 두 사이에 위적 관계(位的 關係)가 존재함을 지시한다."(전게서, p.218)고 진술한 죽산은 그 말미에 덧붙여 이 문제 역시 다른 곳에서 다루었기에 자신의 저술을 참고("본장 3절 二의 (二)의 3 「성부 성자 성령의 인격적 교제」 참조")하라고 제언한다. 계속되는 그의 진술은 성자의 출생을 방증(傍證)하고 있다: "이 명칭(=맏아들)은 성부와 성자의 관계를 부자관계(父子關係)로, 따라서 위적 관계로 제시한다."(전게서, p.218.). 죽산은 계속하여 골1:8, 계1:5, 히1:6, 골1:15 등을 근거로 제시하면서 다음과 같은 해석을 덧붙인다: "이 최종의 두 구절은 그리스도가 창조 이전에 계셨다는 것을 의미함으로 성부와 성자의 부자관계(父子關係)를 약근적(略近的)으로 암시하며 따라서 두 사이에 위적 관계가 있음을 보여준다."(전게서, p.219.). 여기서도 "암시"란 단어가 사용되고 있다. 죽산의 진술은 더욱 진전된 내용을 제공한다: "「독생」(μονογενής)이라는 말은 요한복음의 네 구절(1:14, 18; 3:16, 18)과 요일 4:9에 나타나는 바 독특한 발생이나 출생을 의미한다."(전게서, p.219.).

대해 설명을 시도한 셈이다. 사실, 초월적 존재이신 성부 하나님의 사역에 대해 합리적으로 설명한다는 것은 인생으로서 불가능한 일이다. 이러한 사실들을 감안하고서, 비록 비합리적일지언정 나름대로의 설명방법을 모색하기 위해 특수한 개념어들을 기용(起用)하였다. 그것은 곧 "선택적 의지"와 "병발적(倂發的) 의지"란 용어들이다. 죽산의 설명을 직접 들어보자:

> 첫째로 이 발생은 하나님의 필연적 행위이다. 성자의 발생을 최초로 말한 이 중의 한 사람인 오리게네(Origen)는 이것을 성부의 의지(意志)에 의지하는, 따라서 하나님의 자유적인 행위로 보았으며 다른 때의 다른 사람들도 그리 하였다. 그러나 아다나시우스(Athanasius)와 기타 사람들은 성부의 선택적 의지에 의지하는 발생은 성자의 존재를 우연적인 되게 할 것 그리하여 성자는 존재하지 않으신 때가 있었을 수 없으신 필연적 존재자 성부와 동등동체(同等同體, ὁμοούσιος)되지 못하시어 신성을 박탈당하게 되실 것을 밝히 보았다. 성자의 발생은 반드시 하나님의 필연적이며 자연적인 행위로 보아야 할 것이다. 그러나 성부의 병발적 의지(倂發的 意志, concomitant will[36])가 이 발생을 완전히 기뻐한다는 의미에서는 이 일이 성부의 의지와 관계를 가지는 것이다.[37]

---

36) 『신론』의 본문에 나타나는 영자 표기, "ocncomitantwill"은 조판(組版) 오류로 판단됨.
37) 전게서, p.220. ; 죽산은 이 부분(=성자의 영원발생과 관련된 부분들)을 진술함에 있어서 루이스 벌코프(Louis Berkhof)의 『조직신학』에 깊이 의존하고 있음을 알 수 있다[Cf., L. Berkhof, *Systematic Theology* (Edinburgh: The Banner of Truth Trust, 1974), p.93f.]. 이에 대해서는 죽산 자신이 신학 작업을 했던 초기 한국기독교회의 정황을 감안하면서 이해해야 할 문제로 여겨진다. 죽산은 늘 자신의 책 서문에 다음과 같은 고백을 밝히면서 송구스러워 하였다: "이 책은 다른 사람들의 화원에서 꺾어 모은 꽃다발도 되지 못한다. 한 사람의 화원에 다른 사람들의 꽃

죽산의 설명은 그 자체가 이성의 합리성에 근거한 것이라 할 수 없다. 그렇다면 이 진술 가운데 합리적 일관성은 지속적으로 유지될 수 없을 것이 명백하다. 이 같은 사실을 인식하고 죽산은 그럼에도 불구하고 비록 비합리적일지언정 합리성을 초월하는 나름대로의 설명을 시도하였다. 죽산이 이런 시도를 감행한 데에는 분명히 나름대로의 소신이 있었을 것이다. 그것은 아마도 다음과 같은 것이 아닐까 추론해 본다. 즉 특별계시 의존신앙을 신학의 원리로 삼고 있는 그에게는 분명히 성경으로부터 도출된 신앙적 개념들이 그 내면에 자리 잡고 있었을 것이다. 그런데 성경으로부터 인출된 그 계시적 개념들을 전달하기 위해서는 부득불 '설명'이라는 매개를 필요로 했을 것이다. 사실, 설명이란 논리성에 근거하여 어떤 대상이나 사건에 대해 인과적 관계를 따져 진술하는 것[38]이기 때문에, 전달과정에 있어서

여러 폭을 옮겨 심어 놓은 셈이다. 그래서 이 책은 필자의 편술(編述)이라고 표지에 밝히려 하였으나 조역하는 이들의 권면을 받아서 부끄러움을 무릅쓰고 저술(著述)이라고 매겨둔다. 필자는 본래 아는 것이 적고 이 일에 정력을 집중하지 못한 탓으로 교의신학의 독자적인 저술을 감행하지 못함을 우리 교계(敎界)에 향하여 황송하고 부끄럽게 생각한다. … 그러나 다시 생각하면 이런 일은 필자의 본의에 맞는 일이기도 하다. 필자의 본의는 칼빈주의 개혁과 정통신학을 그대로 받아서 전달하는데 있고 감히 무엇을 창작(創作)하려는 것이 아니다. 이것은 동양 예 사람이 말한 바 술이부작(述而不作)의 태도라 할 것이다. 팔십여년 전 이 땅에 선교사들이 와서 전하여 준 그대로의 바른 신학을 새 세대에게 전달하는 것이 필자의 염원이기 때문이다."(참조, 박형룡, 『신론』의 머리말과 그 외 교의신학 저술들의 머리말). 그와 같은 죽산의 태도는, 불모지와 같았던 당시 교회적 상황에 칼빈주의 개혁과 정통신학을 가감(加減) 없이 그대로 계승하기 위한, 진리에 대한 그의 열정 때문에 나타난 결과이기도 하다. 그럼에도 우리는 여기서 그 시대적 한계를 엿보게 된다[Cf., 강웅산, '개혁주의 교의신학의 새 방향 : 성경신학적 조직신학 (Biblical-Theological Systematic Theology)의 재인식' in:『개교 1007주년 기념축전 자료집 : 개혁신학의 나아갈 길』(양지: 총신대학교 신학대학원·총회신학원, 2008), p.47. 특히 각주(36) 참조.].

[38] 우리말 국어사전에 의하면 '설명'(說明)이란 "풀어서 밝힘", '설명개념'(說明槪念)이

설명이란 없어서는 안 될 요소에 해당된다. 만일 기독교가 무정념적(無情念的) 요소들로만 이루어져 있다고 한다면야, 일체의 종교적 사안들에 대하여 침묵으로 일관할지라도 아무런 문제가 생기지 않을 것이지만, 기독교와 복음의 성격은 그렇지 않다. 복음은 선포되어야만 하고, 그 내용은 들려져야 한다. 그렇다면 당연히 복음의 주체이신 삼위일체 하나님은 언급되지 않을 수 없게 된다. 이러한 이유에서 죽산은 부득불, 합리적으로는 설명될 수 없는 일에 대한 설명을 시도한 것으로 보인다.

이러한 난관 가운데서 해결책은 전혀 없는 것인가. 만일 있다면, 그것이 무엇인가? 교회의 역사를 일괄(一括)해보면, 여러 방안들이 제시되어 왔음을 알 수 있다. 그것들 가운데 두 가지 극단적인 입장이 항상 있어왔다. 그 중, 하나는 무정념적 방법이며, 다른 하나는 정념적 방법이다. 전자가 극단적인 신비주의자(神秘主義者)들에 의해 추구39)되었다면, 후자는 철저한 합리주의자(合理主義者)들에 의해 시도되어 왔다. 그리고 이 두 극단 사이에 다양한 유형의 방법들이 존재했다. 그렇다면 이제 우리의 질문은, 죽산이 취한 방법에 대해 과연 우리는 어떤 평가를 내릴 수 있을 것인가 하는 점에 있다.

란 "일정한 사상(事象)이 생기는 이유를 나타내기 위해 구성되는 개념", '설명문'(說明文)이란 "사리를 설명하여 감정·이성에 호소하는 글, '설명적 과학'(說明的科學)이란 "여러 현상의 원인을 캐고 그 일어나는 까닭을 인과율로 설명하는 과학의 총칭"으로 정의되어 있음[『民衆 엣센스 國語辭典』(서울: 民衆書林, 1993), p.1223.].

39) Cf., Onder redactie van F. W. Grosheide & G. P. Van Itterzon, *Christelijke Encyclopedie* II (Kampen: Kok, 1957), p.425. ; 위(僞)-디오니시우스(Pseudo-Dionysius)는 무정념적(無情念的) 방법을 취한 대표적 신비가들 중의 하나이다[Cf., J. Leclercq, F. Vandenbroucke & L. Bouyer, *A History of Christian Spirituality* II (New York: The Seabury Press, 1968), p.6, p.91, p.93, p.108, p.231f., p.241, p.248, p.312, pp.327ff., p.364f., p.383, p.400, p.421, p.440f., p.444, p.457f., p.460, p.511, p.515, p.539, p.550, p.552f., p.573, p.581.].

우선 분명한 것은 설명할 수 없는 일에 대해 설명을 시도했다는 사실 자체가 죽산은 결코 무정념주의자들의 범주에 포함될 수 없다는 것을 뜻하는 것이며, 동시에 합리적 일관성이 구축될 수 있는 것에 대해서만 '진리'란 라벨을 붙여온 절대적 합리주의자들의 범주에도 속할 수 없음을 의미하는 것이 된다.

　죽산의 설명은 앞서 지적한 바와 같이, 이성적 합리성을 추구한 것이 결코 아니었다. 그는 철저히 특별계시 의존 신앙의 논리를 따르려고 했었다. 그는 또한 어떤 신비주의자들처럼 주관적인 내적 말씀을 따라 사고한 것이 아니었다. 철저히 객관적 계시의 말씀을 따라 사유한 것이었다. 즉 객관적 계시인 성경이 제시하는 바, 내용들, 다시 말해 성경 본문의 문맥들로부터 올바른 해석 과정을 거쳐 나온 결과물들을 가지고 설명의 체계를 세운 것이라 할 수 있다. 이런 이유로 죽산에 의해 제시된 설명은, 이성적 합리성을 궁극적 준거로 삼는 자들에게는 큰 난관으로 여겨질 것이다. 즉 죽산의 설명 속에 제시된 명제들 사이에 모순적 긴장이 크게 의식될 수밖에 없을 것이다. 이는 죽산이 초월적 준거점(準據點)에 근거하여 자신의 신학적 논의를 진행하였기 때문에 나타나는 논리적 귀결이라 할 수 있다. 개혁신학의 전통 아래 있는 우리는 이들을 상호 모순적 관계로 볼 것이 아니다. 오히려 역설적 진리(逆說的 眞理)로 받아들일 수 있는 것이다. 주께서 친히 말씀하시기를, 당신의 길과 당신 자신의 생각은 인생의 길과 인생의 생각과는 하늘과 땅 같은 차이가 있음을 단언[40]

---

40) 사55:8-9 : "여호와의 말씀에 내 생각은 너희 생각과 다르며 내 길은 너희 길과 달라서 하늘이 땅보다 높음 같이 내 길은 너희 길보다 높으며 내 생각은 너희 생각보다 높으니라."(한글개역).

하셨다.

여기서 진일보(進一步)하여 죽산의 설명을, 그의 진술과정과는 불가분성을 지닌 내적 사유의 논리성이란 차원에서, 비록 명시적으로 드러나진 않았지만, 숨겨진 내면의 신학적 의도들까지 고려하여 언급한다면 다음과 같이 정리될 수 있을 것이다: 첫째, 삼위일체란 성경이 가르치는 진리이다. 둘째, 삼위와 일체, 혹은 일체와 삼위의 관계는 동시적(=직관적 혹은 종합적)이나, 그것에 대한 인간의 설명은 순환적[=계기적(繼起的) 혹은 분석적]일 수밖에 없다. 셋째, 그 이유는 무한하신 하나님의 자기 인식과 유한한 인생의 하나님에 대한 인식은 전혀 성격을 달리하는 차원의 일들이기 때문이다. 넷째, 그렇다면 '일체이신 삼위' 혹은 '삼위이신 일체'란 표현조차 인생의 이해력에 대한 신적 계시의 적응적 차원이 고려된 것이라 할 수 있다. 다섯째, 일체이신 삼위에 있어서 삼위 사이에 내재하는 질서를 성경은 계시하고 있다. 여섯째, 그 질서들 가운데 제 1위와 제 2위 사이의 관계는 독생자의 관계로 제시되었다. 일곱째, 그렇다면 제 1위와 제 2위 사이의 관계는 '출생'(generatio)의 관계라 할 수 있다. 여덟째, 그런데 '하나님이 영원하시다'란 명제는 삼위의 각위들 역시 영원하시다는 의미를 내포한다. 아홉째, 그렇다면 성부도 영원하시고, 성자도 영원하시고, 성령도 영원하시다. 열 번째, 성부도 영원하시고, 성자도 영원하신데, 둘 사이의 관계가 '출생', 곧 '나심'으로 규정된다. 열한 번째, 성자께서 영원하신 성부로부터 나신다고해도 그는 영원하실 수밖에 없다. 열두 번째, 그렇다면 성부로부터 성자의 나심은 시공(時空) 속에서 이루어지는 인간의 일을 유비(analogia)로 하여 설명될 수 없다. 열세 번째, 성자의 나심은 성부의 선택적 의지에 기인된 것이라 할 수 없다. 그렇다면 성자는 필연적 존재가 될 수 없을 것이기 때문이다. 열네 번째, 따라서 성부로부터 성자의 나심은 시간 속에서가 아니라, 영원 속에서 이루어진 일일 수밖에 없다. 열다섯 번째, 그렇다면 성부로부터 성자의 나심은 영원한 출생임이 분명하다. 열여섯 번째, 따라서 성자의 나심은 필연적일 수밖에 없다. 열일곱 번째, 그래야만 성자께서는 성부, 성령과 함께 영원하실 것이다. 열여덟 번째, 그런데 전지성(全知性) 및 전능성(全能性)은 삼위일체 하나님의 속성이다. 열아홉 번째, 성부의 전지성과 전능성은 상호 불가분적이다. 스무 번째, 성부의 이와 같은 지식과 의지 밖에서 일어날 수 있는 일은 아무 것도 있을 수 없다. 스무 한 번째, 그렇다면 성부로부터 성자의 영원한 나심조차도, 성부의 전지성 및 전능성과 분리하여 생각할 수 없을 것이 분명하다.41)

죽산은 아마도 이런 논리들에 근거하여 하나님의 구별되는 두 종류의 의지, 즉 "선택적 의지"와 "병발적(倂發的) 의지"를 상정한 것이 아닐까 추론해 본다. 전자 곧 "선택적 의지"란 용어에 의해 성부께서는 성자를 출생할 수도 혹은 않을 수도 있는 두 가지 가능성이 상정된다. 그렇게 하여 성자의 나심이 있게 된다면, 성자의 존재는 우유적(偶有的)이 될 수밖에 없다는 것이 죽산의 설명인데, 그것과의

---

41) 이 부분은 죽산의 출발점(出發點)과 결론점(結論點) 사이의 논리적 연계성을 그의 신학의 원리에 입각하여 필자가 분석해 본 것이다.

대비 속에 "병발적 의지"란 용어가 사용된다. 이 용어는 - 물론 죽산이 만든 조어(造語)이기 때문이기도 하지만 - 우리에겐 생소하게 들린다. "병발적" - '아우르다', '나란하다', '다투다'는 의미의 아우를 병(倂)자와 '쏘다', '가다', '떠나다', '보내다', '파견하다'는 의미의 쏠 발(發)자가 사용되었다. 이는 영어의 "concomitant will"에 해당되는 단어다. 그렇다면 '병발적 의지'란 '동반하는 의지', 혹은 '부수적인 의지', '공존하는 의지', '동시에 생기는 의지' 등과 같은 의미를 지닐 것이다. 이와 같은 함축을 지닌 의지를 죽산은 '선택적 의지'와 대비시켰다. 거기에는 이유가 있었다. 그것은 성자의 존재가 우유적일 수 없으므로 필연성을 말하기 위해서는 성자의 출생이 선택적 의지에 의한 것이 아니어야 한다는 것이었다. 그래서 '병발적'이란 용어가 '의지'란 용어를 제한시키는 신조어(新造語)로 등장하게 된 것이다.

그렇다면 이 병발적 의지란 무슨 의미를 함축하는가? 죽산이 위의 설명 가운데 사용한 "그러나 성부의 병발적 의지가 이 발생을 완전히 기뻐한다는 의미에서 이 일이 성부의 의지와 관계를 가지는 것이다."라는 표현을 주목해 보자. 죽산이 사용한 이 문장을 전체 문맥 가운데서 읽어볼 때, 이 병발적 의지란 무엇보다 선택적 의지가 아님이 분명하다. 그렇다면 어떻게 해야 하는가? 과연 선택의 능력을 배제한 또 다른 의지가 존재할 수 있을까? 이와 같은 질문 앞에서 우리는 제한된 인생의 이해력으로써는 도무지 설명해 낼 수 없는 난관을 절실히 느끼게 된다. 참으로 설명 불가능한 문제 앞에 서 있다는 난감함만 느낄 따름이다. 이러한 어려움이 있음에도 불구하고 죽산이 그와 같은 표현을 사용하지 않을 수 없었던 근본적인 이유는 바로 하나님의 하나님 되심을 인정하기 위해서 일 것으로 판단된다. 신적 본성에 속하는 하나님의 의지와 무관하게 일어날 수 있는 일들이란 세상에 전혀 존재할 수 없기 때문에, 성자의 나심이 하나님의 선택적 의지에 의한 것이 아니지만, 신적의지와 관련 되었다고 해야 할 난관, 곧 인생으로서는 다 이해할 수 없는 신적 오소(奧所)를 마련하기 위해 죽산은 병발적 의지란 용어를 기용(起用)한 것이 아닐까 생각하게 된다. 그런데 더 근본적인 문제는 신앙의 논리를 따라 그 오소의 여백이 있어야 할 필요성에 관해 인생이 제언(提言)은 할 수 있을지라도, 실제에 있어서 그것이 무엇인지에 관해서는 더 이상 누구도 접근하여 파악할 수 없다는 사실이다. 우리는 죽산에게서도 이와 같은 태도를 발견하게 된다. 죽산은 병발적 의지란 용어만 사용하였을 뿐, 그 구체적인 개념에 관해서는 전혀 설명을 하고 있지 않다.

2.2.2. 시간 안에서의 행위가 아니라, 성부의 영원한 행위이다.

"성자의 영원발생"[42], 즉 성자의 영원한 나심과 관련하여 죽산이 설명하는 진술의 두 번째 국면은 그 일이 <u>성부의 영원한 행위</u>라는 것이다. 이는 성자의 영원한 나심이 "하나님의 필연적 행위"[43]라는 앞의 설명과 불가분적 연관 속에 있다. 그 이유는 성자의 나심이 하나님의 필연적인 행위이라면, 그것은 결코 시간 안에서 일어날

---

42) 박형룡, 『신론』, p.220.
43) 전게서, p.220.

성질의 일이 아닐 것이며, 그렇다면 당연히 영원 속에서 되어 진 일일 수밖에 없을 것이기 때문이다. 그런데 죽산은 여기서 '영원'이라는, 내용 없는 철학적 사유형식에 의해 이 문제를 논하지 아니하고, 성경으로부터 영원의 실질적 내용을 이끌어내면서 거기에 기초한 설명을 계속한다:

… 만일 성자의 발생이 성부의 필연적 행위이어서 그가 발생하지 않으신다고 생각하기 불가능할진대 이것은 자연적으로 성부의 영원(永遠)에 참여한다. 그러나 이것은 결코 발생의 행위가 먼 과거에 완성되었다 함이 아니라, 그 일은 비시간적 행위, 영원적 현재의 행위, 항상 계속하되 오히려 완성된 행위라는 것을 의미한다. 이 발생의 영원성은 하나님의 영원성에만 유래하는 것이 아니라, 그의 불변성과 성자의 참된 신성에서도 유래하는 것이다. 이 밖에도 이 영원성은 성자의 선재(先在)나 성부와의 동등을 가르치는 성구들[44]

---

44) 죽산에 의해 인용된 성구들은 다음과 같다. 예수 그리스도의 신성을 암시하는 내용을 비롯하여, 그의 선재(先在)하심과 관련된 내용들, 그리고 그와 성부 하나님 사이의 동등(同等)하심과 관련된 내용들이 제시되었다. "베들레헴 에브라다야 너는 유다 족속 중에 작을지라도 이스라엘을 다스릴 자가 네게서 내게로 나올 것이라 그의 근본은 상고에 태초에니라."(미5:2), "말씀이 육신이 되어(ο λογος σαρξ εγενετο) 우리 가운데 거하시매 우리가 그 영광을 보니 아버지의 독생자의 영광이요 은혜와 진리가 충만하더라(δοξαν ως μονογενους παρα πατρος πληρης χαριτος και αληθειας)."(요1:14), "본래 하나님을 본 사람이 없으되 아버지 품속에 있는 독생하신 하나님(μονογενης θεος)이 나타내셨느니라."(요1:18), "하나님이 세상을 이처럼 사랑하사 독생자(τον υιον τον μονογενη)를 주셨으니 이는 저를 믿는 자마다 멸망치 않고 영생을 얻게 하려 하심이니라."(요3:16), "예수께서 저희에게 이르시되 내 아버지(ο πατηρ μου)께서 이제까지 일하시니 나도 일한다 하시매"(요5:17), "유대인들이 이를 인하여 더욱 예수를 죽이고자 하니 이는 안식일만 범할 뿐 아니라 하나님을 자기의 친 아버지라 하여 자기를 하나님과 동등으로 삼으심이러라(πατερα ιδιον ελεγεν τον θεον ισον εαυτον ποιων τω θεω)."(요5:18), "내가 아무 것도 스스로 할 수 없노라 듣는대로 심판하노니 나는 나의 원대로 하려하지 않고 나를 보내신 이의 원(το θελημα του πεμψαντος με)대로 하려는고로 내 심판은 의로우니라."(요5:30), "내게는 요한의 증거보다

로부터 추론될 수 있다.[45]

이 글의 앞부분에서 이미 밝힌 바와 같이 신학적 진술이 쉬운 용어로 표현될수록 이해하기가 용이하다는 상식적 원리를 따라 여기 죽산의 진술들을 쉬운 용어들로 바꾸어 다시 쓴다면, 아마 다음과 같이 표현해도 무방할 것이다: '만일 성자의 나심이 성부의 필연적 행위이므로 그가 나지 않으신다고 생각하는 일이 불가능하다면, 성자의 나심은 자연히 성부의 영원하심에 속한 일이 되고 만다. 그러나 그 나심이 성부의 영원하심에 속하는 일이라고 해서 그것이 이미 지난 과거에 완성되었다는 의미일 수는 없다. 오히려 그 의미하는 바는 그 일이 시간 안에서 일어나는 일이 아니라는 것이다. 굳이 이를 인간의 언어로 표현하기를 시도한다면, 성자의 나심이란 신적 성질의 영원한 현재에 속한 일로서 항상 지속되는 일이지만 완성된 일이며, 완성된 일이지만 항상 지속되는 일이라 할 수 있다.' 여기서

더 큰 증거가 있으니 아버지께서 내게 주사 이루게 하시는 역사 곧 나의 하는 그 역사가 아버지께서 나를 보내신 것(ο πατηρ με απεσταλκεν)을 나를 위하여 증거하는 것이요."(요5:36), "곧 하나님이 예수를 일으키사 우리 자녀들에게 이 약속을 이루게 하셨다 함이라 시편 둘째 편에 기록한 바와 같이 너는 내 아들이라 오늘 너를 낳았다(υιος μου ει συ εγω σημερον γεγεννηκα σε) 하셨고"(행13:33), "아버지여 창세 전에 내가 아버지와 함께 가졌던 영화로써(τη δοξη η ειχον προ του τον κοσμον ειναι παρα σοι) 지금도 아버지와 함께 나를 영화롭게 하옵소서."(요17:5), "만물이 그에게 창조되되(εν αυτω εκτισθη τα παντα) 하늘과 땅에서 보이는 것들과 보이지 않는 것들과 혹은 보좌들이나 주관들이나 정사들이나 권세들이나 만물이 다 그로 말미암고 그를 위하여 창조되었으니(τα παντα δι αυτου και εις αυτον εκτισται)"(골1:16), "이는 하나님의 영광의 광채시요 그 본체의 형상이시라(απαυγασμα της δοξης και χαρακτηρ της υποστασεως αυτου) 그의 능력의 말씀으로 만물을 붙드시며 죄를 정결케 하는 일을 하시고 높은 곳에 계신 위엄의 우편에 앉으셨느니라."(히1:3).
45) 박형룡, 『신론』, p.220f.

우리는 죽산의 진술 속에 서로 모순되는 명제들이 하나의 문맥을 이루고 병치(竝置)되어있음을 발견하게 된다. "항상 계속하되 오히려 완성된 행위", "계속"과 "완성"이 동시에 존재하는 상황인 셈이다. '계속된다면 완성일 수 없으며, 완성된다면 계속될 수 없다.'는 것이 시공적 상황에서의 경험적 진리라고 할 때, 여기 모순적 상황이 조성된다. 죽산의 진술을 읽으면서 그것을 모순으로 받아들일 수밖에 없는 이유는, "계속"과 "완성"이란 용어들을 제한하는 수식어 때문이다. 계속되되 "항상", 다시 말해 시간과 무관하게 지속된다는 것인데, 그 일이 "완성"이란 표현과 상관되기 때문이다. 죽산에 의하면 이 일이 영원한 현재로서의 하나님의 시간 안에서 일어나는 일인 셈인데, 만일 영원한 현재로서의 신적 시간성 안에서 일어나는 일일진대, 당연히 시공적 한계는 소멸된다. 그러나 이 영원한 일을 시간의 관점에서 파악하려 할 때 모순적 난관이 생겨나게 된다. 앞선 진술을 통해 죽산은 인간으로서 그렇게 표현할 수밖에 없는 유한성의 한계를 솔직히 인정하고 있는 셈이다.

죽산은 마침내 형식논리 이상의, 곧 특별계시의 실질적 내용에 의존하여 성자의 나심이 지니는 영원성에 관해 논의하고 있다. 성경이 말씀하시는 바, 하나님은 불변하시며, 성자께서도 성부와 같이 참된 신성을 지니셨으므로(요5:18, 히1:3) 성자의 나심은 당연히 영원한 나심이어야 한다(요1:14, 18)는 주장이다. 만일 성자의 나심이 영원한 나심이 아니라면, 성자는 성부와 동일본질(ὁμοούσιος)의 신성을 지닐 수 없게 될 것이기 때문이며, 또한 결과적으로 하나님의 속성에 변화가 초래되는 일이 발생할 것이기 때문이다. 이와 같은 죽산의 이해와 설명은 성경의 교훈을 신학적으로 설명한 것으로서 타당한 것으로 판단된다. 이 점에 대하여는 헤르만 바빙크의 판단 역시 필자의 입장과 동일함을 그의 진술 속에서 확인할 수 있다: "성자는 그가 피조물처럼 <u>시간 안에서 존재케 된 것이 아니라, 영원히 성부의 본질로부터 낳아졌으므로</u> γεννητος[46]로 일컬어질 수 있었다."(De Zoon kon γεννητος heeten, niet omdat Hij als een scheosel in den tijd was voortgebracht maar wijl Hij van eeuwigheid uit het wezen des Vaders was gegenereerd.)[47]

---

46) γεννητος는 'begotten' 혹은 'born'의 의미이다. 이 용어와 관련된 헤르만 바빙크의 해설을 들어보면, '성자의 영원한 나심'과 관련된 개념을 보다 분명히 이해할 수 있을 것이다. 그의 설명을 간략하게 풀어 소개해 보면 다음과 같다: 헬라어에 비슷한 철자를 가진 서로 다른 두 낱말이 있다. 그 중 하나는 '낳다'(gignere, genere) 란 의미의 동사 γέννᾶν에서 파생된 γεννητός이고, 다른 하나는 라틴어 fieri(=happen, come out, result (from), take place, occur, arise, be made, created, instituted, elected, appointed, given, become - 영어표현은 의미파악을 위해 필자첨가)와 같은 의미를 지닌 γιγνέσθαι란 동사에서 파생된 γενητος이다. 그런데 후자인 γενήτος는 매우 폭넓은 의미를 지니고 있는데, 그 시작이 창조에 의한 것이건, 출생에 의한 것이건, 번식에 의한 것이건, 상관없이 단지 시작을 가진다는 의미의 단어이다. 이 두 용어는 항상 분명한 차이를 가진 것으로 구별되어 사용되지는 않았다. 그러기에 부정의 의미를 나타내는 접두어가 붙은 두 용어, άγεννητος와 άγενητος 역시 이중적 의미로 사용될 수 있었다. 그런데 이 용어들이 삼위일체 문제와 연관되면서 점차 이 둘은 구별되기에 이르렀다. '시작을 가지지 않은' 혹은 '피조되지 않은'이란 의미의 άγενητος는 삼위 모두에게 적용되어, 삼위 모두는 피조물이 존재하는 방식으로 존재케 된 것이 아님을 의미하였다. 곧 삼위 모두는 시간 안에서 시작을 가지지 않는다는 의미로 사용된 것이다. 그런 의미에서 άγενησια는 삼위 모두에게 속하는 공통된 신적 존재의 속성(De agenesie was eene eigenschap van het Goddelijk wezen en aan alle drie personen gemeen)인 셈이다. 그러나 비록 삼위 모두에게 공통으로 속하는 것이라 할지라도 이것은 성부에게만 적용될 수 있는 άγεννησια와 혼동되어서는 안 된다. 성자는 피조물처럼 시간 안에서 존재케 된 것이 아니라, 영원히 성부의 본질로부터 낳아졌기 때문에 γεννητος로 일컬어지는 것이다(Cf., H. Bavinck, *Gereformeerde Dogmatiek* II³, p.314f.).
47) H. Bavinck, *Gereformeerde Dogmatiek* II³, p.315.

2.2.3. 신적 본체의 나심이 아니라, 위적 실존의 나심이다.

　죽산은 성자의 나심에 대해 "이것은 성자의 신적 본체의 발생이 아니라, 그 위적 실존(personal subsistence)의 발생"[48]임을 강조하였다. 이 같은 죽산의 관점은 헤르만 바빙크의 진술[49] 속에서도 동일하게 발견된다. "신적 본체의 발생", "위적 실존의 발생" - 죽산이 사용한 용어들은 여전히 어렵다. 죽산의 용어사용 사례들에 대해서는 이미 살펴 내린 결론[50]과 같이, 자신의 삼위일체론과 관련하여 "본체"는 "본질"과 교호적(交互的)이며, "발생"은 "나심"과 교체될 수 있다면,[51] 우선 유사어로 대치해 보는 일은 이해를 용이하게 하는 일에 도움이 될 것이다. 사실, 그리할 때 그 의미는 한결 분명해진다. 즉 "이것(=성자의 나심)은 <u>성자의 신적 본질의 나심이 아니라, 그 위적 실존의 나심</u>"을 뜻하게 된다. 이처럼 보다 분명해진 내용에서 빗나가, 만일 누가 성자의 나심이 신적 본질(=본체)의 나심이라고 주상한다면, 그 신적 본질은 불변성을 상실할 것이며, 그리하고서야

---

48) 박형룡, 『신론』, p.221.
49) 바빙크는 γεννητός와 γενήτος 사이의 의미 차이와 ἀγέννητος와 ἀγένητος 사이의 개념 구별을 설명하면서 다음과 같이 언급하였다: " … 교부들은 이 속성, 곧 ἀγεννησια가 본체(=본질)에 속한 것이 아니라, 위격에 속한다는 것을 동시에 지적하였다. 본체(=본질)는 삼위 모두에게 있어서 하나이며 동일한 것이다. 그러나 ἀγεννησια는 본체 안에서의 관계를 가리킨다."(… Maar de kerkvaders merkten er tegelijk bij op, dat deze eigenschap, nl. de ἀγεννησια, bepaaldelijk aan den persoon en niet aan het wezen toekwam. Het wezen is in de drie personen één en hetzelfde, maar de agennesie is eene relatie in het wezen. - H. Bavinck, *Gereformeerde Dogmatiek* II³, p.315.).
50) Cf., '우시아(οὐσία)의 의미에 관한 죽산의 이해' in: 『神學指南』, 제 74권 2집, 통권 제 291호 (서울: 신학지남사, 2007), pp.35ff.
51) 이에 관하여는 본 논문, "I. 대향적 사역(*opera ad intra*)"의 앞부분에 언급된 진술 내용들을 참조하실 것.

어찌 이를 하나님의 본질 또는 본체라 할 수 있겠는가. 죽산의 지적은 온당하다. 성자의 나심은 성경의 표현52) 그대로 아들의 나심일 뿐이다. 여기서의 '아들', 곧 '성자'는 "위적 실존"을 가리킨다.

  죽산은 이어서 성자의 나심 사역과 연관된 신적 본체 전달에 관해 설명한다. 즉 성부께서 "성자의 위적 실존"53)을 나게 하신 후, 그것에 의해 "신적 본체 전부를 그에게 전달하신다."54)는 것이다. 이 같은 설명을 하면서 죽산은 주의사항을 이에 덧붙인다. 즉 앞의 두 사역들을 서로 분리된 과정으로 보아서는 안 된다는 것55)이다. 그 이유는 만일 분리된 두 일로 생각한다면, 불가피하게 잘못된 결과가 초래될 수밖에 없을 것이기 때문인데, 성자께서 공(空)과 무(無)로부터 창조되었다는 오류56)에 빠지게 될 것이기 때문이다. 그래서 "발생의 사역"과 "본체의 전달" 사역은 상호 불가분적 행위이기에 단일하다는 것이 죽산의 한결같은 설명57)이다. 이 같은 해석의 성경적 근거를 죽산은 요한복음 5:26에서 찾는다.58) "아버지께서 자기 속에 생명이 있음 같이 아들에게도 생명을 주어 그 속에 있게 하셨다"(ωσπερ γαρ ο πατηρ εχει ζωην εν εαυτω ουτως εδωκεν και τω υιω ζωην εχειν εν εαυτω). 여기 "생명"(ζωην)이란 신적 본질에 해당

---

52) "말씀이 육신이 되어(ο λογος σαρξ εγενετο) ⋯⋯ 그 영광을 보니 <u>아버지의 독생자</u>의 영광이요 은혜와 진리가 충만하더라(δοξαν ως μονογενους παρα πατρος πληρης χαριτος και αληθειας)."(요1:14), " ⋯⋯ 아버지 품속에 있는 <u>독생하신 하나님</u>(μονογενης θεος)"(요1:18), "하나님이 세상을 이처럼 사랑하사 <u>독생자</u>(τον υιον τον μονογενη)를 주셨으니"(요3:16).
53) 박형룡, 『신론』, p.221.
54) 전게서, p.221.
55) 전게서, p.221.
56) 전게서, p.221.
57) 전게서, p.221.
58) 전게서, p.221.

되는 성경 용어이다. 그렇다면 이 구절은 명백히 신적 본질(=본체) 전달 교리의 근거59)가 될 수 있을 것이다.

2.2.4. 육신적, 생물적 방식에 의하지 않고, 다만 영적, 신적인 방식에 따라 사유될 수 있다.

성자의 나심에 관한 죽산의 설명은 아리우스파의 오류를 염두에 두면서 진행된다. 아리우스파의 주장, 즉 성자의 나심 교리가 필연적으로 신적 존재의 분리나 분할을 포함한다고 한 것에 대한 교정적(矯正的) 측면이 고려된다. 죽산은 그 자신의 진술 가운데서 " … 교회의

---

59) Cf., 레온 모리스(Leon Morris)의 해석은 명료하다: "Jesus' words must be understood against this background. The Jews accepted unhesitatingly the thought that <u>all life takes its origin from the Father</u>, all life save His own. His own life is inherent in His being. … But it is characteristic of this Gospel to bring out the thought that <u>the Son has been given (see on 3:35) a share in this</u> life. To Him it is given to have the same kind of life within Himself that the Father has within Himself."[Leon Morris, *The Gospel according to John* (Grand Rapids: Eerdmans, 1984), p.318f.]. ; 흐로쉐이드(F. W. Grosheide)의 설명 역시 성부와 성자의 관계 이해에 도움을 준다: "아버지께서는 그 자신 속에 생명을 가지고 계신다. 그는 … 모든 생명의 원천이시다. 이제 아버지께서 그것을 그 자신을 위하여 명백히 아들에게도 주셨다. 아들은 아버지와 전적으로 동일하시기에, 역시 자신 안에 생명을 가지신다. 그러므로 "Ἔδωκεν(=그가 주셨다)은 질서를 제시한다. 아버지가 앞서신다. 그러나 아들이 아버지보다 못하지 않으시기에, 역시 동일한 생명을 가지시며, 그도 또한 생명을 주실 수 있으며, 또한 주실 수 있어야만 한다. 우리는 "Ἔδωκεν으로부터 아들의 어떤 종속개념도 이끌어내어서는 안 된다."[*De Vader heeft leven in zichzelf*. Hij … is de bron van alle leven, zie bij 1:4. Nu heeft de Vader dat voor Hemzelf kenmerkende ook aan den Zoon gegeven. De Zoon is den Vader volkomen gelijk, *heeft ook het leven in zichzelf*. "Ἔδωκεν ziet daarom op de orde. De Vader gaat voorop, maar de Zoon is niet minder dan Hij, heeft ook zelf leven en kan daarom, moet daarom levend maken. Men mag uit "Ἔδωκεν geen subordinatie van den Zoon predikt. - F. W. Grosheide, *Het Heilig Evangelie volgens Johannes* Vol. I (Amsterdam: H. A. van Bottenburg, 1950, p.373.)].

교부들은 이것(=성자의 나심)은 반드시 생리적 생물적 방식으로 생각되지 말고 오직 분할이나 개변(改變)의 관념을 전연 제외하는 영적 신적인 것으로 생각되어야 할 것을 강조하였다."60)고 지적함으로써 교정적 측면을 부각하였다. 여기 등장하는 대비적 표현들, 즉 "생리적 생물적"이란 표현과 "영적 신적"이란 어군(語群)을 주목해 보면, 두 그룹이 서로 대비를 이루듯이 두 언어 집단이 속한 세계들 역시, 차원을 달리하는 이질적(異質的) 세계들로 서로 대비를 이룬다. 이와 같은 이질적 심상(心象)의 두 다른 세계는 '태어남'(generatio)에 관해 두 다른 설명을 가능케 하는 근본적 원인을 제공한다.

이에 죽산은 '성자의 나심', 그것으로 인해 '신적 존재'에 나타나게 될 결과에 대해, "발생은 신적 실유에 「구별」(distinctio)과 「구분」(distributio)을 가져오나 「변이」(diversitas)와 「분할」(divisio)은 가져오지 않는다."61)고 설명하였다. 여기서의 이 같은 죽산의 설명은 다른 문맥에서 논의되어 나온 그 자신의 입장과 전적으로 상응된다. 즉 필자가 다른 논문62)에서 죽산의 입장이 무엇인지를 규명하기

---

60) 박형룡, 『신론』, p.222.
61) 전게서, p.222. ; 이와 관련하여 헤르만 바빙크의 설명을 주목해 보는 것도 유익할 것이다. 아리안주의자들(de Arianen)은 주장하기를, 모든 출생(alle generatie)은 불가피하게 분리(τομη)와 분할(διαερεσις), 열정(παθος)과 유출(απορροια)을 수반한다는 것이다. 물론 그것이 육체적(Lichamelijk), 감각적(zinnelijk), 피조세계에 속한(creatuuklijk) 출생일 경우에는 사실임에 틀림없다. 그러나 그것이 영적(geestelijk)이며, 신적(Goddelijk)인 출생일 경우에는 그렇지 않다. 그 출생은 단순한(eenvoudig) 성격의 일이다. 분할(deeling)되지 않고, 분리(scheiding)되지 않는다. 유출(αρρευστως)이나 분리(αδιαιρετως)없이 일어난다. 그것이 구별(distinctio)과 구분(distributio)은 가져오지만, 신적 본질에 있어서(in het Goddelijk wezen) 변이(diversitas)와 분할(divisio)을 가져오지는 않는다(Cf., H. Bavinck, Gereformeerde Dogmatiek II³, p.317.).
62) '삼위(三位)의 의미에 관한 죽산의 이해' in: 『神學指南』, 제 74권 3집, 통권 제 292호 (서울: 신학지남사, 2007), pp.35-54.

위해 다루었던 "위적(位的) 구별과 신적 유일성(唯一性) 사이의 관계"63)에 대한 다른 논의에서 얻은 결론, 곧 "삼위는 서로 구별(區別)되나 결코 분리(分離)될 수 없는 세 존재양식 혹은 세 실존양식이다"64)란 내용과 그리고 유일성의 의미와 관련된 내용, 곧 "'그들이 하나'라는 것은 신적인 완전성이 모든 위(位)에 공통적으로 속한다는 사실 때문이다."65)란 진술과 전적으로 일치하는 것임을 확인하게 된다. 흥미로운 사실은 이 일치점으로부터 거꾸로 설명을 해나가게 되면, 사용된 용어들과 관련하여 보다 명료하고, 보다 풍성하게 개념들을 파악할 수 있게 된다는 점이다. 예컨대 '삼위가 서로 구별되나 분리될 수 없다.'는 구절과 '성자의 나심이 신적 존재에 구별(*distinctio*)과 구분(*distributio*)을 가져온다.'는 구절이 서로 등가관계에 있듯이, '삼위가 하나라는 것은 신적인 완전성이 모든 위(位)에 공통적으로 속한다는 것을 의미한다.'는 구절과 '성자의 나심이 신적 존재에 변이(*diversitas*)와 분할(*divisio*)은 가져오지 않는다.'는 구절 역시 상호 등가관계에 놓이게 된다. 그렇다면 서로 등가관계에 있는 구절들은 자연스럽게 한 편이 다른 편의 개념을 밝혀주는 해석적 기능을 하게 된다. 이와 같은 이유로 삼위일체란 표현 속에 담겨있는 신학적 의미는 보다 명료하고도 풍성하게 드러나게 된다. 즉 서로 구별되나 서로는 분리될 수 없는 삼위에게 있어서, 서로 분리될 수 없다는 것은 신적 성질에 변이와 분할이 없다는 것과 등가적(等價的) 의미를 지닌다는 점, 그리고 그것은 또한 신적 성질의 불변성으로

---

63) 전게서, pp.47-52.
64) 전게서, p.49.
65) 전게서, p.52.

이해될 수 있다는 점 등의 사실이 밝혀지게 된다.

성자의 나심과 관련해 이상의 모든 일들을 감안하면서 죽산의 의도를 필자의 말로 재 진술한다면, 「성자의 나심을 생리적 생물적 방식에 의해 생각한다면, 이보다 "더 큰 모순"[66]은 없을 것이며, 이 사실을 영적 신적인 방식에 의해 생각한다면, 이보다 "더 큰 신비"[67] 또한 없을 것이다.」이 같은 '모순'과 '신비'란 인식론적 대조는, 그보다 앞선 '생리적 생물적 방식'과 '영적 신적 방식'이란 접근방식의 대조로부터 기인된 논리적 귀결임이 분명하다. 이 일이 우리에게 주는 메시지가 있다. 그것은 다름이 아니라, '성자의 영원한 나심'의 교리를 바로 알기 위해서는 영적, 신적인 방식의 접근 외에 다른 길이 없다는 것이다. 다른 길이 없다. 이 점에 대하여는 바빙크 역시 죽산과 동일한 입장을 취한다: "그럼에도 불구하고 이 나심은 신적인 방법으로 생각해야한다. 그러므로 그것은 무엇보다 우선, 영적이다."(Maar toch is die generatie op Goddelijke wijze te denken. Daarom is zij in de eerste plaats geestelijk.)[68]

지금까지 '성자의 영원한 나심'의 신학적 의미에 관해 죽산이 논의한 내용들을 몇 가지 차원에서 검토해 보았다. 이들은 동일한 실체로부터 기인된 다양한 양상군(樣相郡)에 속한다. 영원과 시간의 무한한 질적(質的)인 차이, 계시와 이성 사이의 근본적 불연속성, 초월과 내재 사이의 이질적(異質的) 차원, 하나님의 일과 인간의 일 사이에

---

66) 박형룡, 『신론』, p.223.
67) 전게서, p.223.
68) H. Bavinck, *Gereformeerde Dogmatiek* II³, p.317.

건널 수 없는 한계 때문에 나타난 현상들이다. 이러한 실존상황 속에서 영원하신 하나님, 삼위일체 사이에 내재하는 일들을 유한한 인간의 개념과 언어로써 이해하고, 설명하고, 표현한다는 것은 원리상 원천적으로 불가능한 일이다. 그럼에도 성경의 교훈에 입각한 개혁신학의 원리에 의하면 하나님에 관한 지식은 양면적 성격을 지닌다. 한편으로는 이해하는 일이 불가능하다고 하면서도, 다른 한편으로는 인식하는 일이 가능하다는 것이다. 이는 상호 모순적 진술로 볼 것이 아니다. 인식조건의 변화에 따라 나타나는 이중성으로 이해하는 것이 옳을 것이다. 피조물로서 유한성의 한계 속에 갇혀 있는 인생이 어찌 피조세계 위에 계신 그분을 이해할 수 있겠는가(*Finitum non est capax infiniti*[69])). 그럼에도 불구하고, 만일 초월해 계신 하나님께서 자기 자신을 우리에게 계시하신다면, 비록 유한한 존재인 인생일지라도 계시해주신 한도 안에서 그를 인식할 수 있을 것이다. 이러한 의미에서의 불가해성(不可解性)과 가지성(可知性)을 개혁신학은 더불어 인정해 왔다. 물론 이와 같은 관점은 성경 자체의 가르침에 기초하고 있으며, 개혁신학은 이 두 성격 사이의 긴장 속에서 하나님에 관해 말하기를 계속해 온 것이다. 지금까지 살펴본 죽산의 모든 진술들은 이와 같은 차원에서 성립된 것이다.

죽산의 설명 속에 느껴지는 이 같은 고민과 난관은 다른 개혁신학자들의 작업 속에서도 여전히 발견된다. 루이스 벌코프[70])에게서도

---

69) 이는 '유한(有限)은 무한(無限)을 파악할 수 없다'는 라틴어 경구이다. 이는 아우구스티누스(Augustinus)를 비롯한 종교개혁자들(M. Luther, U. Zwingli, J. Calvin)의 신념이기도 하였다(Cf., H. Bavinck, *Gereformeerde Dogmatiek* II^3, pp.10ff.).
70) Cf., L. Berkhof, *Systematic Theology*, pp.93ff.

그러하고, 호닉흐(A.G. Honig)71)에게서도 그러하며, 찰스 핫지(C. Hodge)72)나 하인리히 헤페(Heinrich Heppe)73)나 헤르만 바빙크74)에게 있어서도 여전히 그러하다. 따라서 이 같은 일들은 이들에게서만 국한되어 나타나는 현상으로 볼 수 없다. 개혁신학의 원리를 따르는 자들이라면, 그들이 누구이든지 그들의 신학적 사고 속에서 동일하게 나타나는 보편적 현상인 것이다. 적어도 사려(思慮) 깊은 신학자들이라면, 그들이 과거의 인물이든, 현재의 인물이든, 서양인이든, 동양인이든 상관없이 그들에게서 이 같은 문제로 고민하는 모습을 어렵지 않게 엿볼 수 있다.

3. 맺는 글

성자의 나심(*generatio*) 교리를 죽산은 하나님의 내향적 사역(*opera ad intra*)에 속한 것으로 설명하였다. 이와 같은 범주 설정과 그에 따른 설명은 특별계시 의존적 사고를 신학 진술의 원리로 삼은 죽산에게 있어서는 실로 당연한 일이라 할 수 있다. 하나님은 영원하시며, 또한 영원히 일하시는 분으로 표상된 성경의 사상은 불가불 하나님의 창조 이전 사역에 대해 사유하지 않을 수 없게 만든다.

---

71) Cf., A. G. Honig, *Handboek van de Gereformeerde Dogmatiek* (Kampen: Kok, 1938), p.235f.
72) Cf., C. Hodge, *Systematic Theology* Vol. I (Grand Rapids: Eerdmans, 1979), pp.468ff.
73) Cf., *Heinrich Heppe, Reformed Dogmatics : Set out and illustrated from the sources* (Grand Rapids: Baker Book House), pp.120ff.
74) Cf., H. Bavinck, *Gereformeerde Dogmatiek* II³, pp.314ff.

그래서 죽산은 내향적 사역(=삼위 사이에 내재하는 일)과 외향적 사역(=피조물과 연관된 일)으로 하나님의 일을 구별하면서, 그것을 영원의 차원에로까지 확장시켜 나간 것은 어떤 철학적 사고에 기인된 것이 아니라, 오직 성경적 동인(動因)에 의한 것이라 할 수 있다. 이로써 성경에 대한 죽산의 태도는 성경이 제시하는 전(全) 포괄성을 성경 자체가 허용하는 한도까지는 마땅히 견지해야 한다는 확신과 함께 그 점을 여기 삼위일체 논의 가운데서도 깊이 고려하고 있음을 알 수 있다. 그렇다면 죽산은 성경의 유비(analogia Scriptura)에 근거하여 성경의 문자적 표현 그 이상의 의미를 추구하였다고 할 수 있으며, 이 점 역시 그의 철저했던 계시의존 신앙의 한 면모임을 알 수 있다.

삼위, 각각의 위들 사이에 놓여있는 관계에 대한 죽산의 설명은 성자의 나심 교리를 전체적인 조망 속에서 파악케 하는 역할을 하였다. 제 일위이신 성부의 특별한 위적 속성은 하나님의 내향적 사역을 통해 분명해지는데, 한편으로 성부 자신은 낳아지지 않으시며, 또한 보냄을 받지 않으신다는 것과 다른 한편으로 성부는 성자를 낳으신다는 것과 성령을 보내신다는 것이었다. 그리고 이 성령을 보내시는 일은 또한 성자의 일이기도 하다는 설명이었다. 필자는 이와 같은 삼위 각위의 관계에 대한 죽산의 이해가 성경의 근거 위에 세워진 것임을 밝혔다. 그것은 "위적 구별과 신적 유일성"에 관해 논했던 죽산의 결론, 곧 "삼위는 서로 구별되나, 결코 분리될 수 없는 세 존재양식"이란 내용과 전적으로 일치하는데, 그것에 대해 죽산은 성경으로부터 성부는 성자일 수도 성령일 수도 없으며, 성자는 성부일 수도 성령일 수도 없고, 성령은 성부일 수도 성자일 수도 없다는 교훈을 이끌어내었으며, 이 가르침의 신학적 표현이 앞서 진술한 삼위 각위 사이에 놓여있는 관계들에 대한 설명이었다는 점을 필자는 밝혔다. 이로써 죽산의 설명, 곧 그의 신학적 진술은 단순한 인간적 사색이나 철학적 추론으로부터 나온 어떤 추상적인 사유물이 아니라, 전적으로 성경에 기초를 둔 계시적 진리라는 사실을 확인할 수 있었다.

이와 같은 전체적인 그림 속에서 성자의 나심 교리를 진술하는 죽산의 접근방법은 이른 바 "역사적 분석적 방법"이라고 할 수 있겠지만, 전체로서 죽산이 다룬 삼위일체 전반을 고려한다면, 그의 접근방법은 "종합적 원천적 방법"이라고 할 수도 있음을 지적했었다. 두 방법 모두 성경의 권위를 최종적인 것으로 여기는 방법이기에, 이로써 삼위일체를 다루고 있는 죽산의 신학의 원리가 무엇임을 드러내었다. 비록 성경 가운데 명료히 제시되지 않고, 단지 희미하게 암시되기만 했을지라도 '계시(啓示)의 빛'과 '이성(理性)의 빛'을 결코 동일한 차원 혹은 동일한 선상에 놓을 수 없다는 것이 죽산의 확신이었음을 재차 확인할 수 있었다.

필자는 "신학적 함축"이란 제목 아래, 성자의 나심에 관한 죽산의 여러 설명들을 네 가지 관점에서 고찰했었다. 성자의 영원한 나심이란 첫째, 자유로운 행위가 아니라, 하나님의 필연적인 행위이며, 둘째, 시간 안에서의 행위가 아니라, 성부의 영원한 행위이고, 셋째, 신적 본체의 나심이 아니라, 위적 실존의 나심이며, 넷째, 육신적, 생물적 방식에 의하지 않고, 다만 영적, 신적인 방식에 따라 사유될 수 있다는 것이었다. 이 네 가지 요점적인 의미들은 서로가 서로를 전제하고 있다. 서로가 각각 유기적(有機的) 상관성을 지니는 것이다. 중요한 것은 이와 같은 죽산의 진술들이 단순한 인간적 사색이나 철학적 추론으로부터 나온 어떤 결과물이 아니라는 사실이다. 그에게 있어서 이 모든 진술들은, 그동안 살펴 본 바와 같이, 성경 계시의 기초 위에 세워진 신학적 구조물로 평가되는 것이 지당(至當)할 것이다.

그러나 한두 가지 아쉬운 점이 있다면, 죽산 자신이 이 같은 문제들을 다루면서 이에서 파생되어 나올 사상 및 개념들을 담아내기 위해 그가 사용했던 용어들이 한자문화에 익숙지 못한 후대인들에게는 생소하다는 느낌을 넘어 불필요한 혼란의 소지까지 유발하지 않을까 염려하게 된다는 사실이다. 그래서 필자는 할 수 있는 한, 죽산이 사용할 때 의도했던 그 내용과 등가적 의미의 쉬운 용어들로 바꾸어 보려고 노력했었다. 발생(發生) 대신 "나심"으로, 위자(爲子) 대신 "아들 됨" 혹은 "아들이심"으로, 발출(發出) 혹은 출송(出送) 대신 "나오심"으로. 이러한 과정을 통해 필자가 깨달은 점은 신학 작업에 있어서 서로 다른 언어체계들 사이에 있어서의 의사소통 문제도 어려운 사안일 것이지만, 어려움이 없을 것으로 생각되기 쉬운 동일한 언어체계 안에서의 의사소통 문제 역시 간단히 생각할 일이 아니라는 사실이다. 특히 이전 세대와 그 후세대 사이의 문제로 이 소통의 문제가 특수화될 때, 그 심각성은 더해진다는 사실이다. 이런 점에서 신학 작업을 하는 우리 자신들 역시 용어를 선택하는 문제에 있어서나 혹은 신학사상을 표현하는 일에 있어서 동시대인들뿐 아니라, 후세대를 위해서도 사려 깊은 고려와 배려가 필요하리라 여겨진다. 이는 누구에게 있어서나 예외 없는 어려움일 것이다.

관련 내용을 다루면서 남는 또 하나의 아쉬움이 있다면, 그것은 앞의 각주(37)에서 밝힌 바와 같이, '성자의 영원한 나심'과 관련된 주제를 다루는 죽산이 그 스스로 독자적(獨自的)인 설명을 시도를 해보았더라면 하는 안타까움이다. 물론 이 점에 대해 필자는 그의 사상을 연구하고 따르는 후학도의 한 사람으로서 충분히 이해하는 마음을 가진다. 그것은 불모지(不毛地)와 같았던 당시 교회의 상황에 개혁 신학적 정통신학을 가감(加減) 없이 계승하기 위한, 진리를 향한 그의 열정 때문에 나타난 결과가 아닐까 생각해 보기도 한다. 진실로 초기 한국기독교회의 어려웠던 정황을 기억하는 자라면, 이 또한 능히 헤아릴 수 있을 것이다. 죽산은 독자적인 신학 작업을 하는 일에 있어서 스스로 부족했다는 송구스러운 마음을 기회 있을 때마다 표(表)하곤 하였다.[75] 그의 진실과 겸손함이 오히려 우리의 마음을 울린다. 그럼에도 여기서 우리는 여전히 한 시대의 한계를 읽게 된다.

---

75) 박형룡, 『교의신학 서론』 (서울: 백합출판사, 1964), p.11f. 머리말 ; 『신론』 (서울: 보수신학 서적 간행회, 1967), p.17f. 머리말 ; 『인죄론』 (서울: 보수신학 서적 간행회, 1968), p.7f. 머리말 ; 『기독론』 (서울: 보수신학 서적 간행회, 1970), p.15f.. 머리말 ; 『구원론』 (서울: 보수신학 서적 간행회, 1972), p.19f. 머리말 ; 『교회론』 (서울: 보수신학 서적 간행회, 1973), pp.5-7. 머리말.

이러한 아쉬움에도 불구하고 죽산의 신학적 기여(寄與)는 결코 과소평가될 수 없을 것이다. 그의 헌신을 하나님께서는 당신의 교회로 교회되게 하시는 일에 지속적으로 사용해 오셨다. 하나님의 이러한 경륜 가운데 죽산은 그 시대의 아들로서 자신의 소임(所任)을 다 하였다. 이제 남은 과제들은 후학들인 우리 모두의 몫이 되었다. 부디 주님의 은총 안에서 그의 계시의 빛을 따라 보다 깊이 삼위일체 하나님을 알아가기를 소망한다.

지금까지 살펴 본 바에 비추어볼 때, '성자의 영원한 나심'에 관한 죽산의 신학적 이해와 그의 설명은 성경의 교훈과 개혁신학의 보편적 해석에 부합(附合)되는 것으로 평가될 수 있을 것이다. 이 결론에 이르기까지 본 논자는 다중적(多重的) 차원의 문제들을 종합적 관점에서 조망했었다. 성경과 죽산을 잇는 해석학적 지평, 죽산과 개혁신학자들을 연결하는 통시적 지평, 죽산 자신의 논의들 가운데서 열려지는 공시적 지평 등이었다. 이전에도 그러했던 것처럼, 이후에도 개혁신학의 원리를 공유한 자들에게는 성자의 영원한 나심에 관한 이 주제가 죽산이 인식했던 것처럼, 여전히 신비(神秘)로 다가올 것이다. 그럼에도 신앙으로써 고백될 수 있는 영원한 주제로 남을 것이다.(*)

(『神學指南』 2008년 여름호)

VIII.
성령의 영원한 '나오심'
(*processio/spiratio*)

성령의 영원한
'나오심' (*processio/spiratio*)

1. 들어가는 글

　필자는 그동안 죽산의 삼위일체론이 무슨 내용으로 이루어져 있으며, 그 내용들이 성경의 올바른 해석학적 근거 위에 세워져 있는지, 그리고 개혁 신학적 전통과 관련하여 어떠한 사상적 연관성을 지니는지 등등, 몇 가지 주된 관점들을 가지고 연속적 글들을 써왔다. 이제 본 논문은 그동안 진행되어 왔던 연속적인 일의 마지막 작업인 셈이다.

　사실, 필자가 그동안 죽산의 삼위일체론과 관련하여 연속적인 글들을 써나오게 된 데에는 나름대로의 이유가 있었다. 그것은 신론(神論), 그 중에서도 특별히 삼위일체론과 관련하여 교계 안에 내재해 있는 여러 오해들, 혹은 잘못된 견해들, 그로써 일어나는 혼란스러움을 목도하고, 그 심각성을 절감했기 때문이었다. 이러한 배경에서 지난날 한국교계를 위해 지로적(指路的) 역할을 감당하셨던 죽산의 견해가 무엇이었는지에 대해 이 시대에 다시금 건전한 해석학적 통찰을 가지고 살펴서 성경에 근거한 바른 관점을 재천명하고저 하는 마음이 필자의 가슴속에 용솟아났었다. 이러한 작은 충정(忠情)에서 그동안의 작업을 계속해 온 것이다.

이제 그 마지막 단계로서 '성령의 영원한 나오심'이란 주제에 관해 논의하려고 하는데, 이는 지난번 글의 주제인 '성자의 영원한 나심'과 연속선상에 놓이게 될 것이다. 이미 밝힌 바와 같이 이 '나심'(generatio)과 '나오심'(spiratio)이란 표현들은 삼위일체 하나님의 각 위격 사이에 있어 상호간의 존재론적 질서를 나타내는 용어들이다. 죽산 역시 이 용어들을 채택하여 교리를 진술함으로써 역사적 기독교회의 공(公)교회적 전통을 이어오고 있다. 글을 마감함에 있어서 필자가 가지고 있는 마지막 관심사인 성령의 나오심과 관련된 죽산의 이해[1]가 무엇인지, 그리고 그것이 과연 성경의 교훈에 일치하는지, 그리고 그것이 또한 개혁 신학적 전통과 연속성을 지니는지 등등의 관점에 주목하면서 논의를 시작하려 한다.

2. 진술구조가 지닌 신학적 함축

2.1. 샌드위치 구조

죽산은 성령의 영원한 나오심 교리를 자신의 삼위일체 논의 중, 삼위 각론을 다루면서 진술한다.[2] 즉 삼위의 각론으로서 성령에

---

[1] 박형룡, 『신론』 (서울: 은성문화사, 1974), pp.231ff.

관해 진술하는 중, '성령의 인격성'과 '성령의 신성'이란 두 제목들 사이에서 '성령의 영원한 나오심'의 문제를 거론하고 있다. 이는 매우 중요한 의미를 시사한다. 곧 성령의 영원한 나오심이 헬라철학에서의 유출설(流出說)과 같은 비인격성의 발출(發出)[3]이 아님을 의미하는 것이다. 성령의 나오심에서 인격성을 배제할 경우, 그것은 단지 하나의 능력 발현(發顯)이거나 혹은 영향력 발현에 그치고 말 것이다. 그런 점에서 죽산은 과거의 잘못된 전철(前轍)을 밟지 않기 위해 지난 날 교회역사 속에 등장했던 여러 오류들을 통시적(通時的) 차원에서 열거하였다:

> 성령의 인격성은 초대교회에서 단일신론파(Monarchians)와 성령파(Pneumatomachians)의 부정을 받았다. 그들의 부정은 종교개혁 시대에 소시너스파(Socinians)의 추종한 바 되었다. 오히려 더 후대에 슐라이어막허(Schleiermacher), 릿출(Ritschl), 일위신론파(Unitarians), 금일의 현대주의자들이 모두 성령의 인격성을 기각(棄却)한다.[4]

---

[2] 전게서, pp.227-237.
[3] '흘러 나온다'는 의미의 라틴어 *emanare*로부터 유래된 유출(emanation)이란 말은 고대철학에 있어 우주론(宇宙論)의 기원론에서 사용되었다. 이와 같은 용어와 개념은 신플라톤주의(Neo-Platonism)나 그노시스(Gnosis)파에서 흔히 볼 수 있었는데, 인도의 베에단타(Vedanta)학파에서도 동일한 주장을 발견할 수 있다. 신플라톤주의의 대표인물인 플로티누스(Plotinus; A.D. 205-270)에 의하면 세상에 모든 존재하는 것들은 모두가 일자(一者, τὸ ἕν, *unum*)로부터 유출되었으며, 유출의 최하급 단계는 물질세계로서 가장 불완전하며 그 자체가 악하다고 한다(物質 改惡說). 그런데 이 '일자'는 비인격적인 존재이다. 성경에 계시된 인격적인 하나님과 그의 인격적 행위로서의 '무로부터의 창조'(*creatio ex nibilo*) 개념과는 거리가 멀다. 일자로부터의 유출이란 단지 '자연적인 과정'(een natuurlijk process)에 의한 것일 뿐이다[Cf., F. L. Cross(ed.), *The Oxford Dictionary of the Christian Church* (London: Oxford University Press, 1978), p.1103f. ; F. W. Grosheide & G. P. Van Itterzon(ed.), *Christelijke Encyclopedie* Vol. II (Kampen: J. H. Kok, 1957), p.592.].

이로써 성령의 영원한 나오심의 문제가 그분의 인격성을 전제하지 아니하고서는 결코 성경적일 수 없음을 죽산은 시사한 것이다. 이렇게 "성령의 인격성"의 문제로 말문을 연 죽산은 그 후, 성령의 영원한 나오심에 관해 논의하고서, 곧 바로 "성령의 신성"의 문제를 다루었다. 이는 "인격성"이 "신성"과 관련되어 있음을 의미하는데, 이로써 성령의 나오심의 성격은 보다 독특해지게 된다. 그 나오심이 신적 인격성의 일로 이해되어야 하기 때문이다.

2.2. 구조의 필연성과 검증기능

그런데 이 같은 죽산의 진술구조를 우연한 것으로 말할 수 있을까? 결코 아닐 것으로 판단된다. 그렇다면 그 원인을 무엇이라 말할 수 있을까? 아마도 그것은 죽산이 가지고 있었던 그 자신의 인식원리[5]와 관련된 것으로 보인다. 즉 신학의 인식원리 가운데 객관적 원리인 성경, 그 성경의 가르치는 바를 따를 때 나타날 수밖에 없는 필연성일 것이다. 그렇다면 이 같은 원리와 그것에 입각한 진술방법은 당연히 중요한 신학적 함축을 지닐 것이 분명하다. 그것은 앞서도 밝힌 바와 같이 성경계시에 근거한 삼위 사이에 내재하는 내향적 사역(*opera ad intra*)[6]으로서의 성령의 영원한 나심 교리는 이교세계에서 말해

---

4) 박형룡, 『신론』, p.229.
5) 죽산의 인식의 원리는 크게 말해 계시의존신앙이라 할 수 있다[Cf., 졸문(拙文), '삼위일체론의 특별한 성격에 대한 박형룡 박사의 견해' in: 『神學指南』, 제 73권 2집, 통권 제 287호 (서울: 신학지남사, 2006), pp.89ff. ; 박형룡, 『교의신학서론』 (서울: 백합출판사, 1973), pp.167-367.].
6) 졸문(拙文), '성자의 영원한 「나심」(*generatio*)에 대한 죽산의 이해' in: 『神學指南』, 제 75권 2집, 통권 제 295호 (서울: 신학지남사, 2008), pp.128ff.

지고 있는 바, 비록 그들의 주장 형태가 외견상 유사한 점들이 아무리 보인다 할지라도, 그러한 유(類)들과는 전혀 성질을 달리하는 다른 차원의 내용임을 의미한다.

그런데 이 구조가 시사하는 의미가 단지 이교적 사상과 기독교적 이해 사이를 구별한다거나 차별화 시키는 역할에만 국한되지 않을 것으로 보인다. 교회 내적인 의미, 곧 교회 안에서의 중요한 역할이 예상된다. 아마도 그것은 진리와 비진리 사이에 일어나는 혼란을 종식시키는 역할일 것이다. 제아무리 기독교란 이름으로 불릴지라도 - 죽산의 언급과 같이, <u>기독교</u> 단일신론파, <u>기독교</u> 성령파, <u>기독교</u> 소시너스파, <u>기독교</u> 일위신론파 등등7) - 결국, 성령의 인격성을 인정하는 여부에 사상적 진위(眞僞)의 구별이 달려있게 된다. 이 같은 결과는 죽산의 진술 구조 배후에 작용하는 그의 신학의 원리 때문에 가능한 것이다.

2.3. 현실적 혼란

이 같은 차원의 문제들은 목회현실을 신학 적용의 장(場)으로 삼고 있는 개혁신학이 깊이 고민하고 올바른 통찰을 제시해야 할 사명에 속한 일들이다. 우리에게 일차적으로 심각하게 다가오는 문제는 교회 밖에서 일어나는 일련의 주장들이라기보다는 오히려 교회 안에서 일어나는 오류와 곡해들이라 할 수 있다. 이러한 점에서 죽산은 오늘의 교회현실의 올바른 방향 정립을 위해 과거의 오류들을 구체적으

---

7) 밑줄 친 부분은 원래 죽산의 글에는 없지만 논자의 의도에 의해 삽입한 것임.

로 열거하였다:

사모사타 사람 바울의 세력적 단일신론(勢力的 單一神論)은 성령을 단순히 신격의 비인격적 속성뿐으로 보았다. 소시너스파는 성령을 정의하여 「하나님으로부터 사람들에게 흘러내리는 덕(virtue)이나 세력(energy)」이라 하였다. 슐라이어막허는 성령은 그리스도께서 설립하신 단체 전부에 투철(透徹)하는 정신(spirit)이라 하였다.8)

성령을 "신격의 비인격적 속성"으로 간주한다거나 혹은 "하나님으로부터 사람들에게 흘러내리는 덕(virtue)이나 세력(energy)"으로 여긴다거나, 아니면 "그리스도께서 설립하신 단체 전부에 투철(透徹)하는 정신(spirit)"으로 보거나 간에 여하튼 인격성을 인정하지 않는 경우, 그 모두는 다 부당하다는 지적인 셈이다. 그런데 여기 죽산이 사용한 용어, "세력적 단일신론"이란 아마도 Dynamic Monarchianism9)에 대한 등가어로 보인다. 흔히 '역동적 단일신론'(力動的 單一神論)으로 통용되는 용어와 동일한 개념으로 본다면 문제는 없을 것이다. 사모사타의 바울을 비롯하여 역동적 단일신론자들은 대개 양자론적 이단사상을 주장10)하였는데 죽산의 지적과 같이 그들이 성령을 "신격의 비인격적 속성"으로 본 것은 그들이 가진 잘못된 기독관(基督觀)과 연루되어 나올 수밖에 없는 논리적 귀결이었다. 왜냐하면 대개 초기의 역동적 단일신론자들은 한편,

---

8) 박형룡,『신론』, p.229.
9) Cf., 차영배,『改革教義學 三位一體論』(서울: 총신대학출판부, 1992), pp.49-52.
10) Cf., 전게서, pp.27-32.

유대교의 일신론적인 종교적 요인[11])과 다른 한편, 제 일 원인, 즉 소위 *prima causa*는 하나일 수밖에 없다는 헬라 철학적 요인에 영향[12])을 받아 참되신 하나님은 오직 홀로 성부만이라는 배타적 사고에 이끌려 제 2위와 제 3위와의 관계를 규정하다보니 예수는 원래 단순한 인간이었지만, 세례 받은 후 신(神)의 아들로 승격되었다고 하는 기독관을 가졌으며, 또한 그와 동일한 맥락에서 앞서 진술했던 바와 같은 성령이해를 할 수밖에 없었던 것이다.

2.4. 혼란의 원인과 극복

사실 이와 같은 성령 이해를 가지게 된 데에는 성령을 논하기 이전의 문제에서부터 이미 오해와 왜곡이 있었기 때문이다. 이런 점에서 어떤 신학적 관점들이나 주장들일지라도 그것들은 상호 인과적(因果的)으로나 혹은 상호 교호적(交互的)으로 불가분적인 연관성을 지니고 있음을 부인할 수 없다. 이런 차원에서 죽산은 성령의 영원한 나오심에 대해 논의하기 이전, 우선적으로 다루어져야 할 문제들에 대해 성경적으로 올바른 자리매김을 하려했던 것이며, 그

---

11) 주후 2-3세기, 초기 교회사에 나타났던 에비온파(Ebionites)는 단일신론적 성격의 양자론(養子論)을 주장하던 자들로서 그리스도의 선재(先在)를 부인하고, 예수는 단순한 한 인간으로서 수세(水洗) 시 성령으로 인해 메시아의 자격을 얻었다고 하였는데, 이들은 아마도 바울이 갈라디아서에서 반대했던 유대주의적 성향을 극단적으로 드러냈던 유대인 그리스도인들(a sect of Jewish Christians) 로 추정된 대[Cf., F. L. Cross(ed.), *The Oxford Dictionary of the Christian Church*, p.438f. ; F. W. Grosheide & G. P. Van Itterzon(ed.), *Christelijke Encyclopedie* Vol. II, p.527.]. 그렇다면 역동적 단일신론 형성에 영향을 준 종교적인 요인으로는 당연히 유대주의적 일신론 사상임을 어렵지 않게 추정할 수 있을 것이다.
12) Cf., Herman Bavinck, *Gereformeerde Dogmatiek* Vol. II^3 (Kampen: Kok, 1918), pp.265ff.

시도는 적절한 것으로 평가될 수 있다. 결국 이와 같은 일련의 상관성을 살펴봄으로써 죽산이 지녔던 그의 인식원리가 무엇이며, 그와 더불어 제 3위이신 성령에 대해 그 인격성과 신성이 함께 인정되고 수납되어야만 성경의 진리를 올바로 반영하는 것이라는 죽산의 확신을 확인하게 되었다.

잘못된 사상들은 교회역사의 초기부터 오늘에 이르기까지 줄곧 다른 옷을 갈아입으면서 계속 존재해 왔다. 죽산은 이와 같은 사실에 대해 "현금" 혹은 "금일"이란 표현을 사용하면서 오늘의 영적 상황을 다음과 같이 묘사한다. "릴출과 현금의 많은 현대주의자들은 사모사타 사람 바울의 견해를 취한다. 금일에 흔히 말하기를 성령의 인격성을 함의하는 듯한 성구들은 단순히 의인법(擬人法)을 포함하는 것뿐이라 한다."13) 실로 이와 같은 경향은 18세기에 등장한 계몽주의(啓蒙主義) 이후, 그 후 세대의 현저한 특징이라고 말해도 무방할 것이다. 초기 교회사에 등장했었던 역동적 단일신론과 유사한 성향의 기독론이 소위 '예수전(傳) 시대'를 거쳐 역사적 예수 연구가 한 창 붐을 이루었던 때에 등장했음14)을 보아 알 수 있다. 그리스도의

---

13) 박형룡, 『신론』, p.229f.
14) 소위 '예수전(傳) 시대'의 대표 인물들인 D. 슈트라우스(David Strauss)와 E. 르낭(Ernest Renan)에 의해 묘사된 지상적 예수는 근본적으로 한 선한 사람으로, 혹은 위대한 영적 진리를 전파하는 스승으로 묘사되었지만, 이적을 행하거나 영원부터 선재(先在)하신 삼위일체의 제 2위로는 묘사되지 아니 하였다(Cf., Millard J. Erickson, *Christian Theology* (Grand Rapids: Baker Book House, 1989), p.663.). 그 후, A. 슈바이처(Albert Schweizer)나 M. 켈러(Martin Kähler)등에 의해 역사적 예수 연구의 붐이 본격적으로 일어나면서 나타난 현상도 복음서에 묘사된 예수님의 모습에 반대해서 기적적이지 않은 예수상(a nonmiraculous Jesus)을 제시하려 한 점(Cf., 전게서, p.663.)에서는 예수전 시대의 시도들과 일맥상통한 것으로 보인다. '역사적 예수연구에 대한 새로운 질문들'이란 제목의 Bernard L. Ramm의 글은 역사적 예수 연구에 대한 보다 소상한 정보들을 접할 수 있는 유익을 준다[Cf.,

신성을 인정하지 아니하는 자들에게서 결코 성령의 올바른 인격성을 기대할 수 없다. 통시적(通時的)으로 존재했던 다양한 경향들은 대개 공시적(共時的)으로 혼재해 있다. 이는 해아래 새 것이 없기 때문이다. 따라서 만일 우리 시대에 성령의 인격성과 신성을 부인하는 자들이 있다면, 그들과 그들의 주장은 명백히 오류 속에 있음을 경고해야 할 것이다.

3. 성령의 '나오심'(*processio/spiratio*)

3.1. 용어 및 전개방식

죽산은 '성령의 나오심'을 쏠 발(發)자와 날 출(出)자로 이루어진 "성령의 발출(發出)"이란 용어로써 표현한다. 그는 이 용어를 "출송"(spiration)이란 말과 등가적 관계에 있음을 지적하면서 다음과 같이 정의 하였다: "성령의 발출은 다른 말로 출송(spiration)이다. 정의하여 말하면 출송은 삼위의 제 일위와 제 이위가 신적 실유 안에서 제 삼위의 위적 실존(位的 實存)의 근거로 되어 제 삼위로 하여금 분할(分割), 격리(隔離), 변화(變化)없는 신적 본체 전부를 소유케 하는 그들의 영원적 필연적 행위이다."[15] 여기서 필자는 죽산

Bernard L. Ramm, *An Evangelical Christology*, 홍성훈 역, 『福音主義 基督論』 (서울: 所望社, 1995), pp.237-266.].

15) 박형룡, 『신론』, p.233. ; 이와 같은 관계 설명은 죽산 자신이 성자의 영원한 나심 교리와 관련하여 그 성격을 규명하면서 이미 사용한 바가 있다: " … 발생은 신적 실유에 「구별」(distinctio)과 「구분」(distributio)을 가져오나 「변이」

이 삼위 각위 사이의 관계를 묘사함에 있어서 중보자 그리스도에 관한 칼케돈 회의(451년)의 결정 내용[16]을 그 표현방식에 있어서 원용(援用)하는 것이 아닌가 생각한다. 필자가 보기에 이와 같은 죽산의 처사(處事)는 지혜로운 것으로 여겨진다. 중보자의 양성(兩性)의 관계에 적용되는 신비로운 성질이 삼위 각위의 관계성에 있어서도 충분히 원용될 수 있을 것으로 판단되기 때문이다. 그런데 필자는 죽산의 삼위일체론과 관련된 다른 논문에서 이미 밝힌 바[17]와 같이, 독자들과의 보다 원활한 진리 소통을 위하여 "발출"이나 "출송" 대신 '나오심'이란 표현을 사용하려 한다.

죽산은 성령의 발출(procession)과 관련하여 세부 항목들[18]을 설정하였는데 먼저는 역사적인 전망을 제시하였고, 다음으로는 성령의 나오심이 성부와 성자로부터라는 사실을 밝혔으며, 그 후에 이 나오심은 나심과 유사한 면과 구별되는 점들이 있음을 지적하였고, 그리고 성경의 근거와 이 용어의 정의(definition)를 제시한 후, 마지막으로 이 교리에 대헤 다른 견헤를 가진 자의 주장을 다루며 그것을 평가하고 있다.

이제 필자는 죽산의 견해가 무엇인지를 살피려는 이 대목에서

(*diversitas*)와 「분할」(*divisio*)은 가져오지 않는다."(전게서, p.222.).
16) 칼케돈 신경(*Symbolum Chalcedonense*)의 관련 내용은 다음과 같다: "두 본성에 있어서 <u>혼합 없이 변화 없이 분열 없이 분리 없이</u> (… ἀσυγχύτως, ἀτρεπτως, ἀδιαιρετως, ἀχωρίστως …)인식되어야 하며, 결코 연합 때문에 본성들의 차이가 제거되는 것이 아니고 더욱이 양 본성들의 특성들이 손상되지 않는다."[Cf., 서철원, 『교리사』 (총신대학교출판부, 2003), p.486f.].
17) 졸문(拙文), '성자의 영원한 「나심」(*generatio*)에 대한 죽산의 이해' in: 『神學指南』, 제 75권 2집, 통권 제 295호, p.128f.
18) 세부 항목들을 문자적으로 인용한다면 다음과 같다: (一) 발출(procession) 1. 동서교회의 이견(異見解), 2. 성부 성자로부터의 발출, 3. 발생과의 구별, 4. 성경의 근거, 5. 정의, 6. 이의. (Cf., 박형룡, 『신론』, pp.231-233.).

통전적 관점에서 그가 주장한 내용들을 유기적으로 원만하게 드러내면서 그의 신학적 입장을 성경의 빛에 비추어 평가하는 작업을 하려고 한다.

3.2. 역사적 배경

성령의 나오심 교리는 성자의 나심 교리가 난해한 것처럼, 역시 동일한 신비에 싸여있다. 이점은 역사적인 사건들을 통해 방증(傍證)된다. 죽산은 이 난해함이 이전 시대와 현 시대를 살아가는 모든 사람들에게 동일한 과제였고, 과제임을 그의 진술 내용 가운데 드러내었다. 즉 과거의 어려움을 동-서방교회 사이에 나타났던 이견 차이[19]에서, 또한 오늘날의 어려움을 현대 정통신학자들 가운데, 예컨대 올리버 버스웰(J. Oliver Buswell)이 제기한 이견 차이[20]에서도

---

19) 전게서, p.231f.
20) 올리버 버스웰(J. Oliver Buswell)이 제기한 문제는 성경해석의 문제였다. 즉 요한복음 15장 26절의 말씀은 문맥상 오순절 성령강림에 적용되어야 할 것인데, 고대 교회가 적용을 잘못했다는 것이다. "그리스도의 승천 이후에 성령께서 오순절 날 하늘로부터 나타나시리라는 하나의 선언으로 이해하지 않았고, 고대 교회는 이 성경 본문을 삼위일체 내에서 성령의 '영원한 나오심'이라는 교리를 가르치는 것으로 이해하였다."(… not in the sense of the immediate context as declaration that subsequent to the ascension of Christ the Holy Spirit would be manifested from heaven on the Day of Pentecost. Butthe ancient church took this passage of Scripture as a teaching a doctrine of the 'eternal procession' of the Holy Spirit within the Trinity."[J. Oliver Buswell, *A Systematic Theology of the Christian Religion* Vol. I (Grand Rapids: Zondervan, 1962), pp.119-120.]. 이와 같은 버스웰의 주장에 대한 죽산의 응수를 들어보자: "그러나 공정히 고찰하면 위에 인용된 요15:26이 전체적으로는 성령의 오순절 날에 대 강림(大降臨)을 뜻할찌라도 그 중에 핵심이 되는 문구「보혜사는 진리의 영이시니 아버지께로부터 나오시는 지라」한 말씀은 성령의 성부로부터의 발출을 특별히 가르치는 것으로 보여진다. 이밖에 성령의 삼위일체 안에서의 영원한 발출을 함의하는 다른 성구들이 있다는 것도 위의 글에서 이미 밝혔다."(박형룡,『신론』, p.233.). 삼위일체의 관계 속에서

엿볼 수 있음을 지적21)하였다. 주장이 수렴되어 하나로 모이지 않고 서로 나누인다는 사실 자체가 이 교리의 난해함을 웅변적으로 시사하는 것일 뿐만 아니라, 결국 그것은 이 진리 자체가 신비에 둘러싸여 있음을 드러내는 막강한 증거인 셈이다.

이렇게 난해함으로부터 발생하는 이견(異見)은 무엇보다 동·서방 교회의 견해차에서 확인된다는 점을 죽산은 지적하고 있다:

> 초기의 삼일론적(三一論的) 논쟁은 성령은 성자와 일반으로 성부와 동일한 본체를 소유하시며 따라서 그와 동체(同體)이시라는 결론에 도달하였다. 즉 주후 325년의 니케야 신경에서「성령을 믿나이다」라고 되었던 것이 381년의 콘스탄티노플 신경에서는「성부로부터 발출하시는 주, 생명의 조작자 성령을 믿나이다」라고 되었다. 그리고 성령은 또한 성자로부터서도 발출하시느냐? 하는 쟁론이 일어나 장구히 천연(遷延)되다가 589년 톨레도 대회에서 최종으로 결정되었으니 그 회의는 콘스탄티노플 신경의 라틴어 역문에「필리오꾸에」(Filioque,「와 아들로부터」)라는 일어(一語)를 추가한 것이었다.「우리는 성부와 성자로부터 발출하시는 성령을 믿나이다」("Credimus in Spiritum Sanctum qui a Ptre filioque procedit").22)

성령이 아버지와 아들로부터(*filioque*) 나오신다는 교리의 성경적 근거들이 요한복음 15장 26절 이외에도 남아있을 것이기에 교리를 유지하는 일에 어려움은 없을 것이다. 하지만 해석학적 근거에 문제가 있는 것으로 판단된다면 당연히 올바른 방향에로의 수정은 불가피할 것이다. 그럼에도 해석학적 상식으로 볼 때, 문법적 해석 위에 역사적 해석과 신학적 해석이 있을 것이기에, 본체론적 삼위일체의 관계성이 경륜적 삼위일체 가운데 신비롭게 반영된다는 사실을 유념한다면, 요 15:26의 내용을 포괄할 수 있는 가능성은 여전히 남아있을 것이다.

21) 전게서, p.233.
22) 전게서, p.231f.

그 이견이란 필리오꾸베(*filioque*)란 한 단어를 니케아-콘스탄티노플 신경(*Symbolum Nicaeno-Constantinopolitanum*)에 추가할 것인가 혹 않을 것인가 하는 사실에 놓여있었다. 다시 말해 성령께서는 성부에게서만 나오시는지, 혹은 성부와 그리고 성자에게서도 나오시는지의 상이한 관점으로부터 의견 차이를 보인 것이다. 동방교회는 '필리오꾸베'를 추가하는 일에 반대하였으며 서방교회는 그와는 달리 찬성의 입장을 표명하였다. 이와 같은 서로 대립적 구도는 한 조정안(調停案)23)에 의해 타협되는 듯하였으나, 결국 양편 모두는 그것을 기각하고 말았다. 그리하여 그 후, 동-서방교회 사이에는 오늘날까지도 견해차를 좁히지 못하고 있는 실정이다.24)

지금까지의 역사적 배경과 관련된 죽산의 진술은 기독교사상사에 관심을 가지고 있는 사람이라면 누구나 보편적으로 동일하게 인식하고 있는 내용이라 할 수 있다. 이제 죽산은 이와 같은 과거의 역사적 사건들 속에서의 사상적 변화의 추이과정(推移過程)을 살피는 일을 할 때와는 달리 그 이후의 문제들, 곧 그 일에 대한 평가와 그것을 위한 성경의 근거를 제시하는 일에 있어서는 죽산 스스로 주체적 관점에서 기술해 가는 진술방식을 기본 논법으로 취하였다. 이로써 죽산은 그 자신이 서방교회의 전통에 뿌리를 내리고 있다는 사실을 확증하고 있으며, 또한 그와 더불어 그것이 성경적으로 올바른 태도임을 스스로 입증하고 있는 셈이다.

---

23) 그 조정안이란 "성부로부터 성자를 통하여 발출하시는 성령"이라는 타협구(妥協句)였다(Cf., 전게서, p.232.).
24) 전게서, p.231f.

3.3. *Filioque*의 논거

죽산은 성령의 나오심이 성부와 성자로부터(*filioque*)임을 증명해 내려는 태도를 가지고 신학적 논거를 제시했다:

> 성령이 성부로부터만 아니라, 성자로부터도 발출하신다는 것을 어떻게 증명할 것인가? 「영」이라는 명사는 제 삼위의 특성적인 위적 칭호다. 그의 성부와 성자에 대한 영원적 필연적 위적 관계에 대하여 계시된 바 무엇이든지 이 말로써 지시된다. 그런데 그는 성부의 영이라 칭함과 동시에 또한 성자의 영이라 칭한다. 그는 성부와 성자의 동일본체(同一本體)를 소유하신다. 성자는 성령을 파송하시고 그를 통하여 공작하시기를 성부가 그리하심과 같이 하신다. 성부와 성자의 영이 계신 곳에는 그들이 계시되고 그들이 그들의 권능을 행사하신다(요14:16, 26; 15:26; 16:7).[25]

죽산의 진술 가운데 그 핵심적인 부분은 아마도 "그(=성령)는 성부의 영이라 칭함과 동시에 또한 성자의 영이라 칭한다. 그는 성부와 성자의 동일본체(同一本體)를 소유하신다. 성자는 성령을 파송하시고 그를 통하여 공작하시기를 성부가 그리하심과 같이 하신다."라고 한 대목일 것이다. 그런데 여기서 한 가지 주목해야 할 사실이 있다. 그것은 비록 성령께서 성부와 성자에 의해 파송된다고 할지라도 성령께서 성부와 성자보다 더 낮은 지위에 있다거나, 혹은 성부에게 성자와 성령이 함께 종속된다거나 하는 종속설적(從屬說的) 방향으

---

25) 전게서, p.232.

로 신학적 사유가 빗나가지 않도록 죽산이 우선적 한계를 설정했다는 점26)이다. 이 점이 아마도 필리오꾸베 문제와 관련하여 죽산이 진술하는 바의 핵심적인 논점이 아닌가 생각된다. 왜냐하면 동방교회가 필리오꾸베 교리를 받아들이지 않았던 근본적인 원인이, 헤르만 바빙크(Herman Bavinck)도 어디에선가 지적한 적27)이 있었지만, 그것은 그들이 가지고 있었던 종속설적 성향 때문인 것으로 판단되는데, 죽산이 그 종속설적 경향에 대해 강한 비판을 가하고 있다는 사실 때문에 그렇게 생각된다. 사실 "그(=성령)는 성부와 성자의 동일본체(同一本體)28)를 소유하신다."는 표현 자체가 필리오꾸베 교리를 받아들이지 않았던 동방교회의 신학적 근거에 대한 강한 비판인 셈이다.

죽산은 필리오꾸베 교리의 정당성을 "어떻게 증명할 것인가?"란 검증차원의 질문을 던진 것을 위의 인용문에서 발견할 수 있었다. 그것은 벌써 그 자신이 신학적 근거를 확보하고 있다는 진술논법의 수사학적 표현이다. 죽산이 제시하려는 논거는 이성적 근거 위에서 논리적 모순을 제거하여 일관성을 구축하려는 세속 철학자들이나 스콜라주의자들의 시도와는 차원을 달리한다. 그것은 어디까지나

---

26) 이 점은 죽산이 다른 주제를 다루면서도 힘주어 지적한 바 있다. " … 그러나 이 모든 일(= 필자 주(註): 그것이 무엇이든지 간에 무엇이나 불문하고)은 성령의 성자에 대한 본체적 종속을 함의하지 않는다는 것을 기억함이 가하다. … "(전게서, p.232.).
27) Cf., Herman Bavinck, *Gereformeerde Dogmatiek* Vol. II³, p.327.
28) 죽산의 삼위일체론에 있어서 그가 사용하는 "본체"(本體)란 용어의 어휘 의미론적 차원과 연관된 문제에 관하여는 이전의 글을 참조하실 것. Cf., 졸문(拙文), '우시아(ο ὐσία)의 의미에 관한 죽산의 이해' in:『神學指南』, 제 74권 2집, 통권 제 291호 (서울: 신학지남사, 2007), pp.33-46.

특별계시로서의 성경, 그 자체의 교훈에 입각한 성경-신학적 근거이다. 거기에는 논리적 일관성이 결(缺)할 수도 있다. 아니 그 정도가 아니라, 오히려 이성적 관점에서는 도무지 접근이 불가능한 성격의 일이라 해야 한다. 논거를 제시하는 일에 있어서 그와 같은 엄중한 입장은 죽산 자신이 취했던 것으로서 이미 앞서 행한 다른 논의에서 밝혀진 바 있다.[29] 그렇다면 이제 죽산 자신의 성경적 논거를 주목해 보는 것이 논리상 순서일 것이다.

"이 교리(=*filioque*교리)는 주로 성령의 성부 성자로부터 오심을 말하는 요15:26과 성령이 또한 그리스도의 영 또는 아들의 영이라고 칭호되고(롬8:9; 갈4:6) 또 그리스도의 파송한 바 되시는 사실에 기초한다."[30] 죽산의 논거 제시는 생각보다 간단하다. 그러나 실은 그것이 단순한 문제가 아니라는 것을 죽산의 덧붙인 말 속에서 읽어내어야 한다. " … 성자의 영원 발생에 관하여 제출한 변론은 성령의 영원발출에 관해서도 적용된다."[31]는 추가적인 문장을 덧붙임으로써 죽산은 논의하는 일에 있어서 중복을 피하면서 간단명료하게 자신의 진술을 끝마쳤다.

이와 같은 진술방법 때문에, 이 부분의 내용을 읽는 독자들이 진술의 외형적 형식만 보고 판단하기를 죽산의 논거 제시는 간단한 성질

---

29) 죽산의 이와 같은 입장이 반영된 곳들을 일일이 찾아내자면 한이 없을 것이다. 다만 우리의 작업, 즉 그동안 죽산의 삼위일체론을 다루어 오면서 성경적 근거를 제시해야만 하는 문맥에서는 그가 항상 일관된 태도를 보이려고 노력했음을 얼마든지 확인할 수 있었을 것이다.
30) 박형룡, 『신론』, p.232.
31) 죽산의 설명대로라면 성령의 영원한 나오심은 성자의 영원발생과 마찬가지로 그것은 (1) 하나님의 필연적 행위이며, (2) 성부의 영원적 행위이고, (3) 인출과 동등을 더불어 생각해야 할 문제이며, (4) 영적 신적인 것으로 이해되어야 할 것이다(Cf., 전게서, pp.220-222.).

의 것이라고 생각한다면 그것은 크나 큰 오해가 아닐 수 없다. 실은 앞서 제시한 성경의 문맥들을 기반으로 하여 매우 심오한 신학적 고찰을 수반해야 할 신학적 근거가 죽산에 의해 함축적으로 제시되었다고 보는 것이 올바른 판단일 것이다.

3.4. 연속성과 불연속성

앞서 죽산은 성령의 영원한 나오심에 관한 성경의 근거를 제시하면서 성령의 나오심이 성자의 영원한 나심과 원리를 공유하는 상호 유사성이 있음을 밝혔듯이, 양자 사이에는 여전히 서로 구별되는 점들이 있음을 지적하고 있다:

> 성자의 발생에 관하여 말한 것 많은 부분이 성령의 발출에도 적용되나 두 사이에 몇 가지 중요한 구별이 있다. 즉 **(1) 근원.** 발생은 성부만을 근원으로 하고 출송은 성부와 성자 두 위를 근원으로 한다. **(2) 양식**. 발생에 의하여 성자는 출송에 참여할 권세를 얻으시나 성령은 이 같은 것을 얻지 못하신다. **(3) 순서**. 성자와 성령이 다 같이 영원하나 우리의 사유의 양식에서와 논리적 순서에서 발생은 출송보다 앞선다.32)

성자의 나심 교리와 성령의 나오심 교리가 동일한 원리를 공유하는 부분이 있는데, 그것과 관련해서는 이미 이전의 논구(論究)들을 통해 밝혀진 바33) 있기 때문에 다시금 반복하여 논하지는 않겠다.

---

32) 전게서, p.232.

단지 간략하게 주된 줄거리만을 몇 가지 언급해 본다면, 그것은 먼저 하나님의 필연적 행위로서 성부, 성자, 성령 각위 사이에 서로가 동일본질(ὁμοούσιος)이심을 훼손하지 아니하며[34], 다음으로는 그것이 하나님의 영원한 행위로서 그 일은 비(非)시간적 행위, 즉 하나님의 영원한 현재의 행위로서 항상 지속적이지만 오히려 완성된 행위임을 의미하고[35], 마지막으로는 그것이 영적, 신적인 것으로서 분할과 개변(改變)을 전적으로 배제한다는 것[36]이었다. 이 같은 신비한 일들이 '나심 교리'와 '나오심 교리'의 공유원리가 된다는 것이다.

이제 죽산은 이와 같은 연속적 측면과 더불어 구별되는 측면들을 근원과 양식과 순서와 관련하여 세 가지로 제시하였다. 먼저, 근원과 관련된 구별로서는 성자의 나심은 성부를 근원으로 하지만, 성령의 나오심은 성부와 성자 모두를 근원으로 한다는 것, 다음으로 양식과 관련된 구별로서는 성자께서는 파송(=나오심을 역(逆)으로 생각할 때)에 참여할 권한을 가지시지만, 성령께서는 권한에 참여하시지 않으신다는 점, 마지막으로 순서와 관련된 구별로서는 성자와 성령 두 격위께서는 모두 영원하시지만, 성자의 영원한 나심은 성령의 영원한 나오심보다 논리적으로 앞선다는 것이 성자의 나심과 성령의 나오심 사이에 구별되는 국면들이다.

---

33) Cf., 졸문(拙文), '성자의 영원한 「나심」(generatio)에 대한 죽산의 이해' in: 『神學指南』, 제 75권 2집, 통권 제 295호, pp.137-151. ; Cf., 박형룡, 『신론』, pp.220-223.
34) 전게서, p.220.
35) 전게서, p.220f.
36) 전게서, p.222.

그러나 이로써 성자의 나심과 성령의 나오심 사이의 구별에 대한 죽산의 설명은 끝나지 않는다. 그는 삼위일체의 관점에서 중요한 본질적인 관점 덧붙이기를 잊지 않는다. "그러나 이 모든 일은 성령의 성자에 대한 본체적 종속을 함의하지 않는다는 것을 기억함이 가하다. 출송에서도 발생에서와 같이 신적 본체(神的 本體) 전부의 전달이 있어서 성령은 성부와 성자와 동등이시다."37)라는 표현은 비록 두 가지 방식으로 나타났지만 그 요점은 하나다. "본체적 종속을 함의하지 않는다."는 진술과 "성령은 성부와 성자와 동등이시다."란 표현은 그 함축하는 바가 동일하다. 비록 여러 구별들이 성자의 나심과 성령의 나오심 사이에 있다고 할지라도, 한 위가 결코 다른 위에 종속되지 아니하며, 또한 삼위가 신적 본질에 있어서는 결코 서로 다를 수가 없는 것이다.

4. 위격들 사이의 밀접성

성부와 성자로부터 성령의 영원한 나오심의 결과에 관해 죽산은 간략하지만 밀도(密度) 있는 내용을 진술한다:

성령은 다른 위들과 가장 밀접한 관계를 가지고 계신다. 성령은 성부와 성자로부터 발출하시는 때문에 그 다른 두 위에게 가장 밀접한 관계를 가지신 것으로 묘사되었다. 성령을 가리켜 「나의 영」(창6:3), 「하나님의 영」(고전

---
37) 전게서, p.232.

2:11),「주의 영」(고후3:17),「그리스도의 영」(롬8:9)이라고 한 칭호들은 이 밀접한 관계를 매우 확실히 함의한다.38)

죽산은 성령의 명칭을 두 범주로 나누어 성부와 관련된 칭호와 성자와 관련된 칭호로 분류하였다. 즉 "하나님의 영"(고전2:11)과 "그리스도의 영"(롬8:9)이란 표현이 각각의 대표적 명칭들이다. 사실 이는 동일한 실체를 일컫는 두 다른 명칭들이다. 실로 필리오꾸베 교리의 정당성을 지원해 주는 성경의 근거들임에 틀림없다. 성부로부터 나오시기 때문에 '하나님의 영'으로 불리어지며, 또한 성자로부터도 나오시기 때문에 '그리스도의 영'으로 불리어진다.

죽산은 여기서 하나님의 영으로 불리어지는 성령께서 성부와 얼마나 밀접하게 연관되시는지, 그리고 그리스도의 영으로 불리어지는 성령께서 성자와 얼마나 밀접하게 연관되시는지에 관한 설명을 성경에 입각하여 제시하고 있다: "성령은 성부 하나님과 밀접히 연결되시기를 마치 사람의 영혼이 사람과 연결됨 같이 하시며(고전2:10,11), 사역(事役)의 양식에서 주(그리스도)가 영(靈)과 동일시 되셨다(고후3:17)."39) 죽산은 성령과 성부 하나님의 밀접성을 언급하려고 바울이 쓴 고린도전서 2장 11절에 나타난 유비(喩比)를 사용하였다. 즉, 사람의 일을 사람의 속에 있는 영(靈) 외에는 아무도 알지 못하듯이, 하나님의 일도 하나님의 영(성령) 외에는 아무도 알지 못한다는 내용으로부터 인간 실존의 내면적 사건을 유비로 하여 하나님의

---

38) 전게서, p.233.
39) 전게서, p.233.

내면적 사건을 추론하려 하였다. 물론 죽산이 사용하고 있는 방법이 엄격한 의미에서 존재의 유비(*analogia entis*) 방법이라고 말할 수는 없다. 그 이유는 무한한 질적 차이를 지닌 신인(神人) 사이에 <u>엄격한 의미</u>에서는 결코 존재의 유비가 성립될 수 없을 것이기 때문인데, 죽산 역시 이 불가능성을 인정하는 개혁신학의 전통에 동의[40]하고 있기 때문이다.

죽산이 이 문맥에서 기용하고 있는 유비는 오히려 관계의 유비(*analogia relationis*)라 할 수 있다. 왜냐하면 사람 속에 있는 사람의 영이 사람 속의 깊은 사정을 알 수 있듯이, 하나님의 영은 하나님 속에 있는 깊은 것까지라도 다 아신다는 의미로서의 대응적 유비관계가 이루어질 수 있다는 방식으로 설명되고 있기 때문이다. 그런데 만일 이것이 고린도전서 2장 11절이 제시하는 설명의 방식이라면 아무 이유 없이 그것은 성경이 말씀하시는 바이기에 그 논법의 가능성과 정당성은 있는 그대로 받아들여져야 한다.

사람과 그 속에 있는 영의 관계는 살아있는 인간에게 있어서는

---

[40] 죽산은 하나님의 속성을 다루는 부분에서 이르기를 "신적 속성들 중의 아무 것도 하나님 그 자신에 있는 대로 공유적인 것은 없는(필자 주: <u>엄격한 의미</u>에서 그러하다는 말임) 동시에 소위 하나님의 비공유적 속성(非共有的 屬性)들이라도 그 희미한 자취들은 사람 안에 있다(필자 주: 어떤 의미에서 그렇다는 의미임)."(전게서, p.97.) 고 하여 하나님의 속성을 비공유적, 공유적 속성으로 나누는 헤르만 바빙크(H. Bavinck)와 루이스 벌코프(L. Berkhof)의 전통을 따르겠다고 입장을 밝힌 바 있다. 죽산은 삼위일체를 논의하기 시작하면서도 <u>엄격한 의미</u>에서 신인(神人) 사이에 유비가 불가능함을 밝힌 바가 있다: " … 초자연적 계시를 떠나 인생적 의식(人生的 意識)이나 경험(經驗)에는 삼위일체이신 하나님에 향한 단서(端緖)를 주는 것이 없음이 사실이다."(전게서, p.185.). 이 주제와 관련하여서는 이미 다른 글에서 논의한 바 있다(Cf., 졸문(拙文), '죽산에게 있어서 일체(一體)와 삼위(三位)의 동시성과 진술의 순환성' in:『神學指南』, 제 75권 1집, 통권 제 294호 (서울: 신학지남사, 2008), pp.55ff.

서로 구별되나 결코 분리될 수 없는 관계[41]에 있다. 그와 같은 밀접성이 성부 하나님과 성령 사이에도 존재한다는 것을 바울이 말하고 있으며, 이에 근거하여 죽산 역시 성부와 성령 사이에 격위의 밀접함을 언급하고 있는 것이다.

이와 같은 사실들에 대해 네덜란드의 주경학자인 흐로쉐이드(F.W. Grosheide) 역시 그의 『고린도전서 주석』(The First Epistle to the Corinthians)에서 동일한 입장을 밝히고 있다. 위에서 말한 존재의 유비 차원에서라면 인간의 일과 하나님의 일을 결코 대비시킬 수 없다는 것이다. 그 이유는 자칫 신인(神人) 사이에 차원 혼동이 발생할 것이기 때문이란 것이다. 다만 대비 시킬 수 있는 가능성이 있다면, 인간의 영이 인간의 속에 있는 것, 곧 자신의 사정을 알 수 있듯이, 하나님의 영(=성령)도 하나님의 깊은 것들을 아신다는 점에서일 뿐[42]이라는 논조(論調)로 주석의 결론을 내린다. 흐

---

41) Cf., 졸저(拙著), 『인간론』 (서울: 총신대학교출판부, 2005), pp.182-240.
42) " … '사람의 속에 있는 영'(The spirit of man)은 사람의 인격, 그의 자아(ego), 그의 자의식을 대표한다. … 그 영은 사람 속에 있고, 인간은 자기 검증의 방식으로 (in the way of self-examination) 어느 때든지 외부인 그 아무도 눈치 챌 수 없는 것들을 알 수 있다. 그러므로 '그 속에 있는'(Which is in him)이란 표현은 그 문장에서 중요한 기능을 가진다. 이 말들이 덧붙임으로써 하나님의 영이 하나님에 대해서 가지는 관계를 사람의 영이 사람에 대해서 가지는 관계로써 유비시켜 생각하는 것을 불가능하게 한다. 그래서 하나님의 영이 하나님의 인격이나 자의식과 연관해서 해석될 것이다. 10절 뿐만 아니라 11절 역시 '그 속에 있는'(which is in him)이라는 말에 둔 강조점 때문에 그러한 해석에 대해 영향을 미치는 것이다. 달리 표현한다면 인간의 영이 인간에 대해서 가지는 관계는 하나님의 영이 하나님께 대해서 가지는 관계와는 다른 방식으로 표현된다. 대조되는 요점은 한 영이 그 어느 육체도 그 어느 것도 알 수 없는 것을 알 수 있다는 것이다. 바울은 하나님의 영이 하나님의 깊은 것들을 아는 일이 최소한 어느 정도까지인지를 설명하기 위해 인간의 영이 할 수 있는 바가 무엇인지를 언급하고 있는 것이다. 하나님의 영, 곧 성령께서는 하나님과 함께 계시며, 그 스스로 하나님이시다(갈4:6 참조). 그러므로 그는 하나님의 깊은 것을 아신다."[F. W. Grosheide, The International Commentary on the New Testament - The First Epistle to the Corinthians

로쉐이드가 내린 이러한 결론으로부터 얻을 수 있는 소득은 죽산의 설명에서와 마찬가지로 성부와 성령 사이에 격위의 밀접함이 얼마나 큰지를 보게 된다는 점일 것이다.

다음으로 성령과 성자 하나님의 밀접성을 진술하기 위해 죽산은 역시 바울이 쓴 고린도후서의 말씀에 근거하여 논하고 있다. "주는 영이시니 주의 영이 계신 곳에는 자유가 있느니라."(고후3:17)는 말씀을 "사역(事役)의 양식에서 주(그리스도)가 영(靈)과 동일시 되셨다(고후3:17)."⁴³⁾고 해석함으로써 성령과 성자 사이의 밀접성을 증명해 내고 있다. 여기서 죽산은 "사역(事役)의 양식에서"란 단서를 붙임으로써 자칫 양태론(modalism)의 오류에 빠지기 쉬운 약점을 극복하였다. 만일 단서 부분을 생략하고, 단지 그리스도께서 성령과 동일시되었다고 만한다면 이는 필연적으로 양태론적 이단에 빠질 수밖에 없을 것이다. 죽산은 사역의 양식에서 그리스도가 영과 기능적으로 동일시 되셨다고 해석할 수 있는 신학적 근거를 다락방 강화(講話)를 통해 주님께서 보혜사로서의 성령을 기독론적인 영으로 규정하셨다는 사실에 두고 있는 것 같다. 물론 죽산 자신이 필자가 표현한 내용대로 진술하지는 않았다. 다만 그 내용이 그가 진술한 내용 가운데 함축되어 있는 것으로 감지(感知)될 뿐이다. 죽산의 진술 내용을 주목해 보자:

오순절 날에 성령이 교회에게 파송되어 행하시게 된 사역은 그의 성부 성자와

(Grand Rapids: Eerdmans, 1984), p.69.]
43) 박형룡,「신론」, p.233.

의 합일(合一)에 기초한 것이었다. 그는 「파라클레토스」(보혜사)로 오셔서 성자를 대신하여 그의 지상사역(地上事役)을 수행하게 되셨으니 즉 그가 하시던 바와 같이 교훈, 전파, 증거하시는 것이었다. 그런데 성자의 경우에는 이 계시적 사역이 그의 성부와의 합일에 의지하였었다. 그와 같은 모양으로 성령의 사역은 그의 성부와 성자와의 합일에 기초한 것이었다. 그는 성부와 성자의 것을 가지고 사도들에게 알리실 것이었다(요16:14,15).[44]

"성자를 대신하여 그(=성령)의 지상사역(地上事役)을 수행하게 되셨으니 즉 그(=성자)가 하시던 바와 같이 교훈, 전파, 증거하시는 것이었다."는 진술이 위에서 필자가 감지하게 된 내용의 문맥적 근거이다. 이 표현은 다름 아닌 "사역(事役)의 양식에서"란 단서와 동일한 함축, 곧 기능적 차원에서의 합일성이나 연속성이란 의미를 지닌다. 그래서 성자의 일을 성령께서 "대신" 할 수 있었던 것이었다. 그런데 이와 같은 성자를 대신하게 된 성령의 사역은 "성부(와) 성자와의 합일(合一)에 기초한 것이었다."라고 죽산은 진술하고 있는데, 이는 성령께서는 아버지로부터 아들에 의해 보냄을 받았다는 내용의 다른 표현으로 여겨진다. 그렇다면 여기서 죽산이 채용하고 있는 "합일(合一)"이란 표현은 특수한 제한적 의미로 쓰인 것일 뿐, 양태론적 이해의 가능성을 시사하는 것으로는 결코 해석될 수 없을 것이다. 그렇다면 죽산이 이 문맥에서 빈번히 사용하고 있는 "합일"이란 용어는 문맥상 좋은 표현이라든가 혹은 적절한 표현은 아닐 것이다. 오히려 이 용어의 의미나 개념을 풀어 사용하는 편이 오해 유발을 예방할

---

44) 전게서, p.233f.

수 있는 지혜로운 방법일 것이다. 여하튼 죽산은 성령께서 "다른 위들과 가장 밀접한 관계"[45]를 지니고 계신다는 점을 성경 해석학적 근거 위에서 밝혔다.

5. 맺는 글

지금까지 성령의 '나오심'(*processio/spiratio*)에 관한 죽산의 견해를 살펴보았다. 사실 이 주제는 성자의 영원한 '나심'(*generatio*)이란 주제와 함께 논구되어야 할 성질의 것이었지만, 지면(紙面)의 제약을 받는 관계로 인해 2회로 나누어 논할 수밖에 없었다. 그래서 발생한 문제는 본 논문에서 '성령의 영원한 나오심'이란 주제의 절반만 다루었다는 느낌을 떨쳐버릴 수 없다는 점에 있다. 왜냐하면 주로 '나오심'에 관해서만 논의하였을 뿐, '영원한'이란 관형어(冠形語)에 의해 한계 지워진 문제에 대해서는 중복이란 이유로 내용을 요약하는 차원에서 스쳐 지나가버렸기 때문이다. 그러므로 이 글을 읽으시는 분들께서는 반드시 지난번의 글과 함께 살펴주시기를 바란다.

본 논문의 핵심은 성령의 영원한 나오심이 과연 '성부로부터 만이겠는가' 아니면, '성자로부터도 인가' 하는 문제였으며, 그리고 죽산의 입장이 무엇인가 하는 것이었다. 살펴 본 바와 같이 죽산은 서방교회의 전통을 따라 후자의 입장, 곧 필리오꾸베(*filioque*) 교리를 정당

---

45) 전게서, p.233.

한 것으로 평가하며 따르고 있음을 확인할 수 있었다. 죽산은 성령의 영원한 나오심의 교리와 관련하여 교회역사 속에 나타났던 오류들을 통시적(通時的) 관점과 공시적(共時的) 차원에서 제시하였다. 따라서 관련된 오류는 단지 과거의 문제만이 아니라, 오늘의 문제임을 부각시켰다. 이로써 야기되는 모든 혼란함은 반드시 극복되어야 할 과제로서 결론지었다. 죽산은 성령의 영원한 나오심에 대해 성경적 인식을 가짐으로써만 교회 밖의 이교적(異教的) 세계관과 투쟁하는 일을 올바로 수행할 수 있을 뿐 아니라, 교회 안에 내재해 있는 오해 및 오류들과 여러 불분명한 관점들을 정리할 수 있는 가능성이 열리리라는 기대를 가지고 있었다. 이런 점에서 죽산의 교의학 작업은 실천적 목적을 잃지 않았다. 교의학은 교의학 자체를 위해 존재하는 것이 아니라, 교회를 위한 섬김이 그 존재 목적임을 분명히 한 것이었다.

죽산이 이 필리오꾸베 문제에 대하여 논거(論據)를 제시하는 과정들을 살펴볼 때, 자신의 판단을 유보하고 어떤 권위자나 혹은 어떤 전통을 수구하려는 이른바 전통주의적 방법론의 태도를 찾아보기 어려웠다. 오히려 그는 개혁신학의 원리를 따라 스스로의 주체성을 가지고 논구하면서 필요한 논거들을 제시하려 하였다는 강한 인상을 주었다. 이 점은 개혁신학을 표방하는 우리에게 매우 중요한 시사점을 던져준다. 비록 오래전 이미 공(公)교회의 회의를 통해 결정된 사안이라고 할지라도 그 결정된 바, 내용에 대해 무비판적으로 맹종(盲從)하지 아니하고, 그것이 그런가 하여 날마다 성경을 상고하였던 베뢰아 성도들의 태도(행17:11)를 전감(前鑑) 삼아야 할 것이라는 교훈을 죽산을 통해 다시금 배우게 되는 것이다.

성경에서 최종판단의 준거(準據)를 찾는 일 외에 죽산에게서 배우게 되는 또 한 가지 교훈은 교의학 작업에 있어서의 성경 사용의 방법에 관한 것이다. 올바른 해석학적 도구를 사용하지 않고서는 나올 수 없는 결론들을 그가 제시하려고 노력했다는 점이다. 물론 그가 그의 글에서 관련 문맥들을 주석해 내는 작업을 장황하게 전개시킨 것은 아니었다. 사실 그렇게 할 여유도 없는 것이 사실이지만. 그럼에도 대부분 그의 해석학적 관점들은 타당했었다. 이는 정확한 성경해석학적 통찰만이 올바른 교의학을 가능하게 한다는 의미의 말이기도 하다. 그럼에도 그동안의 작업을 통해 필자에게 남아있는 한 가지 아쉬움이 있다면, 그것은 그러한 관점과 태도를 전(全) 교의학 작업에서 더욱 집중적으로, 혹은 더욱 많은 분량에서 배려하였었더라면 하는 점일 것이다. 교의학이 성경적 교의학이 되어야 한다. 그래야 교의학이 신학의 큰 틀 안에서 올바른 학문적 위상을 지켜나갈 수 있으리라 확신한다. 그런 점에서 위와 같은 관점으로 그의 전 교의학 작업 전체를 조망해 볼 때에는 여전히 큰 아쉬움이 남는 것은 사실이다. 빛과 그림자는 늘 함께 다닌다. 누구에게서나 발견되는 이 양면성은 죽산에게서도 또한 우리들 속에서도 여전히 발견될 것이다. 오직 빛을 추구하는 일만 우리의 과제로 남게 되는 것이다.

이제 마지막으로 '성령의 영원한 나오심'과 관련하여 죽산이 취한 결론적 관점은 성령께서는 성부에게서 뿐만 아니라, 또한 성자에게서도(*filioque*) 나오시되, 영원히 나오신다는 것이었다. 그러한 신학적 통찰만이 성경신학적 정당성을 지닌 것이며, 또한 그것이 역사적 기독교회와 개혁신앙의 신학적 전통임을 죽산은 확인하고 천명한 것이다.(*)

(『神學指南』 2009년 봄호)

후기(後記)

후기(後記)

I. 첫 번째 글

삼위일체론이 가진 특별한 성격에 관한 죽산의 견해는 다음과 같이 두 가지 요지(要旨)로 집약될 수 있다. 그 첫째는 이해하기 어려운 교리라는 것이었고, 둘째는 그 교리의 중요성은 아무리 강조되어도 지나침이 없다는 것이었다. 첫째 요지는 창조주와 피조물 사이에 놓여 있는 '무한한 질적 차이'에 기인하는 불가피한 현상으로 이해된다. 죽산은 이 문제와 관련하여 성경적 논거들을 잘 제시했었다. 그럼에도 불구하고 여전히 남아 있는 한 가지 아쉬웠던 점은 또 다른 한계로서 전적 타락과 관련된 '죄의 심각성(深刻性)'이 위의 원인과 연동된 근본이유로 제시되었더라면 하는 것이었다. 이 문맥에서만 본다면 그것은 분명히 미진(未盡)했던 점이었다. 그러나 전체적인 시야에서 죽산의 전(全) 신학체계를 조망한다면 문제될 것은 없다. 단지 이 점이 '삼위일체론의 난해성'을 다루는 부분에서 명시적으로 언급되지 않았을 뿐, 실질에 있어서는 이미 전제되어 있는 것이나 다름이 없기 때문이다. 다만 적절한 곳에서 적절한 표현으로 성경적인 논거가 보다 명료하게 제시되었더라면 하는 아쉬움일 뿐이다. 이러한 피치 못할 아쉬움은 있었지만 그러나 또 다른 차원에서의 고무적인 일들 또한 적지 않았다. 삼위일체론과 관련해 기독교와 타종교들, 계시종교와 자연종교 사이에 건널 수 없는 경계선이 존재한다는 사실을 강조한 것은 상대주의(相對主義)를 특징으로 하는 이 시대의 포스터모던(post-modern) 상황 속에서 불변(不變)의 성경을 따라 살며, 변치 않는 복음을 가감(加減)없이 전해야 하는 이 땅의 그리스도인들과 목회자들에게 큰 용기와 도전을 주었다. 그리고 또한 세속화(世俗化) 현상이 가속화되고 있는 시대적 상황 속에서 능히 일어날 수 있는 배교(背敎)의 혼란을 예견(豫見)이라도 하듯이 죽산은 삼위일체 하나님을 고백하는 길이야 말로 유일한 생명의 복음을 좇는 길임을 힘주어 강조함으로써 길 안내자의 역할을 올바로 수행하였다는 사실은 새겨들어야 할 중요한 대목임이 분명하다.

다음으로 죽산은 삼위일체 교리의 중요성을 다음과 같이 제시했었다. 삼위일체 교리는 (1) 첫째로 신학 전체에 영향을 미치는 중요한 위치에 있다는 점, (2) 둘째는 하나님 사상을 풍성하게 하는 유익이 있다는 점, (3) 셋째는 영원하신 하나님의 존재를 유한한 인간이 사고하는데 있어서 삼위일체 교리가 우리를 조명해 주는 역할을 한다는 점, (4) 넷째로는 삼위일체 교리가 하나님 중심의 신학을 구성하고 세우게 한다는 점, (5) 다섯째로 이 교리가 구속적 진리의 열쇠와도 같은 중요함을 지닌다는 점이었다. 그리고 마지막으로 잊지 말아야 할 점이 있다면, 그것은 삼위일체론의 중요성을 다루는 부분에서 죽산이 가졌던 관심의 영역들을 살폈던 일로서 필자에게는 매우 뜻 깊게 기억된다. 그가 삼위일체론을 다루면서 '교리적(敎理的)인 면'과 '실제적(實際的)인 면' 사이에 균형 잡힌 이해와 관점을 가지고 있었다는 점은 후학들인 우리 모두에게 귀중한 교훈으로 남는다. 위의 두 국면 혹은 두 영역에 대한 죽산의 관심은 결코 이분적(二分法的)인 것으로 나누이지 않았으며, 유기적(有機的)인 관계로서 불가분의 성격을 지닌 것으로 이해되었다. 이로써 죽산은 '경건'과 '실천'을 지향했던 경건한 신학자로 불리어질 수 있을 것이다.

II. 두 번째 글

두 번째 글에서는 죽산이 제시한 바, 삼위일체이신 하나님의 삼위성에 대한 구약성경의 증거들이 올바른 성경해석의 원리를 따라 정당하게 인용되었는지, 만일 정당하게 인용되고 있다면, 그 구체적인 내용이 무엇인지 등의 문제를 살폈다. 논의의 과정을 통해 확인하며 내릴 수 있었던 결론은 죽산이 제시한 하나님의 삼위성에 대한 구약의 증거 제시는 성경 해석학적으로나 신학적으로 정당하다는 것이었다. 그의 성경관이 정당하며, 거기에 근거한 해석의 원리와 방법이 정당하였고, 따라서 그의 주장 역시 정당성을 확보할 수 있었던 것으로 평가되었다. 이 모든 일들은 인과관계 속에서의 논리적 귀결들이다. 두 말할 나위 없이 여기서의 정당성 문제는 우리가 확신

하고 따르는 개혁 신학적 전망으로부터 내려진 평가이다.

만전적(萬全的)이고 축자적(逐字的)이며 유기적(有機的)인 영감을 믿는 성경관으로부터 출발하여, 계시 점진성의 원리를 피력했던 죽산은 구체적으로 삼위일체의 성격적 근거들을 제시하는 일에 있어서 그 접근방법을 앞서 자신이 제시하였던 원리와 일관되게 외적으로는 구약에서 신약에로 그 시선과 방향을 맞추었으며, 내면적으로는 신약의 밝은 빛에 구약을 투영(投影)시키는 방법을 병용(倂用)하는 특징을 드러냈었다. (1) 외적으로는 '점진성의 방향'과 (2) 내적으로는 '유기적 통일성'을 견지한 것이다. 이런 원리와 방법에 의해 진행된 죽산의 신학 작업에 대한 중간 결론은 구약성경 가운데 이미 하나님의 위격의 복수성에 관한 계시가 존재한다는 것과 한 걸음 더 나아가 구약성경에서는 삼위의 명칭에 관한 희미한 계시가 나타나는 정도라는 것이었다. 이로써 삼위일체이신 하나님의 삼위성에 대한 계시는 이미 구약성경에서부터 발견되는 기독교의 본질적인 진리라는 사실이 입증된 셈이다.

III. 세 번째 글

세 번째 글에서 위와 동일한 문제들을 '신약이란 구원사의 특정한 지평 속에서 고찰했었다. 여러 제약들로 인해 몇몇 주제들을 중심으로 논의할 수밖에 없는 형편이었지만, 실은 전체적인 전망 속에서 전반적인 주제를 통전적(通全的)으로 다루어야 균형 잡힌 이해에 도달할 것이며, 또한 균형 잡힌 평가가 가능할 것이기에 구약과 신약의 연관성 속에서 죽산의 견해가 무엇인지를 다루려고 노력했었다. 여기서 구약과 신약을 망라하여 성경 전체를 바라보는 죽산의 관점이 무엇인지에 대한 것은 우선적 관심사로 등장할 수밖에 없었다. 만전적이고 축자적이며 유기적인 영감을 믿는 죽산은 당연히 구약과 신약의 유기적 연관성과 통일성을 강조하였으며, 그 일과 연관하여 계시 점진성이란 포괄적 원리가 성경 전체를 관통하고 있다는 사실을 그가 항상 인지(認知)하고 있었음을 확인할 수 있었다. 그렇다면 삼위일체에 관한 지식 역시 계시 점진성의 구도 속에서만 올바로 인식될 수 있으리라는 생각은 당연한 논리적 귀결인 셈이다. 여기서 필자의 관심사는 구약을 다룰 때에 죽산 자신이 취했던 해석학적 입장이 그가 신약을 다룰 때에도 일관되게 유지되었는지, 만일 유지되었다면, 그와 같은 통찰의 결과로 나온 삼위일체의 근거들은 무엇인지 등등의 것이었다. 구약으로부터 신약에 이르기까지 구원사의 전 영역과 전 과정을 통전적 시각에서 바라보았던 죽산의 관점을 분석하고 검토한 후, 내릴 수 있었던 필자의 평가는 구약을 다루었을 때에나 신약을 다루었을 때를 막론하고 죽산이 내린 결론은 전혀 다를 바가 없다는 것이었다. 이런 결과의 원인은, 필자가 추측해 보건데, 무엇보다 죽산의 만전영감론적(完全靈感論的)인 성경관으로부터 비롯된 것임이 분명하다. 구약으로부터 신약에 이르기까지 삼위일체의 증거들을 제시함에 있어 죽산은 자신의 원리와 일관되게 한편으로는 점진성의 방향에, 다른 편으로는 유기적 통일성에 주목하며 둘의 균형을 유지했었다. 그리하여 내린 그 자신의 결론은 구약성경에서는 하나님의 위격의 복수성에 관한 계시가 드러난다는 사실과 또한 삼위의 명칭에 관한 몽롱한 계시가 나타나는 정도였다면, 신약성경의 근거 제시를 통해 확인한 바는 삼위일체에 관한 보다 풍성하고 명료한 계시가 주어졌다는 점이다.

   삼위일체의 근거 제시를 위한 신학 작업을 통해 죽산이 기여한 여러 공헌들이 있다. 그 중에 가장 중요하고 본질적인 것은 위에서 살펴본 내용, 바로 그것일 것이다. 이 외에도 그는 이론을 위한 이론가가 아니라, 교회와 삶을 위한 관심을 지녔던 '교회의 신학자'라는 사실에서 그의 공(功)은 인정될 수 있을 것이다. 또한 그는 교리적 국면과 실제적 국면, 모두에 균형감을 가지고 '이해'와 '실천'의 병행을 도모했다는 차원에서 또 다른 공헌을 발견할 수 있을 것이다. 그리고 한 가지 더 언급한다면, 애매모호한 사안들에 대해 신학적인 판단을 해야 할 경우, 매우 신중했었다는 점일 것이다. 실로 그의 신중함은 성경의 권위에 순종하기 위한 그의 신앙심의 발로(發露)였었다.

   그러나 빛에는 항상 어두움이 따라오듯 죽산에게도 이러한 공과 더불어 애석한 점들이 남아 있었다. 일례로 삼위일체의 근거를 모색하는 중, 발생한 본문 사용법과 연관된 문제로서 이른 바 '증빙구절 인용법'(Proof-Text-Methode)에 지나치게 의존하였다는 점이다. 실로 교의신학(敎義神學)의 체계가 올바로 세워지려면 성경신학적 기반이 필요한데, 여기엔 필연적으로 해석학적 관심이 개입될 수밖에 없다. 죽산에게는 이 점이 부족했다. 보다 더 많은 성경신학적 관심과 함께 개혁신학적인 원리에 입각한 해석학적 도구들이 죽산의 교의학 작업에 동원되었더라면 하는 아쉬움이 있다.

마지막으로 지적하고 싶은 내용은 신학의 내용과 그 내용을 담아내는 틀(구조) 사이에 일어난 부조화의 문제다. 죽산은 개혁 신학적 전통 위에 서 있었다. 따라서 중세 스콜라주의적인 원리와 방법을 전적으로 배격했다는 것은 분명한 사실이다. 그는 누구보다 성경계시에 입각하여 인간의 유한성의 한계를 강조했으며, 더불어 인간의 전적 부패와 전적 무능력 교리를 강조했던 신학자였다. 그러한 점에서 삼위일체론을 다루는 부분인 그의 『신론』, 제 6장 2절의 전개 구조에 있어, 현재의 배열순서보다는 오히려 "一. 人格性과 複數性" 부분을 뒤로하고, "二. 성경적 증거" 부분을 앞으로 배열했더라면 훨씬 더 죽산 자신의 신학적 성향과 조화를 이루는 삼위일체론의 전개 구조가 되지 않았을까 반추(反芻)해 보는 것이다. 누구든지 인간으로서는 완벽할 수 없다. 죽산도 예외는 아니었다. 그의 신학 작업에도 명암(明暗)이 있었다. 어떤 이들은 그의 밝은 면만을 말하려 하고, 다른 이들은 그의 어두운 면만 말하려 한다. 그러나 이는 신학하는 자들의 정당한 태도는 아닐 것이며, 심지어 개혁 신학적 태도는 더더구나 아닐 것이다. 삼위일체 하나님, 오직 그분만이 완전하시며, 오직 그분의 행사만이 온전할 뿐이다. 인간의 모든 사상체계는 오직 그의 계시를 의지하여서만 온전해질 수 있다. 이런 순리적 차원에서 본 논자는 죽산의 신학 작업을 평가함에 있어서 균형을 잃지 않으려고 노력했었다. 이제 우리의 할 일이 있다면, 죽산의 사상 중, 성경계시를 올바로 반영한 점들은 계승 발전시킬 것이며, 혹여 부족한 면이 발견된다면 성경의 교훈을 따라 보정(補正)하는 직업을 하면 될 것이다.

이제 구약으로부터 신약에 이르기까지 죽산의 작업을 통해 우리에게 알려진 내용들을 간략히 열거한다면, (1) 성경은 삼위일체론과 관련하여 결코 추상적인 교리를 제공하지 않는다는 점, (2) 삼위일체 사상은 그리스도인의 존재와 의식에 있어서 전제가 된다는 점, (3) 신약의 가르침은 구약에서 발견되는 삼위일체 사상에 그 뿌리를 두고 있다는 점, (3) 신약 속에는 삼위일체 하나님에 관한 구약의 교훈이 발전적 양상으로 내포되어 있다는 점, (4) 어쩌면 신약성경 전체가 삼위일체신적이라고 불리어질 만큼, 신약에서의 삼위일체 하나님에 대한 계시는 구약에서보다 훨씬 명료하며 풍성하고 부요하다는 점, (5) 구약적 표현인 여호와의 신약적 등가개념(等價概念)은 성부 하나님이시라는 점, (6) 성자의 화육과 성령의 강림은 구약 예언의 성취로서 삼위일체론의 신약적 근거가 된다는 점, (7) 창조와 구속 사역에서 독특한 역할을 하신 성부께서는 그리스도에 의해 하나님으로 불리어지셨으나, 성자와 성령 역시 하나님이시라는 점, (8) 성자는 그를 통해 하나님이 자신을 계시하시는 말씀이시며, 본성에 의해 영원히 하나님의 아들이시며, 하나님의 형상으로 불리셨다는 점, (9) 성령께서는 피조세계에 생명을 부여하시며, 하나님의 신(神)이시기에 거룩하시다는 점, (10) 그는 성부와 성자에게서 나오시기에 성부의 영으로, 혹은 성자의 영으로 불리어지신다는 점, (11) 성령께서도 하나님이시며, 인격이시라는 점 등이었다.

한 마디로 "일체(一體) 안에 삼위(三位), 삼위(三位)인 일체(一體)" - 이는 성경의 자료들을 상고한 후, 내려진 죽산의 <u>결론</u>이었다.

IV. 네 번째 글

"일체에 삼위, 삼위인 일체"란 표현과 그 속에 담긴 성경적 진리는 죽산의 삼위일체를 이해함에 있어서 가장 핵심적인 내용으로 여겨진다. 이와 같은 성경의 사상을 담아낼 그릇, 곧 '용어' 선택에 있어 그는 고민과 함께 해결책을 강구했던 영적 혜안을 가지고 있었다. 죽산은 "트리니티"(Trinity)란 단어가 위의 진리를 담기에 부족한 용어 - '삼위란 의미는 있으나, 일체의 의미가 없다는 판단 - 임을 지적하면서, 보다 중요한 것은 용어 자체의 문자적인 의미보다 성경 자체가 무엇을 말씀하는지 그 내용자체에 놓여있나는 점을 결코 놓치지 않았다. 비록 용어 자체와 관련해서는 하나님에 관한 신비한 내용을 담아내기에 불충분함이 있다 할지라도, 그 단어 속에 성경자체가 제시하는 의미를 새롭게 담아 사용할 것을 제안했었다. 이는 분명히 어휘 의미론적으로 정당한 태도였다.

본 논자 역시 '사상'과 '용어' 사이의 부조화로 인해 유발될 수 있는 난관을 유념하면서 '본체'(本體)란 용어에 대한 죽산의 구체적인 사용 사례들을 어휘 의미론적으로 고찰했었다. 죽산은 설명하기를, *substantia*와 *essentia*가 상호 교체적으로 사용되기 때문에 쌍방이 등가적 관계에 있다는 것이었다. 이와 같은 지적은 필자가 보기에 매우 적절한 평가였다고 판단되었다. 그럼에도 그 두 용어가 문맥상, 혹은 '본체'(本體)로, 혹은 '본질'(本質)로 보다 적절한 의미로 고정될 수 있음에 대한 해석학적 관점이 죽산의 논의 가운데 구체적으로 드러나지 못한 것은 못내 아쉬운 점이었다. 그러나 죽산의 결론은 분명했었다. 그 자신이 '실체'로 번역한 *substantia*나 '본체'로 번역한 *essentia*, 그 속에는 '실질' 혹은 '본질'이란 용어가 지닌 함축적 의미가 결코 배제될 수 없다는 것이었다. 이와 같은 죽산의 지적은 관련 용어들을 어휘 의미론적인 고찰해 볼 때, 보편적으로 내려질 수 있는 결론임이 명백하다.

이 결론과 동일한 입장을 가진 이가 정암(正岩) 박윤선이었다. 그 역시 '우시아'(οὐσία)를 죽산처럼 '본체'로 번역했으며, 또한 죽산처럼 "본체"란 표현 속에 "질적"인 의미를 내포하는 것으로, 그래서 "본체가 하나라는 것"은 "질적(신의 본질)으로 동일"하다는 것을 의미하는 것으로 해석한 바 있었다. 그리고 정암은 "삼위 하나님의 본체가 하나라는 것"은 이중 의미를 지니는 것이란 사려 깊은 지적을 잊지 않았었다. 그것은 곧 삼위의 '질적 동일성'(質的 同一性)을 말하는 것임과 동시에 '수적 유일성'(數的 唯一性)을 의미하는 것이란 지적이었다. 이는 신적 '유일성'(唯一性)이 '단수성'(單數性, *singularitatis*)과 '단순성'(單純性, *simplicitatis*)을 포함하는 것으로 이해했던 죽산의 견해와 전적으로 일치한다. 이로써 정암 역시 죽산의 경우에서와 마찬가지로 '일체에 삼위, 삼위인 일체' 개념을 강조하여 자신의 입장으로 삼은 것이다. 이렇게 볼 때 '우시아'(οὐσία)의 의미 해석과 관련하여 죽산과 정암은 전적으로 동일한 시각을 지녔으며, 사실 이는 니케아 신경-콘스탄티노플 신경-아우구스티누스-칼빈-웨스트민스터 신조의 전통을 따른 것이라 할 수 있다.

V. 다섯 번째 글

죽산이 이해하고 있는 삼위에 대한 의미론적 요점(要點)은, 한 신적 존재 안에 성부, 성자, 성령이란 삼위(位, *persona*, 격위, 인격), 혹은 삼개체적 실존들이 존재한다는 것이었다. 즉 한 신적 본체 안에 세 개체적 실존들이 존재하되, 그 실존들은 성부, 성자, 성령이시고, 그들 모두는 각각 인격적(人格的) 존재라는 것이다. 그리고 죽산은 이에 덧붙이기를, 인식에 있어서 근본적인 한계가 존재한다는 것이다. 다시 말해, 위와 같은 의미를 지닌 '삼위'란 용어는 그로써 신적 실체의 진상을 표현하거나 묘사하거나 혹은 신적 실체의 진상을 이해하기 위해 기용(起用)된 것인데, 그 속에는 인식과 관련하여 인간 편에 근본적인 한계가 존재한다는 것이다. 그것은 의사소통의 수단으로서 언어(言語)가 지니는 한계와 근본적으로 일치한다. 그러한 이유로 초월적인 특별계시를 의존함이 없이는 삼위에 관한 올바른 인식에 결코 도달할 수 없다는 것이 죽산의 지론이었다. 이와 같은 죽산의 견해는 전통적인 개혁신학이 취해 온 바, 신학의 원리(*Principium theologiae*) 및 인식의 원리(*Principium cognoscendi*)와 전적으로 일치한다. 죽산은 일상 언어적 용례에서의 '위'

(位)라는 개념과 특별계시에 의해 파악된 내용 사이에는 차원을 달리하는 경계선이 있음을 인식하고 있었으며, 그래서 성경이 언급하는 '위'란 '<u>독특한 형식의 인격</u>'임을 주장했었다. 일상 언어적 용례에서 '위'란 이성적 도덕적 개체(理性的 道德的 個體)이기에 자의식적(自意識的)이며, 개별적 혹은 독립적 실존성을 특징으로 하지만, 성경계시에 의존해 볼 때에는 그와 같은 차원을 넘어 삼위, 곧 삼개체적 실존들은 서로 구별되나, 분리될 수 없는 세 존재양식, 혹은 세 실존양식이라는 것이 죽산의 주장 내용이었다. 이와 같은 독특한 성격에 근거하여서만 실로 삼위는 '하나이며, 셋'이라는 역설적 진리가 가능해지는 것이다. 이와 같은 명제는 평면적인 일차원적 논리 구도 위에서의 단순 등위관계(等位關係)를 의미하는 것이 아님을 알아야 한다. '하나이며, 셋'이란 죽산에게는 모순이라기보다 역설적 진리였다. 죽산 자신에 의해 제시된 이른 바 '두 관점'이란 착안점은 쉽지 않은 난관을 해소 시킬 수 있었다. 즉 두 다른 차원이 하나의 입체적 구도 속에 상관성을 이루도록 특별계시 의존적 구조로 신학의 체계를 편성함으로써, 모순적 관계를 역설적(逆說的) 진리의 체계로 전환시킨 죽산의 혜안(慧眼)은 주목할 만하다. 그리고 이와 같은 전환은 오직 초월적 준거(準據)에 의한 사고의 틀 안에서만 가능한 것임도 잊지 말아야 할 부분이다. 특별계시 의존적인 의식 구조 속에서만 '이러한 관점에서 삼위는 하나이며, 또 다른 관점에서 셋'이란 명제는 가능해지는 것이다. 이렇게 죽산은 위적 구별과 신적 유일성 사이의 관계를 초월(超越)과 내재(內在)의 통합적 통찰 속에서 조화롭게, 더 정확하게 표현하자면 역설적(逆說的)으로 이해한 것이다.

결국, 죽산의 결론은 '성경에 계시된 하나님은 영원히 <u>일체에 삼위, 삼위인 일체</u>이시다'란 명제로 요약될 수 있을 것이다. 이는 죽산의 이해였으며, 그것은 곧 성경 교훈의 반향(反響)이라 할 수 있을 것이다. 이로써 전통적인 개혁 신학적 원리에 충실하려 했던 죽산의 모습은 다시금 확인된다.

VI. 여섯 번째 글

글의 주제는 '일체'와 '삼위' 사이에 놓여있는 영적 질서와 그것에 대한 인간의 진술이 갖는 신학적 의미와 관련된 내용이다. 실제에 있어서 '일체'와 '삼위'는 동시적(同時的)일 것이지만, 유한성으로 특징지어진 피조물로서의 인간이 창조주 하나님 안에 내재하는 영적 질서를 이해하거나 묘사하려고 할 때에는 불가피하게 순환적(循環的)으로 접근할 수밖에 없다는 것이 죽산의 글 가운데 함축된 그 자신의 입장이었다. 죽산이 삼위일체에 대한 논의를 시작하면서 이미 그 초두에 밝힌 말, 즉 "일체에 삼위, 삼위인 일체"란 표현 자체는, 영적 실제에 있어서는 동시적이지만, 그에 대한 이해나 진술에 있어서는 '일체'와 '삼위' 사이에 순환의 가능성이 존재하며 실제 순환이 있을 수밖에 없다는 것을 함축하고 있는 것으로 필자는 평가했었다.

삼위일체에 있어서 "아버지"란 명칭은 제 1위와 2위 사이의 "본래적 부격(父格)"에 대한 지칭어(指稱語)이었으며, 그것은 곧 "무시무종(無始無終)의 유독한 부성", '영원한 부격'을 의미했다. 이에 상응하여 성자와 관련해 "본래적 자격" 개념이 등장했으며, 그 궁극적 함축은 "영원한 아들", 곧 '무시무종의 아들'을 의미했다. 이로써 죽산은 성부의 '영원성'과 공유되는 또 하나의 '영원성'을 아들에게도 적용시켰다. 이처럼 성부와 성자에게 '영원성'이 적용되었지만, 오직 하나의 '영원성'이 있을 뿐이었다. 두 개의 '영원성'이 존재한다는 관념은 성립될 수 없는 것이었다. 이는 필자가 죽산의 견해를 소개하면서 "공유되는"이란 표현을 덧붙인 근본적 이유였다. 죽산은 일체와 삼위 간의 순환성을 인정했으며, 그것을 자신의 신학 작업에 적극 반영했었다. 이 순환성은 성령을 다루는 부분에서 더욱 강화되었다. 그 점은 '삼위'와 '셋째 위' 사이에 공통점과 구별점이 공존(共存)한다는 그의 이해를 통해 확인될 수 있었다. 삼위와 셋째 위 사이에 있어 "인격성"은 구별성과 대응되고, "신성"은 공통성과 상응되었다. '상호 구별되는 인격성, 동시에 서로 동일한 신성'이란 죽산의 이해는 이미 그 속에 '일체이심'과 '삼위이심' 사이에 순환이 있음을 함의하는 것이었다.

죽산의 '예리한 통찰'은 다음의 문제에서도 발견됐었다. 그는 신적 속성과 관련하여 속성들을 분류하는 다양한 방식들을 소개한 후, 속성들을 분류함에 있어 실로 어려운 점이 없진 않지만, 개혁신학의 보편적인 입장이었던 비공유적(非共有的)/ 공유적(共有的) 속성 분류방법을 자신의 입장으로 취하겠다고 했던 적이 있었다. 이 같은 소신을 밝혔던 죽산 자신은 여전히 그 문제와 관련해 지속되는 고민을 떨쳐버릴 수 없었다. 그의 고민은 자신이 취했던 그 분류 방법

자체가 지닌 태생적 한계 때문이었다. 죽산이 가지고 있었던 문제의식의 요지(要旨)는 이러했다. '과연 하나님과 인간 사이에 공유적 속성이 존재할 수 있는가?' 그와 같은 고민의 근본적인 원인은 하나님의 속성들 가운데 '비공유적 속성'과 '공유적 속성' 사이의 관계가 지닌 성격에서 유래되었다. 둘 사이의 관계는 서로 구별되나 분리될 수 없는 유기적(有機的) 성격의 것인데, 난관은 바로 이 지점에서 시작되었다. 공유적인 것으로 분류된 신적 속성들이 과연 엄격한 의미에서 피조물에 속한 것과 공유될 수 있느냐의 질문에 대해 그 답변은 부정적이다. 그 이유는 비공유적 신적 속성이 공유적 속성들 안에 필연적으로 내재할 것이기 때문이다. 공유적인 것으로 분류되어 온 지식(知識, *scientia*)의 문제만 두고 볼지라도 그러하다. 하나님이 가지신 지식과 인간이 지닌 지식의 본질들을 규정하는 근거는 창조주와 피조물이라는 두 인식주체(認識主體)의 존재론적 차이에 놓이게 된다. 무한과 유한, 영원과 시간 사이의 무한한 질적(質的)인 차이를 고려하지 않고, 두 지식의 본질 및 둘 사이의 관계를 논하는 일이 과연 가능할 것인가? 죽산의 고민은 바로 이 지점으로부터 시작되었을 것으로 추정되었다.

그런데 그의 고민은 삼위일체론을 다루던 중, 곧 성부의 "본래적 부격"과 성자의 "본래적 자격" 개념을 다루면서 현실적인 문제로 표출됐었다. 성부의 부격(父格)은 무시무종의 유독성을 그 특징으로 한다. 죽산에 의하면 이는 피조세계에서는 결코 그 유비(喩比)를 찾을 수 없는 성질의 것이다. 성부의 부격은 삼위일체의 제 2위에 대한 제 1위의 관계에서 성립되는데, 인생들 가운데서도 부자(父子)

사이에 부격이 존재하지만, 엄격한 의미에서 볼 때, 양자 사이에는 결코 유비가 존재하지 않는다는 것이었다. '공유적 속성'(共有的 屬性)이란 표현에서 '공유적'이란 어구가 암시하듯, 하나님의 형상(Imago Dei)으로서의 인간과 하나님의 관계에 있어서 원형(archetypa)과 모형(ectypa) 사이에는 자연스러운 유비적 관계가 이루어질 수 있을 것처럼 생각되기 쉽다. 그런데 그와 같은 사고(思考)는 죽산에게 있어서 전혀 불가능한 일이었다. 성자의 "본래적 자격(子格)"을 다루던 문맥에서도 동일한 긴장은 여전히 발견되었다. 성자에 대한 죽산의 근본적인 이해는 그가 '하나님의 본래적인 영원한 아들'이시라는 것이었다. 그는 하나님의 아들로서 본래적 의미의 아들이시며, 본래적 의미의 아들로서 영원한 아들이시라는 것이었다. 제1위에 대한 2위의 관계는 "영원한 자격(子格)"의 관계다. 영원하기에 또한 필연적인 위적 관계다. 이처럼 영원하고도 필연외 관계이기에 또한 우열이나 종속의 관계일 수 없다. 따라서 상호 동등의 관계이다. 제1위와 2위 사이에는 시간적 선후(先後)나 권위의 우열이란 있을 수 없다. 이 같은 관계를 피조세계에서는 전혀 발견할 수 없다. 성자의 자격이란 이처럼 유일 독특하시다. 영원과 시간의 무한한 질적인 차이에서 비롯된, 인간사에서 그 유비를 결코 찾아볼 수 없는 독특함이 그 속에 있는 것이다. 이것이 성자의 "본래적 자격" 개념 속에 깔려있던 죽산의 이해였으며, 이로써 우리는 앞서 살폈던 피조세계에서의 유비 불가능성에 대한 죽산의 입장을 재확인하게 되는 셈이다.

죽산에게도 명암(明暗)은 엇갈린다. 그의 성경해석학적 관심은 더욱 지향해야 할 바이지만, 과도한 철학적 표현방식은 지양(止揚)되어야 할 점으로 판단되었다. "하나님에게 사용된 명칭「아버지」"란 항목에서 죽산이 발휘했던 해석학적 정확성 및 유연성은 그의 교의학의 신임도(信任度)를 높이는 역할을 했다. 이 점은 "제 이위에 적용된 명칭「아들」"이란 항목에서도 동일하게 확인된 바였다. 공시적 원리에 입각한 성경해석학적 통찰을 우선적 관심사로 삼았음을 위에 언급된 문맥들 속에서 발견할 수 있었다. 자칫 교의학 작업이 전통주의적 사고에 사로잡혀 성경의 지평을 간과하기 쉬운데, 이와 같은 해석학적 관심으로부터 발견된 진리를 체계화하는 작업이 왕성해 진다면, 우리 시대의 교의학은 보다 생명력 넘치는 역동적인 진리체계로 자리 잡아 갈 것이다. 그러나 또한 죽산의 진리 진술의 방식 가운데 지양되었으면 하는 것은 그가 어려운 개념어(槪念語)들을 과다하게 사용한다거나 혹은 자주 등장하는 철학적 표현방식들에 관한 것들이다. 물론 교의학이 본문 자체만을 다루는 신학의 어떤 분야에서와는 달리 신학사상을 취급해야 하기 때문에 표현방식에 있어 좀 생경스럽다거나 현학적(衒學的)인 인상을 풍긴다거나 심지어 때론 철학적이란 느낌을 줄 수 있다고 생각되지만, 그럼에도 그 점이 지나치다면 신학 작업을 잠시 멈추고 자조적인 반성을 할 필요가 있을 것이다. 이와 같은 요구는 어느 특정한 인물들에게 적용될 사안이 아니다. 신학도인 우리 모두에게 적용되어야 할 의무요, 과제다. 그러한 점에서 죽산의 신학 작업에는 긴 아쉬움이 남는다.

앞선 논의를 통해 죽산에게는 '일체에 삼위, 삼위인 일체'란 관점으로 접근하든, 혹은 '삼위에 일체, 일체인 삼위'란 관점으로 접근하든 실질적 내용에 있어서는 동일한 결론에 이를 수밖에 없다는 것이 그의 입장임을 확인할 수 있었다. 죽산에게 있어서 이 모든 일이 가능했던 것은 성경의 가르침대로 영적 실제에 있어서 '일체'와 '삼위'가 동시적이라는 그의 계시인식 위에 그의 신학적 체계가 세워졌기 때문이었다고 할 수 있겠다. 결국 진리는 어느 방향성에 의해 결정되는 문제가 아니라, 특별계시 의존적 신앙이란 인식론적 원리에 의해서 결정되는 것임을 다시금 확인할 수 있었다.

VII. 일곱 번째 글

성자의 나심(*generatio*) 교리는 전(全) 삼위 사이에 놓여있는 모든 관계성들을 전체적으로 조망하는 가운데 설명되어졌다. 이처럼 제2위와 관련된 일이 전체의 빛 아래서 조망될 수밖에 없었던 것은 하나님이 삼위일체이시라는 사실에 근거한다. 제1위이신 성부의 특별한 위적 속성은 하나님의 내향적 사역(*opera ad intra*, 삼위 사이에 내재하는 일)을 통해 분명해졌다. 한편으로 성부 자신은 낳아지지 않으시며, 또한 보냄을 받지 않으신다는 것과 다른 한편으로 성부는 성자를 낳으신다는 것과 성령을 보내신다는 것이었다. 그리고 이 성령을 보내시는 일은 또한 성자의 일이기도 하다는 설명이었다. 이와 같은 전체적인 그림 속에서 성자의 나심 교리를 진술하는 죽산의 접근방법은 이른 바 "역사적 분석적 방법"이라고 할 수 있겠지만, 전체로서 죽산이 다룬 삼위일체 전반을 고려한다면, 그의 접근방법은 "종합적 원천적 방법"이라고 할 수도 있음을 지적했었다. 두 방법 모두 성경의 권위를 최종적인 것으로 여기는 방법이기에, 이로써 삼위일체를 다루고 있는 죽산의 신학의 원리가 무엇임을 드러내었다.

"신학적 함축"이란 제목 아래, 성자의 나심에 관한 죽산의 여러 설명들을 네 가지 관점에서 고찰했었다. 성자의 영원한 나심이란 (1) 첫째, 자유로운 행위가 아니라, 하나님의 필연적인 행위이며, (2) 둘째, 시간 안에서의 행위가 아니라, 성부의 영원한 행위이고, (3) 셋째, 신적 본체의 나심이 아니라, 위적 실존의 나심이며, (4) 넷째, 육신적, 생물적 방식에 의하지 않고, 다만 영적, 신적인 방식에 따라 사유될 수 있다는 것이었다. 이 네 가지 요점적인 의미들은 서로가 서로를 전제하고 있으며, 서로가 각각 유기적(有機的) 상관성을 지니는 것이었다.

성자의 나심 교리를 죽산은 하나님의 내향적 사역에 속한 것으로 설명하였다. 이와 같은 범주 설정과 그에 따른 설명은 특별계시 의존적 사고의 결과였다. 하나님은 영원하시며, 또한 영원히 일하시는 분으로 표상된 성경의 사상은 불가불 하나님의 창조 이전 사역에 대해 사유하지 않을 수 없게 만든다. 그래서 죽산은 내향적 사역(=삼위 사이에 내재하는 일)과 외향적 사역(=피조물과 연관된 일)으로 하나님의 일을 구별하면서, 그것을 영원의 차원에로까지 확장시켜

나간 것은 어떤 철학적 사고에 기인된 것이 아니라, 오직 성경적 동인(動因)에 의한 것이었다. 이로써 성경에 대한 죽산의 태도는 성경이 제시하는 전(全) 포괄성을 성경 자체가 허용하는 한도까지는 마땅히 견지해야 한다는 확신과 함께 그 점을 여기 삼위일체 논의 가운데서도 깊이 고려하고 있음을 알 수 있다. 그렇다면 죽산은 성경의 유비(analogia Scriptura)에 근거하여 성경의 문자적 표현 그 이상의 의미를 추구하였다고 할 수 있으며, 이 점 역시 그의 철저했던 계시의존 신앙의 한 면모임을 알 수 있다.

VIII. 여덟 번째 글

여덟 번째 글의 핵심은 성령의 영원한 나오심(processio/spiratio)이 과연 '성부로부터 만이겠는가' 아니면, '성자로부터도 인가' 하는 문제였었다. 죽산의 입장은 서방교회의 전통을 따라 후자의 입장, 곧 필리오꾸베(filioque=그리고 아들에게서도) 교리를 정당한 것으로 평가하고 있음을 확인할 수 있었다.

죽산은 성령의 영원한 나오심의 교리와 관련하여 교회역사 속에 나타났던 오류들을 통시적(通時的) 혹은 공시적(共時的) 차원에서 제시했었다. 이로써 제시된 오류들은 단지 과거에 속했던 문제가 아니라, 우리 시대, 교회 안팎의 문제임을 강하게 시사했었다. 죽산은 성령의 영원한 나오심에 대해 성경적 인식을 가짐으로써만 교회 밖의 이교적(異教的) 세계관과의 영적 투쟁에서 올바른 대응을 할 수 있을 것이며, 또한 교회 안에 깔려있는 다양한 오해 및 오류들을 올바로 정리할 수 있을 것이라는 확신을 가지고 있었다. 죽산은 자신의 교의학 작업을 하면서 교의학의 존재 목적과 관련된 실천적 목적을 결코 잃지 않았다. 죽산에게 있어 교의학은 교회를 섬기기 위한 것임이 분명했다.

그리고 죽산이 필리오꾸베 문제에 대한 성경적 논거(論據)를 제시하는 과정에서 자신의 판단을 유보하고 어떤 권위자나 혹은 어떤 전통을 수구하려는 이른바 전통주의적 방법론의 태도를 취한 일은 찾아보기 어려웠다. 오히려 그가 준 강한 인상은 개혁신학의 원리를 따라 스스로의 주체성을 가지고 논구하면서 필요한 논거들을 제시하려 하였다는 것이다. 이 점은 개혁신학을 표방하는 우리 모두에게 중요한 시사점을 던져준다. 그것이 그런가 하여 날마다 성경을 상고하였던 베뢰아 성도들의 태도(행17:11)에서처럼, 비록 오래전 공(公)교회의 회의를 통해 결정된 사안이라고 할지라도 그 결정된 바, 내용들을 무비판적으로 맹종(盲從)하지 아니하였던 죽산을 통해 귀한 가르침을 다시금 받게 된다.

성경에서 최종판단의 준거(準據)를 찾는 일 외에, 이번 주제와 관련하여 죽산에게서 배우게 되는 또 한 가지 교훈이 있다면, 그것은 교의학 작업에 있어서의 성경 사용의 방법에 관한 것이다. 즉 올바른 해석학적 도구와 관련된 문제이다. 물론 그가 자신의 글에서 관련 문맥들을 주석해 내는 작업을 장황하게 전개시킨 것은 아니었다. 그러나 대부분 그의 해석학적 관점들은 타당했었다. 이는 정확한 성경해석학적 통찰만이 올바른 교의학을 가능하게 한다는 의미의 말이기도 하다. 그럼에도 그동안의 작업을 통해 필자에게 남아있는 한 가지 아쉬움이 있다면, 그것은 이번 주제를 다루면서 보여주었던 죽산의 그러한 관점과 태도를 전(全) 교의학 작업에서 더욱 집중적으로, 혹은 더욱 많은 분량에서 배려하였었더라면 하는 점일 것이다. 교의학이 성경적 교의학이 되어야 한다. 그래야 교의학이 신학의 큰 틀 안에서 올바른 학문적 위상을 지켜나갈 수 있으리라 확신한다. 그런 점에서 위와 같은 관점으로 그의 전 교의학 작업 전체를 조망해 볼 때에 여전히 아쉬움으로 남는 것은 사실이다. 빛과 그림자는 늘 함께 다닌다. 누구에게서나 발견되는 이 양면성은 죽산에게서도 또한 우리들 속에서도 여전히 발견될 것이다. 오직 빛을 추구하는 일만 우리의 과제로 남게 되는 것이다. 이제 여덟 번째 글을 정리하면서 '성령의 영원한 나오심'과 관련하여 죽산이 취한 결론적 관점은 성령께서는 성부에게서 뿐만 아니라, 또한 성자에게서도(*filioque*) 나오시되, 영원히 나오신다는 것이었다. 그러한 신학적 통찰만이 성경신학적 정당성을 지닌 것이며, 또한 그것이 역사적 기독교회와 개혁신앙의 신학적 전통임을 죽산은 확인하고 천명한 것이다.

******

후기(後記)를 마치면서 마음속에 남는 긴 여운(餘韻)은 죽산의 겸손함이다. "하나님께서는 우리가 그의 지혜를 이해하기보다는 경외하기를 원하신다."[1]고 했던 한 개혁자의 삶의 태도에서처럼, 죽산에게서도 동일한 삶의 모습을 발견하게 된다. 하나님을 경외함으로 삶을 일관하였던 그는 하나님 앞에서 자신의 초라함과 무지(無知)함을 고백하는 일에 결코 부끄러워하지 않았다.(*)

Soli Deo Gloria in aeternum !

---

1) "하나님께서는 우리가 그의 지혜를 이해하기보다는 경외하기를 원하시며, 경외함으로써 찬탄하기를 원하신다."[… *quam adorari et non apprihendi voluit, ut per ipsam quoque admirabilis nobis foret.* : J. Calvin, *Inst.*(1561), III.21.1.].